# 课程生活论

赵丰平 著

中国石油大学出版社

山东·青岛

**图书在版编目（CIP）数据**

课程生活论 / 赵丰平著. -- 青岛 ：中国石油大学
出版社，2025. 6. -- ISBN 978-7-5636-8612-4

Ⅰ. G632.3

中国国家版本馆 CIP 数据核字第 20256JT328 号

书　　　名：课程生活论
　　　　　　KECHENG SHENGHUO LUN
著　　　者：赵丰平

策　　　划：路庆良
责任编辑：郭月皎　董　然（电话　0532-86981980）
责任校对：高建华（电话　0532-86981536）
封面设计：赵志勇

出 版 者：中国石油大学出版社
　　　　　　（地址：山东省青岛市黄岛区长江西路 66 号
　　　　　　邮编：266580）
网　　　址：http：//cbs.upc.edu.cn
电子邮箱：603187937@qq.com
排 版 者：青岛天舒常青文化传媒有限公司
印 刷 者：青岛新华印刷有限公司
发 行 者：中国石油大学出版社（电话　0532-86983437）
开　　　本：787 mm×1 092 mm　1/16
印　　　张：25
字　　　数：326 千字
版 印 次：2025 年 6 月第 1 版　2025 年 6 月第 1 次印刷
书　　　号：ISBN 978-7-5636-8612-4
定　　　价：158.00 元

# 序
## Preface

　　山东 271 教育集团赵丰平总校长的新书《课程生活论》即将出版，赵校长邀请我为本书作序，我欣然接受。

　　赵校长是 271 教育集团的创始人。在他的领导下，271 教育集团发展出了独特的教育体系，包括 271 教育价值观、271 教育课程、271 教育课堂和 271 教育管理四大支柱。赵校长的教育愿景是"让每个孩子的一生成为一个精彩的故事，"他致力于通过教育提升学生的生命品质，激发学生的内在潜能，为学生的终生幸福奠基。赵校长在长期的办学实践中形成了自己对于教育与生活关系的看法，他认为，不能关照学生现实生活的教育绝不会是好的教育。教育自身发展的内在规律表明，好的教育与好的生活往往是一致的，它是人重要的生命经历。基于这样的认识，赵校长带领 271 教育人开始了生活课程的研究与实践，并在长期的课程改革实践中，积累了丰富的经验，取得了丰硕的成果。本书就是这项研究成果的集中体现。

　　在当代教育中，我们常常将课程理解为一套固定的知识体系，忽略了它与生活的深刻关联。《课程生活论》一书的出版，正是为了重新唤醒我们对课程本质的思考，让我们重新审视课程与生活之间的内在联系。《课程生活论》以"生活"为核心视角，重新定义了课程的内涵。

作者指出,课程不仅仅是传递知识的载体,更是生活经验的组织与再创造。通过课程,学生不仅要学习知识,更重要的是学会如何生活,如何面对未来的不确定性。课程不应是脱离现实生活的,而应是与个人经验、社会文化和自然环境紧密相连的。

本书作者涉猎的中外著名教育家包括柏拉图、亚里士多德、卢梭、杜威、赫尔巴特、凯洛夫、蒙台梭利、皮亚杰、凯米、韦卡特、布鲁纳、陶行知、陈鹤琴等,这些教育家都对课程与生活之间的关系提出了自己的主张,其中影响较深远的有:卢梭在《爱弥儿》中提出,课程设计应该与儿童的生活经验相一致;蒙台梭利在《蒙台梭利方法》中强调,学校课程应与儿童的日常生活紧密相连;赫尔巴特在《普通教育学》中指出,课程设计应以学生的生活经验为基础,并通过解决与生活相关的实际问题来激发学生的学习兴趣和动力;杜威在《民主主义与教育》《学校与社会》中明确指出,课程应与学生的生活经验紧密结合,学校应借助真实的生活情境来设计课程,课程应反映社会生活的需求和变化,强调了"教育即生活"的实践意义;陶行知作为中国现代教育家,旗帜鲜明地提出了"生活教育"理论,强调课程应该与学生的生活和社会实践相结合,课程要注重培养学生的实践能力和社会责任感。《课程生活论》通过梳理这一历史脉络,提醒我们要回归教育的初心:让课程成为学生生命成长的重要组成部分。

整体上来看,《课程生活论》有着自己的理论逻辑。首先,作者认为课程应该是与生活紧密相关的,课程不应该只是单纯的知识传授,而应该是一种能够帮助学生更好地理解和应对生活的工具。因此,课程应该与学生的实际生活经验相结合,使学生能够将所学知识应用到实际生活中。其次,作者强调了课程的综合性和实践性,认为课程不应该只是教授某些知识点,而应该是一种综合性的学习体系,能够帮助学生全面发展。同时,课程也应该具有一定的实践性,让学生能够通过实践来巩固所学知识,并将其应用到实际生活中。再次,作者认为教育不仅仅是学校的事情,而是社会的事情。教育应该与社会紧密相连,以满足社会的需要。因此,课程应该注重培养学生的社会责任感和创新能力,让他们能够为社会做出更大的贡献。最后,作者主张学生应该成为自己学习的主人,课程应该以学生为中心,让他们能够在学习中发挥自己的主观能动性。同时,课程也应该注重培养学生的自主学习能力,让他们能够在未来的学习和工作中更好地应对挑战。

《课程生活论》按照课程目标、课程内容、课程实施、课程评价的结构谋篇布局,这符合课程理论的传统结构,简洁清晰。从课程目标来看,作者提出,基于生活的课程目标应超越传统以知识为中心的设计模式,将培养学生的综合素养作为核心。例如,培养学生的问题解决能力、批判性思维、团队合作精神以及对自然和社会的责任感。这样的目标设计,不仅关注个体的发展,还关注个体与社会、自然之间的和谐共生。从课程内容来看,传统课程内容往往以学科为中心,从而忽略了学生的经验和兴趣。作者主张,以学生真实的生活经验为起点,将学科知识融入生活情境中。例如,通过探讨社区环境问题,学生可以学到一些地理、化学和社会知识。这样的内容设计,不仅让学习变得更有趣,还让知识更加贴近现实。从课程实施来看,作者强调,基于生活的课程实施需要教师角色的转变。教师不再是单纯的知识传递者,而是学生学习的引导者和伙伴。同时,教学方法也需要创新,例如项目式学习、探究式学习、合作式学习等方式,都能更好地体现"生活化"的理念。此外,学校还应加强与家庭和社区之间的合作,共同为学生创造丰富多彩的学习机会。从课程评价来看,作者认为,基于生活的课程评价应更加多元化,例如通过观察、访谈、分析学生作品等方式,全面了解学生在知识、能力、态度等方面的发展。同时,还应注重过程性评价和增值性评价,鼓励学生在学习过程中不断反思和改进。

　　《课程生活论》还有一个特点，即将国家课程、地方课程和校本课程有机组合，放在"基于生活的课程"这个大的框架之中。国家课程仍然按照文科，理科、体育、艺术、劳动、技术等学科出现，这些学科的课程保留了其学科系统性的特征，但在课程实施过程中，则规定其要符合"基于生活的课程"这一总体要求，尽量与学生的生活经验和社会发展相联系。地方课程和校本课程则是在271教育集团实践多年的基础上构建的课程，包括衣食住行课程、礼仪与交往课程、心理健康课程、职业生涯规划课程、学生自我管理课程等，这些课程来源于丰富多彩的生活，对学生将会产生直接的影响。以赵丰平校长为代表的271教育人，在二十多年的教育改革实践中，不断完善基于生活的课程内容，持续探索课程落地的实践路径，从学生生活需要出发，为学生生命成长服务，帮助学生描绘自己未来生活、国家和世界发展的前景。

　　《课程生活论》的出版，无疑为教育领域注入了一股清新的思想之风。在这本书中，我们不仅看到了作者对教育本质深刻而独到的理解，还感受到了他对教育事业的一片赤诚之心。在当今这个充满挑战与机遇的时代，《课程生活论》无疑为我们提供了一种全新的视角，让我们重新思考教育的意义与价值。正如杜威所言："教育即生活，学校即社会。"愿这本书能够启发更多教育工作者，将课程真正融入学生的生命中，让每一名学生都能在真实而丰富的生活中发出属于自己的光芒。

**程晓樵**（南京师范大学教育科学学院教授）

**2024 年 12 月于南京**

# 目 录
*Contents*

# 第一章 ▶

# 课程生活论概述

现如今,我们置身于一个科学技术突飞猛进的时代。在这个时代,一方面,人类利用自然的能力日益加强,科学技术的力量不再是抽象的说教,而是人人都能感受到的现实;另一方面,人类处于严重的失衡状态,人类生存的意义不可避免地有些丧失。然而,教育作为一种社会现象,同时也是一种文化现象,更是一种生命现象,展露的是一个时代的精神品质和价值追求。课程是学校教育中最富有意义的领域,也是教育的根本,因此,如何通过对时代精神和文化价值的摄取,使人获得人生的真实体验,有价值的体验,从而陶冶其人格和性情,丰富和提升其生命品质,让教育发挥对生命成长应有的价值,成为当今课程改革面临的时代难题。

基础教育作为终身教育的奠基阶段、启蒙阶段,对人一生的发展会产生根本性的影响,甚至是不可逆转的影响。基础教育课程如何面对学生今天和未来的生活,关注学生生命的意义,关照学生生命成长内在的需求,使学生在快乐的学习生活中获得有益于身心健康发展的经验,使每一名学生的生命得到自由、全面、充分而又和谐的发展,是我们教育人不得不认真思考并着力解决的学校教育问题。本章旨在立足于课程回归生活的背景,阐明课程生活论的本质和特征。

# 绪　论

信息时代开创了人类文明的新纪元,使人类文明从亘古以来的"物质文明"进入了向往已久的"精神时代"。正如工业经济通过产业革命替代农业经济一样,知识经济通过新的科技革命替代已有的工业时代,以互联网和智能化为特征的信息技术的发展,使全球尤其是发达国家的经济增长方式越来越依靠创新思维的生产、扩散和应用。新知识、新思维作为蕴含在人力资源和技术中的重要成分,对生产力和经济增长的决定性作用日益明显。

1999 年,美国商务部、教育部和劳动部等 5 个政府部门联合发布了题为《21 世纪的技能为 21 世纪的工作》(*21st Century Skills for 21st Century Jobs*)的研究报告,指出全球竞争、互联网、高新技术的广泛使用,预示着 21 世纪的经济将会让雇主和劳动者面临新挑战,且劳动者终身技能的发展是新经济的核心支柱之一。在这样的经济体系中,"常规的生产要素:土地、劳动者、原材料和资本等,其重要性日渐下降,取而代之的符号化知识的重要性却与日俱增……"[1]基于应用的角度,联合国经合组织(OECD)将新知识分为四类:"事实知识"(know-what),"原理知识"(know-why),"技能知识"(know-how)以及

"人员知识"(know-who)。事实知识主要是指关于客观存在和已经发生的事实,原理知识主要是指关于自然原理或法则的科学知识,技能知识主要是指从事某项工作的技艺和能力,人员知识主要是指知道谁拥有某一方面的知识、谁能够完成某一方面的工作、谁拥有某一方面特别技能等。[2]在知识经济社会中,究竟什么知识最有价值这个古老的命题又一次成为人们关注的焦点,"为什么教,为什么学?""教什么,学什么?""怎样教,怎样学?",这些问题迫切需要教育做出回答。教育面临的挑战不仅仅是采用什么样的科学技术手段来改进学校教育质量,更重要的是由知识经济引发的一系列教育观念根本性的转变,这将是人类历史上面向未来的一次崭新的教育变革。

## 一　回归生活是知识经济时代的挑战

洞悉时代精神是为了更好地理解教育、设计教育和实施教育。面对知识经济的挑战与机遇,"在教育领域里追求人的素质获得全面发展,已经变成一种集体行动,成为国际教育改革的重要趋势。"[3]在知识经济时代,关注如何获取知识与学习知识,在获取知识的同时发展学生的思维能力,培养学生完整的人格比仅仅学到知识的数量更为重要。1996年4月,国际21世纪教育质量委员会向联合国教科文组织提交了《教育:财富蕴藏其中》的重要报告,报告中指出,为了迎接21世纪的挑战,教育必须重新确定新目标,树立新理想。这种教育新概念必须坚决重申一个基本原则:"教育应当促进每个人的全面发展,即身心、智力、敏感性、审美意识、个人责任感、精神价值等方面的发展。"[4]

在我国,全面推进素质教育已经成为21世纪基础教育改革的重要方向和根本任务。随着《面向 21 世纪教育振兴行动计划》中的"跨世纪素质教育工程"的实施,素质教育工程强调促进学生独立思考,创新思维,让学生感受、理解知识产生和发展的全过程,重视获得新知识的能力,培养他们关爱自然、融入社会、热爱生活以及积极的自我体验。[5]因此,改革教育,让教育焕发出应有的生命活力,真正让人成为人,成为当今教育改革的主旋律。

然而,面对基础教育的现实,教师往往片面地强调知识数量的增加,注重学生对已有知识的记忆与应用,进而形成教师主讲学生被动听讲的混乱教学模式。这种教学模式是以灌输为主,让学生一直处在从属和被动的地位,从而导致学生自己的生活体验被忽视了,生命成长的主体性也被剥夺了。在这样的基础教育系统中,学生的学习被局限为以模仿、训练、背诵、刷题等为主的维持性学习和被动性学习,教师对学生有着绝对的权威,对学生的学习过程有着绝对的控制,学生的主动性、能动性、批判性丧失得越来越多。正如卢梭所说:"大自然希望儿童在成人之前就要像儿童的样子。如果我们打乱了这个次序,就会造成一些早熟的果实,他们长得既不丰满也不甜美,而且很快就会腐烂;我们将造成一些年纪轻轻的博士和老态龙钟的儿童。"[6]

有什么样的儿童观,就会有什么样的儿童教育观,儿童观是教育观的依据。儿童观是人们对儿童的看法和态度,如儿童的地位与权利、儿童期的意义、儿童的特质与能力、儿童生长发展的形式与原因等。[7]儿童观的形成受到社会政治、经济、传统文化思想、科技发展水平,以及人自身认识水平等多种因素的影响和制约。在中国文化发展的历史长河中,占统治地位的是"国""家"本位的儿童地位观与权力观。儿童被看成国、家的财富,是家族继承和繁衍的工具。他们并没有被作为一个独立的社会正式成员受到应有的尊重和重视,只不过是国家、父母的附属物。儿童受教育的唯一目的,是试图造就出符合成年人或成人社会所期望的某种类型的人。成人在教育中享有绝对的权威。为了满足父母光宗耀祖的心愿，教育便变成了强制的活动、人们认为儿童就像一张白纸一样，想把他们塑造成什么样子就可以塑造成什么样子，这致使基础教育课程起初目标的确定、内容的选择、课程的实施与评价，并不是以儿童的兴趣、需要为出发点，而是更多地考虑社会的要求、家长的要求。

实施回归生活的课程，基础教育课程的目标、内容、实施、评价等一系列问题要回归到学习者本位的根本性变革层面来认知。因此，教育必须是人的教育，而人的教育应该是生活的教育，这必将给基础教育带来新的活力。回归生活课程倡导的是人本位的儿童观，肯定儿童和成人一样，是一个独立的生命主体，应该得到成人社会的尊重，应该有和成人一样的尊严，儿童的生命与健康应该得到全社会的保护，每一个儿童都应该受到良好的教育。因此，帮助每一个孩子实现自己不一样的人生理想应成为全社会的共识。教师与儿童之间不再是对立关系、从属关系、主动和被动关系，而是平等的伙伴关系。教育的过程应是双方互相尊重、互相信任、真诚交往、共同交流、平等互动的人生体验，共同探求真理的一种精神上的共同生活，生命共同成长的过程。教学不再是教师怎么教学生就怎么学，而是学生作为学习主体，教师仅仅是学生学习过程的设计者、帮助者、陪伴者和指导者。教师不仅是知识的传授者，更是建构师生双方生命主体互动关系的主动建构者，教师与学生都成为知识的探索者和追求者，都成为探究知识生成的过程体验者。教师在探索教的知识，学生在探索学的知识，师生共同探讨教和学的知识、生活的知识、生命的知识、未来的知识。发展是人的永恒主题，也是教育的永恒主题，更是课程回归生活的永恒主题。基础教育回归生活课程是着眼于每一个儿童长远发展而做出的慎重选择。

## 二 工业文明中"人"的危机

科技革命不仅带来了生产方式的变革,社会文明的进步,还促进了社会制度的转换。第一次技术革命把人类从手工业时代带到了机器时代;第二次技术革命由于发电机和电动机的发明和使用,以及在内燃机技术基础上建立了汽车工业、航天技术等,电力代替了体力使生产力再次跃升;第三次技术革命以原子能工业、半导体工业、高分子合成工业、空间技术、计算机等为标志,极大地推动了产业信息化;第四次技术革命以计算机的二次革命和生物工程为标志,展开了全球的知识经济浪潮。但是当代科学革命像一把双刃剑,一方面丰富了人类的物质生活和精神生活,另一方面也带来了威胁人类前景的全球问题。问题的表现为只看到"知识就是力量"的正面意义,对知识使用过程中所表现出来的负面力量认识不足,不合理地运用知识从而导致人口爆炸、资源枯竭、粮食危机、环境污染等社会问题;只重视高新技术知识,忽视社会科学知识,"技术社会"的工具理性膨胀,自然界被看成客观世界,被看成完全可根据人们的目的加以利用的对象,人与自然的和谐被破坏了,这种观念导致了一种激进的人类中心主义伦理,其特征表现为:在决定对待自然的方式时,把满足人类欲望置于核心地位,人们无须去顾及自然生命及其内在价值。"世界的祛魅"所带来的一个最直接后果便是"自然之死"。自然被视为僵死的、无生气的东西,没有生命的灵性存在于其中,它成为导致后来人类发展过程中出现的许多灾难性后果的深层原因。[8]对于科学发展可能给人类带来的负效应,要寻找解决问题的根本出路就在于深刻剖析这种观念。

## （一）自由的丧失

唯科学主义是对科学的过分崇拜和迷信，认为科学既代替了自然，也代替了人，成为万物的主宰，把科学推向了极端。20世纪以来，相对论和量子论的出现从根本上冲击着唯科学主义。20世纪50年代，罗马俱乐部对科学技术是人类的"陷阱"的惊呼，引起了人们对科学与人类关系的关注。可持续发展观的出现，让人们深思现代文明生活的质量和人类社会未来的发展。唯科学主义留给教育的难题之一：自由的丧失。让我们将目光聚焦于文学家笔下的描写：

"你怎么不到洞那边转转？"锡樵夫问。

"我也不太知道。"稻草人愉快地回答说，"我头脑里塞满了稻草，你瞧，这就是我到奥兹国里要些脑子的原因。"

"噢，明白了。"锡樵夫说，"但脑子毕竟不是世界上最好的东西。"

"你还有更好的吗？"稻草人问。

"没有，我脑袋很空。"锡樵夫回答说，"但曾经有过脑子和一颗心。经过试验，我宁愿要一颗心。"

"一样。"稻草人说，"我宁愿要脑子而不要心。因为傻瓜即使有一颗心，也不知道用它来干什么。"

"我却愿意要心。"锡樵夫说，"因为脑子不会使人幸福，而幸福是世界上最好的东西。"[9]

稻草人与锡樵夫的对话，蕴含着一个哲理性的难题：理性与非理性谁更重要？要回答这个问题，就必然涉及人类追求的最高目标是什么？这是一个永恒且常新的问题。说它永恒，是因为人类有史以来就开始思考它，探索它；说它常新，是因为人类追求的最高目标是在历史中形成，又在历史中不断发展变化的。自由、幸福是人类追求的最高境界，而幸福的实现又是以人的自由为前提的。马克思把"自由自觉的活动"作为人类的本质特征。如果从人自由的真正意义的实现来看,"迄今为止,自由从来就不是一个历史现实",[10]特别是当代工业革命,技术使人物化、机械化和非人化,从而使人丧失了作为人的自由和价值,把人等同于机器的一个构件,实质上就等于把人变成了机器,甚至是机器的奴隶,机器控制着人,而不是人主宰着机器,人成了工具的附属物。"决定奴役的,既不是服从,也不是艰苦劳动,而是处于纯粹的工具的地位,人退化到物的境地。作为工具,作为物的存在,这就是纯粹的奴役形式。"[11]"人是生而自由的,但无往不在枷锁之中。"[12]

在基础教育系统中,师生关系呈现出非对称的相互依赖,教师对学生的管理是高控制、高约束,而学生则处于高服从、高依赖的状态。在以"教师为中心"的学校教育中,教师把学生看成控制与约束的对象,学生成为老师按照自己的想法去塑造的对象。学生在这种师生关系中,长期被压榨,会形成消极的生命态度,感受到一种被控制感与无力感。学生在教师的控制与约束中失去了自由,失去了自己,失去作为一个独立的人应有的主体性,生活在一种迷茫和无助当中。这种教育是"因完全操纵另一人而获得乐趣,……目的在于把人变成物,把有生命的东西变成无生命的东西,因为对有生命体的完全、绝对的控制,生命失去了一个基本品质——自由。"[13]这是一种成人霸权主义的教育,用成人的价值代替学生的价值,把学生的生活看成是成人生活的准备,或把学生当作成人的工具。学习自由的失去抑制了学生的探究欲望,抹杀了他们永不满足、自主向上的精神,学生的创造力也被扼杀,而这些正是学生应该拥有的生命特征。基础教育回归生活强调学生在自主的、自由的、亲身体验的生命活动中让生命得以自由、自主地发展。

## （二）个性的扼杀

社会学理论中对于理性化社会潜在的或已经显现的极端化倾向，曾用三幅肖像做了形象化的描绘。第一幅肖像是"铁笼"，作者是韦伯。在他的眼里，合理性的束缚越收越紧，把人们监禁在了一种失去特征、科层制（官僚制）例行的牢笼里[14]；第二幅肖像是"怪物"，作者以马克思为代表，在马克思看来，资本主义完全走上了一条现代社会的不合理之路，"在资本主义社会里，资本具有独立性，而活动着的人却没有独立性和个性"，[15]因为资本主义工业文明，它只致力于大规模的物质生产和消费，而不是人的完善和发展。第三幅肖像是"讫里什那神像"，作者是吉登斯，他借"讫里什那神像"来把理性化社会刻画为一辆具有巨大动能却又难以调控的机车。[16]如果说社会学的早期代表人物是以他们的深邃洞察力预见了理性化社会极端化趋势的话，那么，后来以法兰克福为主的学派运用社会理论激烈地批判了工具理性扩张和理性化社会极端化所带来的现代化的阴暗面。然而，后现代主义对20世纪晚期科学技术高度发展所引起的传媒、信息、知识、文化等在社会中的角色变化做出了敏锐回应。存在主义又称为现代人本主义，是19世纪中期以来出现的现代西方非理性主义哲学思潮和胡塞尔开创的现象学运动的一种汇合。他们主张以人为本，以人之情感、意志等非理性方面的发展为本，给人以更多的人文关怀。工业文明使人被技术物化，被商品异化，被大众化操纵，被意识形态压制。人在技术决定一切的工业文明中，成了"无个性特征的机器"，[17]从而失去了自己的个性，失去了主体性，失去了对社会控制的内在反抗性、否定性，成为工业文明的奴隶。

在基础教育系统中，教师为了体现其权威性，同时也为了便于所谓的"管理"，用统一的标准来管理学生。这种一致性的要求一是表现在对学生思维一致性的要求上;二是表现在对学生日常行为方式的统一要求上,如要求学生对教师制定的课堂纪律绝对服从,留同一种发型,对班级的规定严格遵守等;三是教育教学活动时间的统一性等。这样要求的结果是学生长此以往会形成循规蹈矩的思维模式,为使自己的一言一行都符合某种规定的标准,很难去尝试发表一些独特的见解,做一些与众不同的事情,做自己喜欢、感兴趣的事情,从而产生从众性。这种教育最终导致学生创造力和主体意识的丧失。由于学生的从众性、主体性缺失,以及批判精神的缺失,学生在认知过程中必将造成思维的刻板和阻断,再加上生活又是提前规定好的、别人给予的,所以生命也就一定是呆板、没有活力的。在活动动机与情绪上,学生也将缺乏应对危机的能力,焦虑感倍增,做事情缺少内在动机,表现出受情绪压迫的现象;在自我观念上,没有了主体意识,形成自卑感,缺少自信心,丧失了主动性;在人际关系上,由于长期处于被动地位,依赖性强,内心深处不能真正地信赖他人、理解他人,孤独和多疑时刻伴随着自己。个性是人的本性,创造是人的天性,灵性生而具有,传统的基础教育通过标准化将学生的个性给"文化"掉了,把学生的创造本性扼杀了,使学生的灵性也褪去了其应有的色彩。联合国教科文组织国际教育发展委员会在《学会生存》一书中指出:"早期学生的教育对于他们以后的才智与个性的发展无疑是重要的,现代心理生理学和日常观察都证明了这一点,然而当前的教育体系却往往表现出仿佛这个阶段是与它们无关的。在许多国家里,他们忽视这一点。"[18]回归生活的学校课程注重培养学生的个性,让每一名学生都能够充分展示自己特有的能力与兴趣,让他们的创造性、质疑性、探索性和主体性都能够得到充分发展,让他们的灵性都能闪现应有的光华。在未来不确定的生活当中,学生才能够在已有自身体验的基础上创造性适应新环境,承担一个正常生命主体应有的生活责任、社会责任和工作责任,这正体现了知识经济时代赋予基础教育的历史使命。

## （三）自我体验的忽视

达尔文在 19 世纪末自豪地指出："人是宇宙的奇观和宇宙的光荣！"[19]时至今日，我们不得不痛惜地说："世界生了癌，癌就是人。"[20]科技理性的控制本性和功利取向具有潜在的使人"物化"的倾向，科技理性极度膨胀的过程就是人陷入"物化"危机的过程。一方面，"科学到处都受到顶礼膜拜，在许多国家，哲学逐渐被挤到大学系统中的越来越小的角落……科学被宣布发现了客观实在，它所采用的方法能使我们走出心灵，而哲学家据说只会思想，并将他们的思想所得形诸笔墨"；[21]另一方面，尼采唯意志论和非理性主义哲学大行其道，这一条非理性主义的道路被著名思想家乔治·卢卡奇痛斥为"理性的毁灭"。[22]与此同时，人们往往趋向于"占有"而忘却了"生存"的意义。人把自我价值等同于市场的交换价值，成了一件商品，其自我意识也被完全异化了，成了一个没有自我的物品。世界著名诗人、印度作家泰戈尔在他著名的散文诗《吉檀迦利》第 31 节中生动形象地表达了人类作茧自缚的困境：

"囚徒，告诉我，是谁将你捆绑？"

"是我的主人。"囚徒说，"我本想我的财富与权力胜过世上所有人，我将国王的钱财聚敛在自己的宝库里。我昏困不过，睡在我主的床上，一觉醒来，我发现我在自己的宝库里成了囚徒。"

"囚徒，告诉我，是谁锻造了这坚不可催的锁链？"

"是我。"囚徒说，"是我自己用心铸造的。我以为不可战胜的权力会征服世界，使我有无碍的自由。我日夜用烈火重锤打造了这条铁链。等到工作完成，铁链坚牢完善，我才发现这铁链把我捆住了。"[23]

诗人敏锐地抓住了过度理性造成的可怕后果,这正是工业文明造成了主体与客体彼此的分裂、对立、封闭、疏远,从而远离了那个更为自在、更为本真的主体和客体尚未发生分裂的原本的世界。现如今,我们存在的世界是一个全方位开发的世界,理性的发展使人脱离了原本自由自在的世界,从而失去了"本真之我"。

欧洲工业文明和科学技术的兴起与发展,使人类生活的范围、内容和物质条件大为改观,新科学、新技术如雨后春笋,层出不穷,微电子技术、新材料、新能源、生物工程、航天技术等,不仅加快了科学技术的进程,还深刻影响着人们的社会生活,美国科学史家梅森说:"对 20世纪任何重大的历史运动的力量来说,科学已成为一种举足轻重的决定性因素了。"[24]但是,科学并不能取代对人生意义的思考,也无力单独解决危机。如何正确地看待工业文明中人的这种异化现象,是决定人未来走向的关键。

在学校教育中,教育变成了训练人的工具。"为了训练的目的,一个人的理智方面已经被分割得支离破碎,而其他的方面不是被遗忘,就是被忽视。"[25]成长于其中的人则"缺乏扎根于心情总体性那种深刻的知性,他们有悟性,却没有灵魂;有知性,却没有精神;有活动,却没有道德欲望"[26]。在基础教育系统中,学生的情感被忽视,生活被刻意地安排,甚至其内在主体性发展也没有了空间,此外,再加上教师关注更多的是学生认知方面的发展,以为学生的训练和考试得分。基础教育回归生活课程应关注学生和谐、完整人格的养成,关注学生作为生命主体的感受,关注学生的切身生活,关注学生学习认知的过程,纠正过去偏重知识学习,只关注认知结果,忽视认知过程、情感体验,以及忽视人的生命成长的逻辑。基础教育回归生活的课程,把学生的学习和生活融为一体,成为学习主体生活的实际内容。要知道学习不是一味地接受,而是基于自己身临其境地、用心地对自然、对社会、对自我进行的充分的感受、体验、探索和发现。珍视、保留一个人生命早期生而具有的、敏锐的感受能力和强烈的感受欲望，才能把知识的学习变成生命成长的自然需要。

## 三 技术理性的宰割成为危机之源

自古以来，理性主义一直是西方文化的显著特征之一。以苏格拉底、柏拉图为代表的古希腊哲学家，从本体论层面对世界本质进行了探索，认为世界是合乎理性的存在结构。人通过理性来把握世界的结构。苏格拉底道出"知识是美德"，柏拉图把"理念"看成事物最高和最终的共同本质，使理性成为人性最高、最完美的体现，让美德服从知识，让情感服从理智，从而奠定了理性主义的文化信念。这一信念在西方哲学的发展中一直处于主导地位。18世纪至19世纪是一个讴歌科技和理性的时代，它使人们摆脱了愚昧和无知，不仅带来了高效率的生产力，还带来了人性解放的希望。但理性化社会自形成与建立伊始，就内含着张力，在其后的演进历程中从未达到过平衡。工具理性维度及其作为具体形态的系统、科学技术和市场等难以遏制的扩张，使理性化社会日益呈现出一种极端化的态势。培根的"知识就是力量"，笛卡儿的把现有的一切观念都"放在理性的尺度上校正"，康德的"理性为自然立法"，说明了技术理性的"狂妄性"，它让人们相信，可以凭借理性把握和技术制服来无限地控制自然。对于这种态势，不同时期的学者从不同角度进行了反思。"我们很可能属于批判的时代。……历史注定我们要面对历史，要耐心构造话语的话语，要担负起倾听已被说出的东西的任务。"[27]

早在18世纪，浪漫主义哲学家卢梭在《论人类不平等的起源和基础》中提到:"人的理性趋于完善,同时却使整个人类败坏下去。在使人成为社会的人的同时,却使人变成了邪恶的生物。"[28]在卢梭看来,科学和理性不仅没有给人带来福祉,反而扼杀了人类天生的自由,使人迷失了原有的本性。20世纪的西方思潮,尤其是存在主义、法兰克福学派,都以马克思的异化理论为基础,对工业文明中人的生存危机,做出了激烈的批判,认为这是工具理性扩张和理性化社会的极端化所带来的现代社会的阴暗面。存在主义的思想先驱——丹麦哲学家克尔凯郭尔在19世纪下半叶以"孤独的个体"[29]来揭示现代工业社会条件下人的生存境遇,通过对现代人忧郁、不幸、厌烦、焦虑和绝望等生存状态的分析,深刻揭露了各种异化的文化力量对人的统治,开创了20世纪存在主义的先河;德国哲学家尼采,把矛头直接对准西方工业文明中占主导地位的理性文化,认为正是理性文化塑造的工业文明导致了"自我"的迷失,在现代,"生命是患病了,病于工业和机械主义的破坏人性,病于工人的非个人性,病于分工的经济学谬见"。[30]雅斯贝尔斯从历史渊源和现实处境两个方面对现代人精神危机产生的根源进行了分析,他在《时代的精神状况》一书中写道:"今天的人失去了家园,因为他们已经知道,他们生存在一个只不过是由历史决定的、变化着的状态之中。存在的基础仿佛已被打碎。"[31]胡塞尔的现象学指出,欧洲文化的危机是实体主义思维模式对意义世界的遗忘,提出回归理性的本源。在欧洲,自然科学一直位于人们生活的旋涡中心,而精神科学则不幸地受到沉重的挤压,因此长期处在边缘地带。一方面是自然科学的飞速发展以及它对世界及其规律的成功解释;另一方面是精神科学无法像自然科学那样,给人类的精神生活提供一个精确的解释。在人们的观念中,自然科学具有神圣不可冒犯的尊严。然而,一种知识要想成为科学,必须具有确定性,而确定性由精确性、自明性与普遍性三个基本条件组成,自然科学的确定性成为精神科学梦寐以求、竞相效仿的榜样,精神科学必须遵从自然科学的准则及其评判标准,如此,精神科学的实践者们完全受客观主义、自然主义的支配。胡塞尔对此进行了深刻的批判,他指出:"关于精神,从来没有,也永远不会有一种客观的科学,关于灵魂也不会有一种客观的理论——'客观的',其意思是:它许可我们将空间—时间性形式的实存归于灵魂或者人的共同体。"[32]精神从本质上说是绝不可能实体(对象)化的,因此,也就不可能客观化,自然科学的方法——实体主义的思维模式在此遭到强有力的反驳。实体主义作为一种思维模式,其特点是"把现象表观化、主观化,不用现象本身去理解现象,而用不同于它的,在它'背后''底层'的东西去解释,才算认识到了真理,才算达到实在"[33],在胡塞尔看来,精神的欧洲或真正的欧洲精神,这个问题纯属于"精神科学的问题",只有精神科学才能担此重任,自然科学显然是无能为力的。"实证科学正是在原则上排斥了一个在我们不幸的时代中,人面对命运攸关的根本变革所必须立即做出回答的问题:探问整个人生有无意义。"[34]综上所述,胡塞尔通过现象学,回溯理性之源,回到欧洲精神的本源故土,实际上就是回到精神的超越性自身,彻底克服近代理性哲学的自然主义和客观主义,从而摆脱欧洲危机,在生活世界中发现"存有"的真正意义。"胡塞尔孜孜以求的是返回我们知识的最终性和基础性的根据上去,即必须从'判断'回到'体验'。"[35]从判断回到体验,也就是回到事物本身。

西方马克思主义是20世纪西方文化批判理论中颇有影响的一个学派,其创始人是匈牙利著名的哲学家卢卡奇。卢卡奇在《历史和阶级意识》中提出了物化理论,指出在资本主义条件下,商品拜物教的存在使商品结构中物的关系掩盖了人的关系。人的关系变成了物的关系,这就是人的异化现象。[36]20世纪60年代后期以来,西方兴起的生态运动,已经成为工业化国家社会运动中最重要的组成部分,针对科学技术的迅速发展造成的由于运用不当和控制失调所造成的严重后果,资源浪费、环境污染等生态平衡遭到破坏所引起的生态危机,提出解决问题的最根本途径是重新达成人与自然之间内在本质上的和谐关系。莱斯指出:"控制自然的观念必须以这样一种方式重新加以解释,即它的主旨在于伦理的或道德的发展,而不是科学和技术的革新。从这种角度看,控制自然中的进步将同时是解放自然中的进步。后者和前者一样,是人类思想的一个合理的观念、概念、成就;因此,从控制到解放的翻转或转化关涉到人性的自我理解和自我训导。"[37]在莱斯看来,自然主义崇拜自然的观念和工业主义的制服自然的观念都应加以扬弃。我们不应该把人类技术的本质看成统治自然的能力,相反,应该把它看成对自然与人类之间关系的控制。吉登斯提出了技术人性化,关怀地球也许更像保护一个人的健康而不是耕种一个繁茂的植物园。[38]法兰克福学派从多个角度深刻地批判技术理性,对今天人类走出困境不无启发,但把工业文明中出现的人的异化归咎为技术,则有失偏颇。

技术与技术的运用是问题的两个不同方面,技术是中性的,它能发挥什么样的作用,取决于人们对它的态度和应用,取决于人们对技术本质的主观认识。正如马克思所说:"火药无论是用来伤害一个人,或者是用来给这个人医治创伤,它终究是火药。"[39]如何走出工业时代的阴影并建构一种适应知识经济时代的新的更适合孩子成长的教育是当前世界教育面临的重大难题。基础教育是生命的启蒙教育,只有审视和理解其产生的缘由并做出合理的分析,才能找到问题的症结,提出有针对性的方案。就具体历史进程来看,17世纪工业革命后,技术主义对教育产生了深远影响,可控制性、可度量性、标准化作业等观念日渐成为教育的主流,教育变得与技术效力相联系,与学生未来的社会地位相联系,变成了训练人的工具。世俗化过程抽空了教育的精髓,实用主义生存态度使教育变成了谋生手段。

课改之前的学科教育割裂了学生、教师的日常生活经验,使得知识远离了生活,学习远离了生命,学校远离了社会,让学生成为记忆知识的工具。教育虽然凸显了科学知识却丧失了人文精神。而基础教育课程则突出表现在:课程目标理性化、课程内容超负荷、课程实施中师生关系失衡、课程评价中重结果轻过程,课程远离儿童基础的生活实际。基础教育为了在市场竞争中得以生存,像一个变色龙,围绕着社会时尚变化。基础教育本应使儿童人格得到陶冶,生活得到提升,生命得到拓展,天性得到保护,灵性得到培育,使儿童能够获得人生的真实体验,使儿童生命的主体性得到充分发展。然而,这些本应有的教育价值追求却在社会的适应与超越中消失了,教育原本的目的也消失了。知识经济时代呼唤培养具有能动性、独立性、创造性、主体性的人才,回归生活的课程是实现儿童自由、个性发展、自我体验、培养儿童创造能力、实践能力、生长能力的桥梁,建构基础教育回归生活的课程是基础教育对时代做出的明智选择。

# 第一节　课程生活论的本质

"20世纪的教育主要隶属于科学世界,从客观的教育行政体制到微观的课程与教学内容,基本上受科技理性支配。"[40]课程重返生活世界,需要找回失落的主体意识,而人的发展需求正以前所未有的声音呼唤课程踏上回归生活之路。从逻辑学的视角讲,揭示事物本质的基本方法就是给事物下一个合理的定义。课程生活论本质的揭示也不例外。从元研究的角度看,课程的本质就是要回答课程是什么。

# 一 何为课程

课程,古老而年轻。其古老在于古代东、西方已有课程实践,年轻则因其作为独立学科研究对象仅八十余载。正如坦纳夫妇所说:"课程虽有一个漫长的过去,却只有一段短暂的历史。"[41]

从历史上来看,"课程"一词最早出现在我国唐代,唐代孔颖达注释《诗经·小雅》中就有"教护课程,必君子监之,乃得以法制"的记载。南宋朱熹在《朱子全书·论学》中写有"宽著期限,紧着课程"之说。以上记载中的课程含有学习的范围、时限和进度的意思。这种理解一直延续至今。在西方教育史上,课程是从拉丁语"currere"一词派生出来的,意思是"跑马道",根据这个词源,课程最常见的意思是"学习的进程",有引导学生继续前进并达成预期培养目标的含义。

在众多的课程定义中,我们将对以下最有代表性的课程定义进行分析。

## (一) 课程即学科

把课程视为学科,在历史上由来已久,我国古代的课程有礼、乐、射、御、书、数六艺;欧洲中世纪的课程有文法、修辞、辩证法、算术、几何、音乐、天文学等。目前,我国《辞海》、《中国大百科全书》(教育卷)等均把课程定义为学科或学科总和。如《中国大百科全书》(教育卷)认为课程有广义和狭义两种:"广义指所有学科的总和。……狭义指一门学科。"[42]这种课程定义是以知识为中心的,其课程设计为学科课程,重视知识的逻辑与结果。在课程实践上,这种课程观导致教师只注重学生的知识和智力的发展,忽视直接经验和生活体验,不利于学生情感的陶冶、责任感的培育、实践精神的培养和个性的全面发展。

## （二）课程即计划

麦克唐纳是主张课程作为计划的学者之一。他认为正规学校教育有四种交互的系统：教导、学习、教学和课程系统，课程系统被界定为计划，用以引导教学。[43]这一课程定义是 20 世纪 50 年代流行起来的。这个课程计划中包括了目标、内容、活动和评价等几个方面。这种课程定义的局限是把重点放在可观察到的教学设计上，而不是放在学生的心理体验上；不能把课程和教学单元区分开来；不能很好地把课程与教学区分开来；课程评价集中在教学活动上，忽视学生其他方面的发展。

## （三）课程即目标

这种观念早在 1918 年博比特出版的《课程》一书中就有所体现："课程是学生获得这些目标所必须具有的一连串经验。"[44]虽然这里谈到经验，但博比特注重的是如何发现、选择及组织那些从事成人事务必须具备经验的目标，而非学生本身已有的经验。这种课程定义是 20 世纪 20 年代课程成为独立的研究领域以及 20 世纪 60 年代在教育绩效运动影响下而产生的，建立在行为主义心理学和科学管理原理之上，强调预测、控制和效率，把目标看得至高无上。从理论上讲，教师作为课程的实施者，重视课程目标并根据目标来组织教学活动，有利于提高教学质量。但从客观上来讲，这必然会导致忽视师生之间的互动，忽视学生作为学习主体的过程体验，忽视学校的潜在课程。这种取向强调的是目标而非手段和过程。

## （四）课程即经验

杜威认为教育目的和教育手段是不可分割的部分，反对课程作为一套活动或预先设定的目标。课程是学生在学校通过各种活动获得的学习经验。20世纪30年代,经验主义哲学、完形主义心理学和进步主义教育运动对教育领域产生了极大的冲击,使得教育者开始重视学生的兴趣、需要和个性发展,将课程视为学生获得学习经验方式。一些课程学者,如安德逊、史密斯和坎萨斯等,认为课程是学生在学校或教室中与教师、环境、教材等人、事、物交互作用的所有经验。[45]以课程为经验是颇受重视的定义,这种定义包括正规课程和潜在课程。然而,用经验来界定课程也受到了不少非议,就经验的区分,有学校内外的经验、有关与无关教学目的的经验、已实现与未实现的经验等,这常常成为争论的焦点。基于此,有一些学者提出要对经验做出限定,把课程定义为"有计划的""有意图的""有指导的"学习经验。如卡斯威尔和坎贝尔把课程看成"儿童在教师指导下活动的所有经验"[46]。这种课程定义的转变,把课程从学科、教材转到了重视学生的学习经验,是一种人文主义的努力。

## (五)《辞海》中关于课程的概念

《辞海》中关于课程的概念是功课的进程。教学的科目是指有计划地实施学习内容和进程的相关安排。课程的概念可以从狭义和广义两个角度来理解,狭义上,课程通常指的是在课堂上有序实施的、有明确教学目的的学习内容。这包括了学校教育中的各门学科及其教学大纲、教材、教学方法等。广义上,课程不仅包括显性教学计划内的课程,还包括隐性课程,如学校的文化环境、制度、理念以及社团活动等,这些都是学生在学校教育过程中有意或无意接触到的学习内容。

《辞海》作为一部综合性的大型辞典,它的解释和定义通常会随着学术研究的深入和社会的发展而不断更新和完善。因此,对于课程的理解也可能随着教育理念的变化而有所调整。在实际应用中,课程的概念可能会因为不同的教育背景和需求而有所不同,但其核心目的是促进学生的全面发展和学习效果的增强。

此外,课程的定义还涉及教师指导下学生活动的总和,或者是学生在教师指导下获得的各种经验。这些定义强调了课程的实践性和经验性,即课程不仅仅是知识的传授,更是学生通过参与和体验获得经验和技能的过程。

## (六)我的课程认知

凭借 40 多年的教育实践和课程研究,我对课程有着基本的认知。天地间、万事万物、一切一切与学生生命成长有关的认知和活动经验的总和都是学生生命成长的课程。这仅仅是从内容上给课程下了一个基本的定义。这个定义把学生生命成长要学习的课程内容分为四大类:国家规定的学科教育课程、学校活动课程、学校家庭生活课程、社会活动课程。这样的课程观有一石三鸟之妙:第一,把生活内容纳入课程内涵当中,学生可以在生活中学习,在体验中成长,在探究中生成,在合作中创造,还能够把学生学习的生动性、体验性、应用性、主体性变成现实;第二,对生活和活动的课程化再造,放大了生活和活动在学生生命成长中的育人价值,使得学生的课程学习内容更加丰富多彩;第三,学校教师成为课程的研究者、创造者,真正从学生的生命成长出发,基于生活创造课程,基于体验生活实践课程,引领学生主动成长。

深刻的教育来自学生内心深处,有自己深刻的体验。只有被灵魂接受的东西才能成为教育的瑰宝。

综上所述,我们可以得到对课程的基本认知:第一,课程是一个使用广泛且含义多重的术语,每一种定义都有其产生的社会背景和理论基础;第二,每一种定义都既有优势又其局限性;第三,对于教育工作者来讲,应全面分析,明确各种定义所提出的问题,并根据自己的实践追求,结合学生的生命成长实际,做出有效的课程决策和课程实践。

## 二 何为生活

什么是生活?课程生活论的所有构思和阐述都建立在对这一概念的理解之上。人们口头上经常说教育脱离生活,显然没有给生活一个具体明确的定义,但这也并不影响意思的传达。而在这里,如果要从理论上对课程生活论的本质进行深入探索,就有必要对生活这个概念做出进一步的阐释。

"生活"是人们在平时口头交流中、在理论上经常运用且使用比较频繁的一个概念,在思想史上、在不同学科中也不断有人提及:像苏格拉底早就明确表示过"没有经过思考的生活是不值得活的",而卢梭则向往一种"自然人"的生活。但事实上,"'生活'是一个含糊而又复杂的概念",[47]人们对此各执己见,难以达成共识。在这里,就不再对历史上曾经有的和现在人们拥有的所有关于生活的概念进行条分缕析,我们只从本书的写作需要出发,来完成我们的观点表达。此外,对不同学科、不同时代、不同人的生活观点进行详细阐述也是不可能的。因此,本书仅从内涵与外延两个方面廓清对生活的理解。

### (一) 生活的内涵

简单来说,生活的内涵基本可以表述为:生活是人为了生存和发展,与自我、自然、社会的一种能动而现实的交往实践过程。

人与自我的能动而现实的交往实践是个人在生活实践中不断地

与自我对话,不断地反思成长,不断地建构个人生命成长经验,从而形成自己生命成长特有的从物质生活到精神生活的价值意义、自我实现。因此,人的生活实践就是生命成长过程本身的第一课程。因为,深刻的教育来自学生内心深刻的体验。只有把自己的认知经验和前人的、他人的、社会的、自然的建立起一种有效的、深刻的联系,才能真正实现自我成长。所以,学生所有的课程学习,最终的落脚点必须是人与自我的不断对话、建构和生成。

人与自然的能动而现实的交往实践是人适应自然、改造自然的一种基本能力。人本身具有自然属性,是自然的组成部分,同时,人在自然中又具有主体属性,是唯一能有目的改造自然的生物。14世纪,文艺复兴最重要的人文主义哲学家米兰多拉在《论人的尊严》中以上帝之名谈道:"亚当,你没有被限制!你在世界的中心,可以高级的像神圣一样,也可以低级的像野兽一样。上帝赋予了人自由选择和自我改造的能力。"[48]因此,人与自然的互动实践是人生活的一部分,认知自然、适应自然、改造自然、科学地反应和观察自然都是生活,都是人需要学习的课程。从茹毛饮血的穴居时代开始,人在漫长的劳动过程中学会用火,学会筑巢,学会稼穑,这都是课程。

人与社会的能动而现实的交往实践是人适应社会、服务社会、贡献社会的需要。人与动物最大的区别就是人具有社会属性。人的社会属性与狼群、蜂群有着本质的不同,人只有在社会生活中,才能不断地习得道德准则、文明礼仪、公民素养,才会有自己的人生观、价值观和世界观形成,才会有文明的传承。社会生活所包含的政治、经济、文化、科学、人际交往都是人毕生要学习的课程内容。人在社会生活中才能完成生命的蜕变,完成人的社会性进化,完成与他人、家庭、社会的和谐共生。所以马克思说,人是一切社会关系的总和。那么,一切社会关系的发生都是人生命成长的课程。

人与社会的能动而现实的交往实践过程,其本质就是人与人的能动而现实的交往实践过程。具体展开来看,包含以下几个方面的要点:人与人之间的交往实践,其能动性与现实性,以及整个实践过程。

首先,我们所谓的生活主要是指在人与人之间的关系层面上展开的。生活的主体和承载者是人,并在人与人之间展开。换句话说,生活是属于人的,是人特有的活动,而且它主要是在主体间关系的维度上进行的。与之相对的是,自然物的活动以及人与物之间的作用,自然物的活动只具有合规律性的特点,动物的存活只能是生存,它与受意识支配的人的生活有着本质的不同。对此,无论是马克思主义的经典作家还是许多西方哲学家均有着充分的论述:"动物只是按照它所属的那个种的尺度和需要来构造,而人懂得按照任何一个种的尺度来进行生产,并且懂得处处都把内在的尺度运用于对象;因此,人也按照美的规律来构造自己。"[49] "所有其他的存在物似乎完全符合大自然的秩序并由永恒的原则来决定。只有人占有独特的位置。作为自然的存在必须经常进行选择。"[50] 所以,人受到自然规律的支配。

当然,人针对物的活动也是生活的一种。人对物的活动是人的其他生活得以顺利进行的基础与前提,和在人与人之间的关系上展开的生活无法分割。但人与物之间的关系相对简单,它主要集中在人与物之间进行物质和能量的交换以满足人的生理需要,维持人的肉体生命这一点上;即便现代社会中人与物的关系在很大程度上已经超出了这个范围(比如物质财富成了一种身份与能力的象征等),这种现象也是在进入人与人的关系视野中才会出现的。另外,调节人与物之间的关系尺度的主要是科学,而人与人之间的关系就要复杂和生动得多,也正因如此才导致社会生活的缤纷繁复、奇诡多姿和波澜壮阔。因此,本书所理解的生活主要集中在人与人之间的互动与相互作用的层面上,在某种意义上它们才是人类一切精神和文化现象的源泉。

其次,生活是能动而现实的。由人是生活的主体便可以合乎逻辑地得出生活是能动的这一结论。从根本上讲,生活的能动性来源于人的能动性,人的能动性来自人的主体性。能动性表明生活并不是受某种外在于生活本身的、绝对的、占支配地位的力量主宰的,也不是纯粹自在的,它是人按照自己的意愿创造出来的,通过不断地超越和创造出新的生活是生活本身固有的特性。"生活并不只是从一个线团上把线抽出来;它是一个不断地引进新材料,不断地创造的过程。"[51]因此,借用萨特的思想来表达,生活总是"是其所非"和"非其所是"的存在,总是处于不断地变化和更新之中,总是没有固定的终极目标,总是指向未来新的生命。

同时,生活还是现实的。尽管我们对生活的能动性给予了充分的认识,但也不能像存在主义和其他一些现代西方哲学那样把这种能动性发挥到极致,无视生活的现实制约性,从而走向超验领域,把活生生的有经验的感性世界说成是先验意识的构造。生活中的自由与创造始终离不开现实社会条件的制约,不能脱离人的肉体生命存活这一简单而基本的前提,否则,一切都将化为乌有,再美的精神之花也无法绽放。马克思正是在承认这一历史前提下对人和社会进行研究的。迄今为止,这个基本的事实却仍没有得到足够的重视,"衣食住行、物质生产对人类生存——存在本具有绝对性,但今天许多学者却轻视、忽视、蔑视这个基本事实。"[52]有些学说仍然把生活的本质归结于某种不食人间烟火的、超神秘的东西,归结为虚幻的理想,从而否认人在现实生活中一些正常的生理和心理的生命欲求,可他们忘记了,自己所标榜和极力颂扬的生活恰恰是他们在感性的现实生活中创造出来的。

总之,现实性说明了生活的外在制约性和被动的一面,说明了生活是感性的和有经验的一面,它和生活内在的能动性一同构成了生活的特征,并且,前者是更根本的,后者只能在感性的生活世界中生发和成长。

生活如此,同生活完全一致的人亦是如此。人既是能动的又是被动的,既是创造者又是被创造者,即"人创造环境,同样环境也创造人"。[53]

再次,生活是以交往实践的形式存在的。生活是在人与人之间的关系中展开的,而人与人之间的相互作用模式不同于人与物之间的关系的一个最大特征,就是前者是以交往实践的形式出现的。交往实践,是人与人之间互为主客体的实践模式,凸显的是同样具有主体性和能动性两个主体间的相互作用;在针对物的对象化实践中虽然人也在接受着来自物的影响,但只有人是能动的,它们之间的关系称不上是交往实践。在本质上,交往与人、人类社会和人的生活共同存在,它既满足了人的生存需要,同时也是人自我认识、自我确证、自我发展和自我完善的要求。所谓满足了人的生存需要,即无论是从原始社会还是从现代社会来看,人从自然界获取物质资料和进行物质生产时始终是以协作的方式进行的,人与人之间结成的生产关系是最基本的社会关系。相对于交往而言,物质资料生产的优先性和基础性只存在于逻辑意义上,而并非在时空意义上先于交往而存在。从人类社会诞生的那一刻起,人类的交往也就开始了,并且,随着社会的发展,人的交往水平和能力也在不断提高,交往的内容与意义也在不断拓展,交往的范围与规模也在不断扩大。在交往中,交往的各方通过利益、知识、情感、价值、信息、语言、道德、行为等方面的沟通与交流,在彼此的关照、碰撞和激发中不断地确认自我、丰富自我和提高自我,使人的生活不断演绎出新的篇章。所以,交往实践作为一种特殊的实践模式,在某种意义上可以看作是对人与人之间关系最为生动的说明,也可以视为对生活之特质的根本写照。

最后,生活还具有过程性的特点。生活的以上几个特征决定了生活必然表现为动态的过程,而不是静态的实体或者某种一次性的活动。具体来说,过程性首先表明生活不是静止的或者是超时间的存在。生活一直处于不断地流变和发展之中,依时间而展开自己的内涵,或者从另一个角度来看,时间本身就是生活的一个要素,没有时间的生活是不存在的。据此,我们可以得出结论,无论对个体还是人类来说,只要生命不停止,人的生活都将会延续下去。同时,过程性还表明了生活具有开放性特征,因为封闭只能导致生活逐渐失去生命的活力从而走向毁灭,生活的过程将不能延续,所以说,生活只有在开放中才能不断超越自我以焕发新的生命力。此外,从价值的角度并着眼于生活的整体来看,生活的过程性还表明了生活过程的各个部分之间在本体意义上并不存在优劣之分,换句话说,不能把人的生活过程人为地分割成几个间断的部分,认为这一部分是生活,而那一部分就不是生活,充其量只是生活的预备,除此之外就没有任何价值了。事实上,生活是一个连续的整体,各个时期都有自己不可取代的价值,舍弃了任何一部分,生活都无法延续;退一步讲,即便这种观点是成立的,那么就等于否定了人的自为性和不断超越性的特征,把人的生活最终看作是静止的存在,而这恰恰是错误的。

## (二) 生活的外延

根据我对生活内涵的理解,在外延上,可以根据不同的标准将人的生活划分为不同的类型。比如:根据人在生活中的自觉程度来分,生活可以分为日常生活和非日常生活;根据时间来分,生活可以分为过去的生活、现在的生活和未来的生活;根据空间来分(以学生为例),生活可以分为家庭生活、学校生活和社会生活;根据生活的性质来分,生活可以分为正向的常规生活和负向的非常规生活;根据生活的内容来分,生活可以分为物质生活和精神生活;根据生活中交往的对象来分,生活可以分为个体生活、职业生活和公共生活等;根据生活主体的年龄来分,生活可以分为儿童生活和成人生活。

总之,依据不同的维度和标准,在外延上对生活的分类可以是多种多样的,并不是唯一的。而且,生活本身是变化的,随着时代的发展,人的生活方式和生活面貌都发生了很大的变化。生活的外延也在不断打破以往的界限,呈现出新的形式。在此,以日常生活和非日常生活为例来分析。日常生活主要指那些凭借传统、经验和血缘等因素来维持的以满足个体生存需要的活动,与非日常生活相比较,带有自在性、重复性、未加批判性等特征,它主要涵盖衣食住行、婚丧嫁娶、礼尚往来、生老病死等一些领域;而非日常生活则主要是指那些靠科学、制度、意识形态等来维持的以满足群体性需要的活动,具有自觉性、创造性等特征,它主要包括政治、经济、科学、教育、宗教等领域。"日常生活世界与非日常生活世界的整合实际上涵盖了人的世界的所有领域"。[54]事实上,日常生活与非日常生活的区分也是相对的,随着社会的发展,原先属于日常生活的一些领域正逐渐失去其原有的自在性质,受到理性的自觉关照,从而向非日常生活转化;非日常生活,在今天高度发达的情况下,为了克服其对人所带来的异化,以维护自身的合法性也出现了向日常生活回归的趋势。以上从内涵与外延两个方面初步廓清了我们对生活的理解。我们对课程与生活之间的关系的阐释就是建立在这种理解之上的。

## 三　课程与生活的关系

课程与生活的关系是教育研究永恒的主题,也是当前课程理论与实践关注的焦点问题之一。同时,课程与生活的关系问题也是一个博大精深的哲学问题,如熊和平从思想考古学的角度对其进行了研究,认为"课程与生活是相互蕴含的关系,对于求知的学生而言,课程在生活之中,同时生活也在课程之中[55]"。有关课程与生活的关系主要有以下几个方面。

## (一) 课程的生活准备说

这种观点主张课程是为学生将来的完满生活做准备的,从斯宾塞提出到现在,虽然不断受到批判,但它至今仍然对教育具有启发意义。

19世纪后半期,英国教育家斯宾塞应时代要求,第一次明确提出了"什么知识最有价值?"的疑问,他的观点是:能为人的完满生活做准备的知识——科学才是最有价值的知识。这就是"教育预备说"的课程观,将"生活预备"的知识中心课程推向了极端。斯宾塞高度重视教育对人未来生活的作用,认为教育在实现人的完美生活中占据着举足轻重的地位,并且教育就是为未来的完满生活做准备的。他在其教育论著《论教育》中提到:"怎样去完满地生活这个既是我们需要学的大事,当然也是教育中应当教的大事。为我们的完满生活做准备是教育应尽的职责,而评判一门教学科目的唯一合理方法,就是看它对这个职责尽到什么程度。"据此,在论及课程内容方面,他提出了"科学知识最有价值的主张""主张科学应该在教学中占据一个重要的位置,因为科学对人们生活的主要方面的准备比古典文化更有效用。"[56]因此,他提出了与各种生活相对应的课程,如生理学、数学、物理、地质学、天文学,等等,建立了以自然科学知识为核心的课程体系。[57]斯宾塞的这些主张,对于当时的教育改进、课程编制产生了深远的影响。但同时我们还应看到,斯宾塞主张的是一种科学主义的理性课程观,其主导思想是旨在培养"科学人""学术人"。这种课程观无论是为了学生的未来生活做准备,还是去追求一种对学生心智永恒的终极价值,其本质上都是把课程与生活、知识与生活割裂开来,实际上贬斥了人文课程应有的价值。

## （二）课程的生活当下说

这种观点主张课程应重视学生当下的现实生活而不是为将来生活做准备,持这种观点的人主要以杜威为代表。与斯宾塞的"教育预备说"不同的是,杜威强烈反对那种脱离儿童生活经验、为遥远的不可预设的将来做准备的传统教育观点,非常认同课程对儿童当下生活的价值。他认为"教育是生活的过程,而不是将来生活的预备"[58]。因此,他认为学校开设的课程不应该远离儿童已有的经验,而应该使"学校中知识的获得与在共同生活环境中所进行的活动和作用联系起来"[59]。因此,学校必须向学生呈现现在的生活,一种真实而又生机勃勃的生活。杜威据此提出了学校对生活的简化、净化和平衡的作用,并主张把烹调、缝纫、手工等现实生活中的手工活动引入学校课程中,认为这些生活体验性的活动课程能抓住儿童的自发兴趣和注意力,通过这些活动可以使"学校自身成为一种生动的社会生活形式,而不仅仅是学习功课的场所"[60]。

杜威提出课程的"生活当下说",尽管后来受到了批判,但他在那个时代针对时弊提出的高瞻远瞩见解,是非常有积极意义的。就当前而言,也有重要的启发作用,如杜威主张课程要与学生当下生活相联系,强调学校对生活的简化、净化、平衡的作用,对我国基础教育课程改革就具有重要的启发意义。

## （三）课程的生活回归说

课程的生活回归说主要是就我国新课程改革而言的。"回归生活"是21世纪初我国基础教育课程改革的重要价值取向之一。《国家基础教育课程改革纲要(试行)》中明确提到:"改变课程内容过于强调学科体系严谨性、知识性的倾向,加强课程内容与学生生活以及现代社会和科技发展的联系""改变教材脱离学生生活经验、难以满足不同地区学校和学生需要的倾向,关注学生的学习兴趣和生活经验"。可见,新课程改革主要是针对我国传统课程脱离生活、丧失课程生活意义的现状,而提出新课程要面向学生生活世界、回归生活世界的价值观。

为了改变传统教育不关注课程与现实生活的联系,漠视学生主体地位的弊端,我国教育界借鉴了西方哲学的"生活世界"的观点,提出了"教育回归生活""课程回归生活""教学回归生活""课程生活化"等论断。与此同时,在对待"课程回归说"的态度上,也有不少学者有不同的立场和看法。有学者指出,"回归说"的根本与"理论联系实际"的教学原则并无本质区别,从哲学上引入"生活世界"的概念来替代一线教师原来掌握很好的概念,将是一个误导。[61]有人认为,课程是无法回归生活的,因为课程本身就是一种生活,联系生活应该比回归生活的说法更为确切。[62]郭华认为,教育是不能回归生活世界的,教学是理性的行为,必须与经验生活保持一定的距离和张力,只有这样教学才能高于生活、才能创造生活。[63]张楚廷认为,课程在一定条件下回归生活是合理的,但课程不仅仅是回归生活,课程主要的、积极的、正面的使命是去开拓生活、创造生活、提升生活、美化生活。[64]

通过以上"准备说""当下说""回归说"的论述可知,尽管对课程与生活的关系方面存在着争论,但不管怎么样,生活是课程所要考虑的重要向度之一。面向学生生活、关注学生生活、引领学生体验生活是课程必须正视的一个重要问题。课程在本质上也是一种生活,但不完全等同于生活;课程既来源于生活也服务于生活,生活是课程的有机组成部分,课程不能脱离学生的实际生活;课程不仅来源于生活,还要面向生活,课程不仅关注学生的现实生活,还要为学生的未来生活做准备。但课程不能与生活混合为一体。

# 第二节 课程生活论的特征

"物都是许多属性的总和,因此可以在不同的方向都有用。发现这些不同的方面,从而发现物的多种使用方式,是历史的事情。"[65] 课程生活论视角下的课程是基于学生的直接经验的,是密切联系学生自身生活、自然生活、社会生活的,面向学生未来生活创造的课程。课程生活论的主要特征表现为生活性、全面均衡性、可持续发展性、生成性、探究性等方面。

## 一 生活性

生活性原则强调关注学生的生活世界。在基于学生已有生活经验的基础上,帮助学生在快乐的学习生活中获得有益于自己身心发展的经验。"如果把日常生活看作是一条长河,那么由这条长河中分流出了科学和艺术这样两种更高的感受形式和再现形式。"[66] 从这个视角出发,人在日常生活中的态度是第一位的。纵观 20 世纪课程的发展,我们可以从异彩纷呈的课程理论中捕捉到人类理性多向流变的轨迹。在 20 世纪不同课程流派的理论中,只有以自觉或不自觉的方式发生这一具有普遍性的课程转变,即课程向"生活世界回归",人才能在生活世界中与自然保持着协调性,与世界保持着统一性。在传统的课程哲学那里,课程实际上是服务于想象当中的未来生活的,是教育者为受教育者描绘的一种生活。这种课程设计不仅远离学生当下的生活实际,还使得学生失去了真实生活的体验,甚至会让学生远离未来的生活实际,使学习活动与受教育者的生活实际相去甚远,不利于有效促进他们的发展,更不利于学生对未来的生活创造。纠正传统课程哲学的顽疾,就应该关注受教育者当下的生活世界,使课程与学生的生活实际相联系,为知识、文化、经验和当下环境搭建一座桥梁,营造一种生态。

生活是基础,发展是目的,生活支持发展,发展引领生活。

## 二 全面均衡性

学生的发展是一个生命的整体完满全面的发展。学生身体、认知、技能、情感、意志和社会性等多方面应该是协调发展的。因此,学生需要一个精心设计的、丰富的课程系统和一个充满关爱的、人人受到重视、公平、正向、积极成长的生态环境。所以说,课程的设计应该是全面而均衡的,纳入各类知识、经验保持相对的平衡性,这样既能适应学生已有经验,又能面向学生未来生活,还能满足生命成长所需要的当下应该有的生活体验,为他们未来的发展打下基础。"启于未发,导于未生",这才是课程应有的意志。而回归生活的课程应关注学生已有的识知基础,全面开启学生应有的智慧,不在于"深",而在于启蒙生命,引领思考,固化其强体之本,培育其德行之根,敲开其智慧之门。为此,生活化课程必须致力于支持、培养、促进、并全面发展学生生命。

### (一) 个性、社会性和情感的和谐统一

要促进学生顺利从家庭到学校以及学校之间的过渡,为他们提供一个宽松的环境,让每一名学生都有机会成为自己所在团体中有价值、有尊严、有主动性、能作为的成员,学会进取、包容、合作、自律,促

进学生形成良好的自我意识、主体意识和发展意识。

## （二）积极态度的引领

树立目标,培养兴趣。目标引领发展方向,激发发展动力。兴趣能够启迪思维,激发创造。这种以目标和兴趣为引领所培养的学生积极学习的态度,是基于每个学生的,也是基于每个学生生活的,更是对学生生活的丰富和创造。而没有这种主体性的积极态度,学习只靠教师压制,学习只能是假把式。若学生的学习兴趣受到压抑,保障其自由、全面、充分、和谐发展就成为空谈。

## （三）生活世界的探究

提供机会,让学生在各种情境中探索、体验、理解和创造自己的生活,帮助学生主动提出并尝试解决问题、实验、预测、计划、做决定。此外,学生在学习过程中随时可以得到教师和同学的关照,同时也时刻关照他人的学习过程,不断与其他同学对话交流,进行合作,形成人与自然、社会、他人、自我的和谐关系。这种和谐关系建构也是生活的重要内容,也帮助学生独立探索自己生活的意义、和谐关系的建构,进而能够创造自己的生活。

## （四）生活审美的培育

培育生活审美,使每个学生都有机会通过多种艺术活动(音乐、舞蹈、绘画、手工制作、文学作品欣赏、表演等),激发他们发现美、理解美、表现美、创造美的情趣以及对生活的热爱和对美好事物的向往,帮助学生的内在与外在,心智与生活走向和谐。因此,回归生活的课程必须是全面的、均衡的,割裂了其中任何一方面,都会导致生活本身的不完整、不完美,也会导致课程基于发展的残缺,都会给学生的发展带来不利。

## 三 可持续发展性

可持续发展是时代变迁和社会发展对课程生活化的必然要求。1992年,联合国环境与发展大会提出了人类"可持续发展"的新战略和新观念:人类应和自然和谐发展,可持续发展并为后代提供良好的生存发展空间;人类应珍惜共有的资源环境,有偿地向大自然索取……人类为此应变革现有的生活和消费方式,与自然重修旧好,建立起新的"全球伙伴关系"——人与自然和谐统一,人类之间和平共处。[67]传统的课程观受"阶段论"发展观的影响,对每个阶段的教育期望值过高,每个阶段的发展目标相对独立,没有一个有着生命发展的连续性和递进性。教师常常用短视的目光来审视学生,对学生提出某一个阶段大而全的教育要求,导致学生的内在成长和身体发展不够充分。这样的教育背离了学生生活生命成长的实际,使学生丧失了学习兴趣,甚至导致有的学生产生了"学校恐惧症",以伤害自己的身体来逃避学校。这不得不说是教育的悲哀。可持续发展的原则首先是保证学生身心和谐长久的发展,还要满足学生当前的生活发展需要,同时为未来的发展做好基础准备。可持续性发展致力于谋求肉体与精神的和谐、现在和未来的和谐,身心发展有序而协调,以达到学生全面的、长久的、强劲的发展。

教育的可持续发展重视培养人具有以下特点:一种对环境、对他人和未来的责任感;把这种责任感转化为个人和集体生活行动的信仰、对知识和技能学习的内在动力;对改革和不确定性做出积极主动反应的能力;识别个人行动与集体行动、外部事件和其他因素之间的关系;跨学科的整体视野;具有创造能力,自由的、有益的质疑能力;与感觉、推理、直觉同时存在的合理的平衡;在尊重他人及其文化的同时,具有自我价值感。[68]在相当长的时间里,我国各个学段的课程强调知识、技能等方面的传授,而将情感、态度、身体和个人的生活技能等方面的发挥摆在次要地位,或者根本不加以考虑。现如今,情感、态度、道德的发展更为重要,积极的态度是实现人的可持续发展的必要条件,而强健的身体和必要的生活技能也是学生学习可持续发展的基础支撑。从一定意义上,在课程开发与教学方法的选择上,在可持续发展的视野下,教育理念将注意力放在课程纵向发展以及横向的整合上,通过注重过程,注重学生生活体验,强调体验式学习和合作式学习,将抽象而枯燥的理性知识学习逻辑建构转化为学生探究式的独立的生活方式,体现课程生活论的育人价值和学习者的生命成长意义。

人的可持续发展与人的终身教育思想是相对应的概念,被人们视为"可以与哥白尼学说带来的革命相比,是教育史上最惊人的事件之一"。人在生理上具有未完成性,"人永远不会变成一个成人,他的生存是一个无止境的完善过程和学习过程""他总是不停地'进入生活',不停地变成一个人。"[69]课程生活论以追求学生可持续发展为宗旨,以可持续发展教育为理念,对学生实施整体的、可能的、长远的、发展性、创造性的培育,将学生置于自然情境、社会、生活情境当中,在培养他们作为一个生命主体对自然好奇的基础上,产生对自然的热爱,对社会问题的关注,对生活的创造,对未来美好生活的向往,培养他们的生活责任感和社会责任感。

## 四 探究性

发展是人类永恒的主题,也是课程永恒的主题。人类有着特有的好奇心和探究欲,人类的好奇心和探究欲是与生俱来的,永不满足是从祖先那里承袭来的本性。"一个孩子长大的过程,是人类发展过程的复演……,从语言学习来看,一个孩子用两年的时间就可以学会说话,但是,历史上人类经过千万年才学会了说话。同样,人的遗传基因中也有一种能够探索、理解和解释其周围世界各种现象的潜力。"[70]学生是在游戏和活动中,在对自然、社会、自我的探究中得到发展的。探究性是将学生看成学习与发展的主体,把学生看成主动的学习者。学习过程是学生主动与周围环境相互作用的过程,"当他们操作材料、进行实验,探索着发现事物,并谈论它是如何出现的时候,他们在进行最佳的学习"[71]探索性强调以问题的形成作为学习的起始阶段,重视学生的学习兴趣和主动参与,重视知识的获得过程。实施这一原则,必将使学生在教育过程中体验到探索的乐趣,并由此养成探究精神和动手实践的能力,"由学生自己亲自制定获取知识的计划,能使学科内容有更强的内在联系、更容易理解,更轻松地学习,学习任务也更有利于激发内在动机,学生认知策略会更加自然获得发展。同时,在这个过程中学生还认识到能力和知识是可变的,从而把学习过程看作是发展的,他既要以现有的学习方法为基础,又要将其不断地加以改进。"[72]

## 五 生成性

回归生活的课程是生成性的课程。所谓生成,本义是产生形成。在这里是指教师与学生活动时,教师逐渐发现学生的兴趣、需要,进而形成共同的兴趣,创造原本没有的内容来设计课程。课程内容创造时关注引领学生自主独立去创造生成。课程的生成性体现了注重教师与学生的交互作用,通过共同活动,教师逐渐发现学生的兴趣,不断观察、记录学生兴趣,发现并创造新的内容来设计课程。这样设计出的课程内容富有弹性,不仅强调了学生学习的主体性,还能够根据活动的实际情况调整课程内容,让教师与学生共同成长、共同发展。设计学习内容时,必须充分相信学生,相信学生的创造力,并给予学生在学习过程中足够的创造空间。此外,它要求教师相信游戏的力量——相信在许多可能性中学生做出的自发选择。学校的课程应鼓励学生成为有能力的游戏者、学习者,同样也激励教师与学生一起学习,一起游戏,共同思考,也成为有能力的游戏者,从许多可能性中做出选择,从而指导学生的学习和生活行为,理解学生的学习过程,与学生共同发展,一起进步。

尊重学生的兴趣,谋求学生与教师的共同兴趣是生成性的重要体现。课程的生成性要充分考虑学生、教师的兴趣,在此基础上,师生产生共同的兴趣,以此作为课程来源。而教师和学生兴趣的发展主要来源于自己的生活体验、生活创造。

学生的兴趣:兴趣是激发学生学习动力的唯一源泉。不同的学生有不同的兴趣,丰富的生活、丰富的体验会大大激发学生的兴趣。

教师的兴趣:兴趣也是教师课程创新、课堂学生学习过程创造的动力源泉。学生的兴趣激发了教师的兴趣,教师的生活培养了教师的兴趣。教师在课堂上的"放手",让学生能够自主地进行合作和探究,充分让学生自主生成新的知识就是对学生兴趣最好的培养。

学生发展阶段的任务:在不同发展阶段,学生的发展任务是不同的;适当的课程为学生每个不同发展阶段提供他们感兴趣的、有教育意义的生活活动,帮助学生主动去选择自发的技能训练活动,就能够大大促进学生社会、身体、思维和情感的协调发展,促进学生作为一个生命主体的和谐发展。

物质环境中的活动材料:物质环境中的人为活动材料是标准化

的、可预测的,而自然的活动材料则是非标准化的、不可预测的,正如自然界中的每一种植物和动物都不相同。人为活动材料和自然活动材料都是学生需要的活动材料,这需要教师以教育者的视角,站在学生生命成长的角度,以促进学生全面发展为目标去创新、选取、整合。

社会环境中人:学生对各种社会角色均感兴趣,都希望自己能够亲身体验,渴望了解不同角色成员之间相互关系。学生走向社会、了解社会,或是在学校和班级这个模拟社会当中扮演着一定的角色,让学生有机会在教师和同学的帮助下体验生活。

与课程有关的资料:教师可以从图书馆、展览馆、学校资料中心获得大量的课程观念、课程内容,而对学生生活的课程化再造也是很重要的课程资源。所有这些资源,要求教师根据学生的个性特点和具体的学习活动安排、自身的教学风格以及学生的兴趣加以采纳、整合和创造。

意外事件:校园、社区和社会上发生的意外事件,以及社会生活大事件是很有教育价值的。教师可以用自己的教育智慧,将这些事件进行课程化再造,并及时融入教学计划(短期或长期),再进行生动的现场教学。

共同生活:对于学生来说,共同合作、情感表达、矛盾解决以及日常的照料都是具有潜在教育价值和生命价值的课程内容。身体的保护、自助的技巧、突发事件的应对、衣食住行等都是学生自然成长过程中重要的生活经验,分享和人际交往的观念是课程不可缺少的组成部分。

学校、社区、家庭和文化中的价值观:学习基于生活,学习为了生活,生活的过程即学习的过程。这是评价课程计划中重要的一环,学习活动应该适宜于学生的发展,适宜于环境,教师应该清楚地理解课程计划实施的逻辑,并知道如何参与其中。

课程设计的指导思想是以学生为中心的,关注学生的学习兴趣和生活需要为重点,指向学生的生命成长目标。这个生命成长的目标既有既定目标,又有生成目标,还是一个开放的目标,不是一个只是知识学习的僵化目标。以此来设计课程,便能够反映出以学生为本的教育观和课程设计观。综合以上各种因素,创新性和生成性成为课程生活论的一大特征。无论从课程设计,还是从课程实施,只要和生活关联起来、和学生的实际需要关联起来,教育就有了无尽的可能,就会生成新的课程内容、新的课程情境、新的课程实施路径、新的课程价值意义、新的课程体验、新的课程学习经验,等等。

综上所述,课程生活论视角下回归生活的课程所体现的上述特征,反映了从学生生活世界出发,凸显了回归生活的课程是基于学生与自然、学生与社会、学生与自我的,而且还是从现实生活情境出发,引领学生的人格走向完美,思维走向活跃,生活走向美好,体现了学生在生活中发展,在生活中实现人生的价值追求。

# 参考文献

[1] STUART L. 21st century skills for 21st century jobs[M]. Department of Commerce,1999.

[2] OECD. The Knowledge-based Economy[R]. Paris:OECD Publishing,1996.

[3] 靳玉乐.探究教学论[M].重庆:西南师范大学出版社,2001.

[4] DELORS J. Learning:the treasure within:report to UNESCO of the International Commission on Education for the Twenty-first Century[J].1996.

[5] 中华人民共和国教育部.教育部关于学习、宣传和全面贯彻《面向

21 世纪教育振兴行动计划》的通知［J］.教育部政报,1999,(03):107.

［6］ 卢梭.爱弥尔［M］.北京:商务印书馆,1999.

［7］ 卢乐山.学前教育原理［M］.北京:北京师范大学出版社,1991.

［8］ 麦茜特·卡洛琳,Merchant Carolyn.自然之死:妇女,生态和科学革命［M］.长春:吉林人民出版社,1999.

［9］ FRANKBAUM L,鲍姆,斯图尔特,等.绿野仙踪［M］.北京:外语教学与研究出版社,2007.

［10］ MARX K. Theses on feuerbach［M］.Brazil:Newcomb Livraria Press,2008.

［11］ 赫伯特·马尔库塞,马尔库塞.单向度的人:发达工业社会意识形态研究［M］.上海:上海译文出版社,1964.

［12］ 让·雅克·卢梭,王田田.社会契约论［M］.北京:中国人民大学出版社,2013.

［13］ FROMM E. The heart of man New York［J］.Evanston and London:Harper and Row Publishers,1964,128.

［14］ 韦伯.新教伦理与资本主义精神［M］.北京:北京大学出版社,2012.

［15］［39］［53］［65］ 马克思等.马克思恩格斯选集［M］.北京:人民出版社,1972.

［16］ 安东尼·吉登斯.社会的构成［M］.上海:生活·读书·新知三联书店,1998.

［17］ 赫伯特·马尔库塞,马尔库塞.单向度的人:发达工业社会意识形态研究［M］.上海:上海译文出版社,2006.

［18］［25］［69］ 联合国教科文组织国际教育发展委员会.学会生存:教育世界的今天和明天［M］.北京:教育科学出版社,1996.

[19] 达尔文.人类的由来[M].北京:商务印书馆,2017.

[20] 佩斯特尔.人类处于转折点[M].上海:生活·读书·新知三联书店,1987.

[21] 华勒斯坦.开放社会科学[M].上海:生活·读书·新知三联书店,1997.

[22] 卢卡奇.理性的毁灭[M].南京:江苏教育出版社,2005.

[23] 泰戈尔.泰戈尔散文诗[M].上海:上海人民美术出版社,2002.

[24] 斯蒂芬·F·梅森著,周煦良,全增嘏.自然科学史[M].上海:上海译文出版社,1980.

[26] 邹进.现代德国文化教育学[M].太原:山西教育出版社,1992.

[27] 米歇尔·福柯.什么是批判:福柯文选[M].北京:北京大学出版社,2016.

[28] 卢梭.论人类不平等起源和基础[M].北京:中国商务出版社,1962.

[29] 索伦·克尔凯郭尔.恐惧和战栗:英汉双语[M].中国出版传媒股份有限公司 中国对外翻译出版有限公司,2014.

[30] 弗里德里希·尼采,尼采,张念东,等.看哪这人:尼采自述[M].北京:中央编译出版社,2010.

[31] 卡尔·雅斯贝斯.时代的精神状况[M].上海:上海译文出版社,2013.

[32] 胡塞尔.现象学与哲学的危机[M].北京:国际文化出版公司,1994.

[33] 罗嘉昌.从物质实体到关系实在[M].北京:中国人民大学出版社,2012.

[34] 埃德蒙德·胡塞尔.欧洲科学危机和超验现象学[M].上海:上海译文出版社,1988.

[35] 德布尔.胡塞尔思想的发展[M].上海:生活·读书·新知三联书店,1995.

[36] 卢卡奇,杜章智,任立,等.历史与阶级意识[M].北京:商务印书馆,2011.

[37] 威廉·莱斯.自然的控制[M].重庆:重庆出版社,2007.

[38] 吉登斯.现代性的后果[M].南京:译林出版社,2000.

[40] 张华.论道德教育向生活世界的回归[J].华东师范大学学报:教育科学版,1998(1):8.

[41] TANNER D,TANNER L N. Curriculum development:Theory into practice[M]. Macmillan;Collier-Macmillan,1975.

[42][45] 姜椿芳,梅益.中国大百科全书:教育[M].北京:中国大百科全书出版社,1994.

[43] 麦克唐纳,赫什曼.如何打造高效能课堂[M].北京:中国青年出版社,2011.

[44] 约翰·富兰克林·博比特.课程[M].北京:教育科学出版社,2017.

[46] CASWELL H L,CAMPBELL D S. Curriculum development[J].(No Title),1935.

[47] 康纳尔.二十世纪世界教育史[M].长沙:湖南教育出版社,1991.

[48] 米兰多拉.论人的尊严[M].北京:北京大学出版社,2010.

[49] 马克思.1844年经济学哲学手稿[M].北京:人民出版社,1985.

[50] 赫舍尔,隗仁莲,等.人是谁[M].贵阳:贵州人民出版社,2009.

[51] 奥伊肯·鲁道夫.生活的意义与价值[M].上海:上海译文出版社,2005.

[52] 李泽厚.历史本体论[M].上海:生活·读书·新知三联书店,2002.

[54] 衣俊卿.回归生活世界的文化哲学[M].哈尔滨:黑龙江人民出版社,2000.

[55] 熊和平.课程与生活[D].长沙:湖南师范大学,2007.

[56] 斯宾塞.斯宾塞教育论著选[M].北京:人民教育出版社,2005.

[57] 单中惠.西方教育思想史[M].北京:中国人民大学出版社,2017.

[58][59][60] 赵祥麟,王承绪.杜威教育论著选[M].上海:华东师范大学出版社,1981.

[61] 冉乃彦.关注教育理论和实践联系的中间环节[J].现代教育论丛,2007,(10):13-18.

[62] 邓友超.论教育的理解性[D].上海:华东师范大学,2004.

[63] 郭华.评教学回归生活世界[J].教育学报,2005,(01):17-26.

[64] 张楚廷.课程要"回归生活"吗——论课程与生活的关系[J].课程·教材·教法,2010,30(05):3-7.

[66] 卢卡契.审美特性[M].北京:中国社会科学出版社,1986.

[67] 赵中建.教育的使命:面向二十一世纪的教育宣言和行动纲领[M].北京:教育科学出版社,1996.

[68] 约翰.赫克尔.可持续发展教育[M].北京:中国轻工业出版社,2002.

[70] 斯坦利·霍尔.青春期:青少年的教育、养成和健康[M].北京:人民邮电出版社,2015.

[71] 兰本达,P.E.布莱克伍德,P.F.布兰德韦恩合著,等.小学科学教育的"探究-研讨"教学法[M].北京:人民教育出版社,1983.

[72] ANDERSON L W. National encyclopedia of teaching and teacher education[J]. Science Education,1995,109.

# 第二章

# 课程生活论的历史发展与现实意义

　　课程之于教育,犹如水之于生命般不可或缺。没有了课程,教育便如无源之水,难以维系。而课程的有效性和价值感就在于对学生生命成长的正向积极作用。课程生活化的发展由来已久,课程生活理论的提炼和创造在人类教育史上也精彩纷呈。我们通过遵循课程生活理论的发展在不同历史时期,不同国家,特别是在我们国家的足迹,进行追根溯源,厘清课程生活理论发展的始末,在批判的基础上继承,在继承的基础上发展,让科学的课程理论指导课程创新,以期教育能够向着应有的方向发展。

　　追溯课程论发展的历史进程。我们一起洞察课程生活论的价值和意义,进而使我们的课程能够基于生活创造,基于生活实施,并围绕着学生的生命成长展开。生命成长围绕着学生的学习生活,滋养着学生的学习过程,培养兴趣,激发创造,放大教育对于人的崇高价值,是回归课程之于教育的重要意义。当然,课程生活论也是 271 教育体系——教育生态论的一种较科学、较实际的课程理论和实践落地。

# 第一节　课程生活论的历史发展

课程生活论不仅促进了教育理论的发展,还促进了课程回归生活的发展,更促进了科学文化的发展,特别是生理学、心理学等学科的发展,为教育的发展和课程的创新奠定了坚实基础。教育机构的建立及其发展,积累了丰富的教育经验,而经验的总结和凝练需要有系统的教育理论作指导,并且教育的发展和经验的凝练都要求教育机构和相关专家从事课程的研究。基于此,课程生活论的探索及实践便有了坚实的理论及实践根基,其产生与发展经历了从萌芽到形成、从形成到发展再到不断成熟的过程。

## 一　西方课程生活论的缘起与发展

西方工业革命的先行兴起,带动了人类文明的极大进步,教育与生活的关系便不断地被梳理,生活的教育价值被不断的进行开发,由此极大地推动了课程的发展、教育的发展。

### (一)教育回归生活思想的萌芽

虽然回归生活课程的兴起只有近百年的历史,但生活教育的思想却自古有之。在 15 世纪以前,生活教育思想散见在各种著作中。古希腊哲学家柏拉图在《理想国》中,在论述建立贵族共和国的理想时提到的教育思想认为:"凡事之开始,为最重要之点。而于教育柔嫩之儿童,则更宜注意。盖其将来人格之如何,全在此时也。"[1]柏拉图第一次提出了让儿童在专设的教育机构集中受教育的理想,提出以游戏和讲故事的活动来教育儿童,反对强迫儿童学习,通过游戏可以了解每个儿童的自然才能。另一位古希腊哲学家亚里士多德在《政治论》中,提出了让儿童在生活中多运动,并习惯于寒冷,5岁以前不应要求儿童学习课业,以免妨碍其发展。[2]这些思想无疑彰显了生活教育对儿童发展的重要价值。但自公元5世纪后,欧洲进入中世纪,文化和教育几乎为教会所垄断,教育处于衰退状态,生活教育的思想受到禁锢,儿童被认为生来就是有罪的人,教育就是要培养儿童的服从性。

文艺复兴运动时期,一些启蒙思想家和教育家高举人文主义的大旗,要求个性解放,提出尊重儿童、热爱儿童、按照儿童的特点教育儿童。因此,回归生活教育的主张重新受到关注,并且提出了教育必须"适应自然",反对把儿童看成天生的罪人,认为儿童一出生就具有一切道德的、理智的、身体的能力萌芽,如果用适当的方法加以培养,就能使儿童的一切内在的能力和谐地发展起来。

法国启蒙思想家卢梭是"启蒙运动的真正产儿"[3]。他在《论科学与艺术》《论人类不平等的起源与基础》中,指出科学、文学和艺术是道德的最恶的敌人。[4]文明由于能够让人产生种种欲望,所以是奴役的根源。[5]"在这两部著作中,我试图清除这样的幻觉,它使我们的头脑充满着对那些使我们深受不幸的东西的荒唐的赞美;我试图就对任何事物的荒唐评价,他们使我们把大量用于奉献给有害的天才而轻视美德。但人性不会倒退;人们一旦抛弃天真和平等的状态,他们再也不会回到那种状态中去了。这两部著作的作者一向被指控为想消灭科学和艺术,想让人类重新沦入原始的野蛮状态。但事实恰恰相反,他始终坚持要保留现存制度,声称现存制度的消灭只会使罪恶继续存在下去,而使我们丧失缓和和减轻罪恶的手段,结果只能是肆无忌惮的权力取代腐化。"[6]可见,卢梭将理性启蒙思想与浪漫主义二个并不相容的精神整合在一起,指出科学既能够给人类带来福祉,也可给人类带来灾难。他的这些思想在教育著作《爱弥儿》中也有体现,成为启蒙时代精神思想园地的一朵奇葩。他指出:"教育,我们或是受之于自然,或是受制于人,或是受之于事物,我们的才能和器官的内在的发展,是自然的教育;别人教我们如何利用这种发展,是人的教育;我们对影响我们的事物获得良好的经验,是事物的教育。"[7]在这里,卢梭提出了自然教育的主张,遵循人的本性、保持儿童的自然状态,让儿童在自然状态下享受自由、平等、快乐的生活,获得自由的发展,这是一种回归自然的田园生活教育。在卢梭看来,儿童的生活本身就是教育。"生活,并不就是呼吸,而是活动,那就是要使用我们的器官,使用我们的感觉、我们的才能,以及一切使我们感到我们的存在的本身的各部分。生活得最有意义的人,并不是年岁活得最大的人,而是对生活最有感受的人。"[8]教育必然指向儿童的现实生活,而不是为儿童不可预期的将来生活做准备。只为将来做准备的教育被卢梭看来是"野蛮的教育"。这些思想,成为生活教育的重要组成部分,对后人产生了广泛而深远的影响。德国教育家福禄贝尔,深受夸美纽斯、卢梭、裴斯泰洛齐的影响,强调儿童不是成人的缩影,教育要遵循儿童的自然天性,以儿童的自我活动为基础,提倡儿童在游戏中学习。他认为:"儿童早期的各种游戏,……是一切未来生活的胚芽;人的整个日后生活,……它的渊源都在儿童的早期","游戏是内部存在的自我活动的表现",也是一种创造性的生活,"来吧,让我们和我们的儿童生活在一起!"[9]福禄贝尔对教育所做的贡献,推动了世界各国教育机构的建立,他重视儿童游戏的教育思想闪烁着回归生活教育的时代精神。

## （二）教育回归生活课程的发展

19 世纪末到 20 世纪初，以美国为代表的西方国家相继开展了进步教育运动和儿童学运动。一些教育家、心理学家站在时代的前沿，相继提出了以儿童为中心，在他们的学术思想中体现着回归生活教育的主张。美国教育家杜威，揭开了现代教育的序幕。他在《我的教育的信条》中指出："教育是生活的过程，而不是为将来生活的准备。""生活就是发展；不断发展，不断生长，就是生活。"[10] 杜威的教育即生活的主张，将儿童的学校生活、自然生活、社会生活三者有机地联系在一起，有助于教育的一致性与完整性，并且能够发挥儿童的主体性。他的生活教育从理论到实践，使得回归生活的教育思想从萌芽走向发展。在这一时期，意大利教育家蒙台梭利、比利时教育家德可罗利等人的教育主张，对课程理论也有重大影响，对建构回归生活课程的理论有重要启示。

### 1. 杜威：教育即生活

约翰·杜威是实用主义的代表人物，是 19 世纪末以来著名的教育思想家。他的教育思想主张至今还对世界许多国家的教育改革产生着重要影响。杜威研究教育有两个显著特点：第一，起点高。站在哲学、心理学、伦理学的基础上看待教育问题。第二，对社会问题的关切。他密切关注社会变革，这种关切终其一生。此外，他对教育与现实生活的同构关系的阐释，曾经题写了现代教育史上绚丽的一页。

杜威理论形成于 19 世纪 90 年代，当时美国工业以惊人的速度发展，并且于 19 世纪末完成了近代工业化进程。工业化的完成为社会带来丰裕的物质财富的同时，也引发了一系列经济、政治、文化等社会问题——经济混乱、政治腐败、贫富分化加剧，拜金主义和极端个人主义盛行,道德沦丧,精神文化衰落。杜威怀着对社会发展的关切,将教育看作是实现理想民主社会的重要工具,在其教育理论主张中提出了如下问题:教育如何应对社会生活中的弊端?教育怎样为创造美好生活尽力?教育如何才能成为美好生活的典范?这些都是杜威关注的问题。[11]

杜威指出教育本身即生活的过程,他认为教育就是儿童现在的生活过程,是课程体验的过程,也是社会生活的延续,而不是为将来生活的准备。生活为教育提供了具体内容,因此,教育应当关注儿童当下的生活经验,应当以现实化、生活化的教学形式取代传统的班级授课,以儿童的亲身经验来替代书本知识的讲授。可见,杜威提出"教育即生活"的意图一方面在于使学校更多地顾及儿童的生活、儿童生活的自身感受,而不再用成人生活的标准去要求儿童,不用成人生活的感受去影响儿童自己的感受;另一方面则在于打破学校生活与社会生活之间的隔阂,促进两者的双向互动与深度融通。

基于"教育即生活",杜威又提出了"学校即社会的论断",认为学校是一种特殊的社会环境,它不应成为远离社会的世外桃源。应把学校改造成社会的雏形,使社会生活渗入学校之中,最终把学校建成一个典型的、纯净的、理想的社会环境,以便使儿童在其中受到良好的影响,体验到本应有的社会生活。杜威实现了对赫尔巴特传统教育的反叛,他使教育与社会的界限更加模糊。而当下的"教育回归生活"关注主体的生活体验,将生活视作隐性课程,无限扩大了教育的时空。

在杜威看来,以往学校教育存在的最大问题是学习与儿童及儿童的日常生活相脱离,具体表现在"学校的重心是在儿童之外,在教师,在教科书以及其他任何地方,唯独不在儿童自己即时的本能和活动之中"。[12]"在传统教室中所强调的是安静、沉默、服从和端坐不动;要求完整无缺地背诵和丝毫不差地展现所学过的内容。这种态度不单使头脑服从于外部的规章和计划,同时也否定了使一个人区别于其他人的独特个性,这是对民主主义理想的否定"。[13]在杜威看来,当时教育与生活的脱离是双向的,一方面是人无法将社会中习得的经验顺利地运用到学校生活中来,同时,人在教育中学到的知识也无法在实际生活中得到应有的运用。于是,教育以"为学生将来的美好生活做准备"为由,牺牲着当下的生活与幸福。人在受过教育之后,因为缺失了真实的生活体验,使得儿童失去了对现实生活的改造和批判的精神追求,就不可能对生活有正确的理解,生活适应能力就会变差,也就无法独立自主地生存于社会之中,从而人的进取精神和创新意识就会逐渐被教育销蚀。这种状况不利于社会发展,不利于民主社会的实现,更不利于一个独立生命个体的完满成长。

那么,如何使教育成为一种民主的生活形式? 如何使教育为民主社会的实现做出应有的贡献? 杜威从其实用主义哲学立场出发,提出了著名的生活教育理论,做出了"教育即生活"的著名论断。学校是一个有目的的社会组织,教育是有计划的学生生活过程,但若教育要为民主社会的实现做出贡献的话,就必须反对机械的、墨守成规的、学生被动的、灌输式的教育形式。良好的教育应当为学生提供更有趣味、有意义的学校生活体验,使学生有能力面对复杂的社会生活,积极独立地处理生活中的相关问题。基于此,杜威对优质教育的标准也提出了界定,那就是良好的教育必须使人能够不断地从生活中学习,从生活经验中获取知识。他主张"学校即社会",提倡学校生活的社会化,即将学校生活作为一种社会生活方式来运行,把国家、社会、城市变成学校国、学校市,将警察、邮局搬到学校里来,合而为一。

当然,杜威也看到了社会生活中良莠并存的复杂状况,他的教育主张并不是要求教育与生活简单的趋同,而在于使学校生活成为一种经过净化与选择的、有教育价值的、理想的、有利于儿童发展的、生活化的场所。其目的在于试图用学校的生活改造现实中不太理想的社会,这就是他所说的"教育即改造"。在教育方法上,杜威提倡从做中学,主张教育应该为学生提供与现实生活相联系的情境,并以解决现实生活中存在的问题为目标,让学生提出解决问题的假设,并通过亲身实践检验自己的假设,这个过程便是学生学习的过程。

在杜威看来,学校生活是生活的一种形式。学校应与如下两种生活相契合[14]:首先,教育应与儿童自己的生活相契合。教育的过程要充分考虑到儿童的兴趣和需要,从而摒弃教育的刻板形象,充分尊重儿童,消除阻碍和压抑儿童生长的一切不合理因素。教育要保证教师基于儿童生命成长思考、探究和做事的自由,使校园成为人的生活乐园而不是"自由人的屠宰场"。在此值得注意的是,杜威虽然主张尊重人,给人以自由,但这种思想倾向并不同于对人放任自流、率性发展的自然教育主张。杜威在课程教材的编写上也要求与社会生活相联系,而不是单纯地从学科本身的角度来编写,这在杜威的实验学校中有明显体现,活动性、经验性课程占了课程比重的大部分。其次,在杜威看来,教育还应与学校以外的社会生活相契合,努力跟上时代步伐,适应社会发展需要,并努力为社会的改革与进步引航。

杜威如此重视教育与生活的连接,他积极要求加强教育、学校与社会生活的联系,使学校不只是消极地适应社会变化,而是积极地参与社会生活的优化。杜威生活教育理论中所涉及的"生活的过程""生长的过程"及"经验改造的过程"是同一个过程,即人的素质提升与社会适应过程,更是生命成长的过程。但杜威的上述努力却遭遇了挫败。杜威看到了教育在社会发展中的重要作用,这是值得肯定的,但他把教育的作用无限扩大,甚至把实现民主社会的理想寄托于教育,没有清醒地意识到教育本身的限度。另外,他在教育组织及课程设置上过于强调直接经验的重要性,而忽视了间接经验的习得,过分强调儿童的自由,忽视了教育功能中本应具有的规训向度。因此,杜威的思想自产生之日起便不断遭到批评与声讨,人们对他的教育观点见仁见智,长久以来无法达致统一。

由于我国特殊的国情,近现代以来在我国教育中占主导地位的仍然是赫尔巴特和凯洛夫的教育教学理论,杜威的思想并未成为我国教育的主流。但自 20 世纪 80 年代开始,杜威的生活教育逐渐被我国重视,如有些学者重新提出应当实现教学形式的灵活化,甚至主张"做中学、玩中学",释放学生压力;注重教育与社会生活的联系,直接经验的获得成为知识获取的重要途径;"生长"也成为教育中颇为流行的概念。这些都标志着杜威思想在我国的日渐彰显。

### 2. 蒙台梭利的课程理论

蒙台梭利(Maria Motessori,1870—1952)是意大利著名的教育家,被誉为世界上自福禄贝尔以来最伟大的教育家。她 1896 年毕业于罗马大学,获医学博士学位,运用病理学与自制的教具训练低能儿童,潜心研究精神病患者和低能儿童的行为表现,获得显著成绩。1898 年在都灵召开的教育会议上,她发表了关于低能儿童的见解,指出:"低能儿童的教育问题比医疗问题更重要。"[15] 这一见解引起了社会各界的广泛关注。其后,便对低能儿童进行感官训练和阅读及书写教育。1907 年,她将这一方法转向正常儿童的教育,在罗马贫民住宅区为 3～7 岁的贫困儿童开办了"儿童之家",并运用生理学、心理学的知识及系统观察法和实验法等科学研究方法进行教育实验。她还先后出版了《童年的秘密》《儿童的发现》《有吸引力的心理》《蒙台梭利方法》《蒙台梭利手册》《家庭中的儿童》《高级蒙台梭利方法》《教育中的自发活动》《教育人类学》《教育的重建》等一系列著作,她的教育理论和教育实践对世界各国的教育产生了深远影响。第二次世界大战以后,世界各国重新掀起了学习蒙台梭利的热潮。以美国为例,自1958年在康涅狄格州重建了第一所蒙台梭利学校后,到20世纪80年代初,据不完全统计,蒙台梭利学校已经超过2 000所,并且学校里都实施蒙台梭利的教育方案。

蒙台梭利从医生到教育家的转变"不仅在于她综合研究了卢梭、裴斯塔洛齐、福禄贝尔的教育思想,凭借着在医学方面的素养以及哲学、人类学、生物学、生理学、心理学和教育学的造诣,更主要的是她运用科学实验方法,对儿童进行长期地观察和教育实验,对传统的教育观念和教育方法质疑,建立了自己新的教育体系。"[16]

(1)儿童期的意义。

蒙台梭利敏锐地观察到社会对儿童的专制,传统教育对儿童的折磨,批判对儿童教育的忽视,强调儿童教育的社会意义。"教育一词几乎成了惩罚、强制的同义词,其目的就是要儿童服从成人",[17]"在我们这个时代,世界上国无大小,没有一个儿童不在家庭里受到惩罚。他们被痛斥、辱骂、鞭打、扇耳光、脚踢、关禁闭、禁食、驱逐……",[18]蒙台梭利分析了19世纪以来儿童教育的情况。她发现,随着工业化进程的加快,社会物质财富成倍增加,然而,社会并没有因此而重视对儿童的关心,没有公共的儿童医院和教育机构,儿童的权利未得到社会的承认,无任何法律保护。因此,她呼吁"整个社会必须关心儿童,承认儿童的权利。"[19]教育的基本任务是使每个儿童的潜能在适宜的环境中得到自由地发展。要实现这一基本任务必须以了解儿童为基础,促进儿童个性的发展,不能局限于单纯传授知识。

(2)蒙台梭利课程设计。

蒙台梭利认为,儿童是有自己的兴趣和需要的个体,他们的兴趣和需要不应该被成人给予。因而,教育的任务不是将教育者头脑中的知识强行地灌输给儿童,要求教育工作者应该有敏锐的洞察力,积极观察并发现童年的秘密。儿童是不可以随心所欲地予以塑造的,因为他们存在与生俱来的"内在生命力",所以教育工作者应该根据儿童的发展规律,为儿童发展设置适合的课程目标。基于对儿童的分析和社会的考察,她提出了教育的课程目标:第一,帮助儿童形成健全的人格;第二,形成理想社会的和平理念。这两个目标既相互独立又相互联系。她认为第一个目标是为新人类的创造,第二个目标是为新社会的创建。前者是直接目标,后者是最终目标,而教育就是对这二者长期地、不断地追求。

为了实现上述目标,蒙台梭利为儿童选择的课程内容包括感觉教育、实际生活训练、体格训练和基本知识技能训练,尤其注重感官训练和肌肉练习,强调儿童适应环境必须以感官为基础。教师的职责在于采用间接指导的方式提供符合儿童发展规律的环境和材料,帮助儿童实现自我教育。

一是感觉教育。她认为,3~6岁儿童正处于身体迅速发育阶段,也是感官活动和智力形成联系的时期,"智能的培养首先依赖感觉,利用感觉收集事实。感觉练习是初步的、基本的智力活动,通过感觉的练习使儿童能辨认、分类、排列顺序……,这就是智能和文化活动。"[20]如果在感觉形成阶段,儿童的感觉活动得不到充分发挥,就会影响儿童精神的全面发展。感觉教育能发现儿童早期的感觉能力缺陷,从而有效地促进儿童观察力、注意力和判断力的发展,为认知发展奠定基础。

蒙台梭利认为,感觉教育有不同的年龄特征,应根据儿童的发展阶段进行感觉训练,并把感觉期分为五个阶段。[21]

① 秩序感觉期:3岁儿童对秩序有强烈的要求,看到东西放乱了便会吵闹,放得整齐便会高兴,喜欢把东西放在原来的地方;

② 细节感觉期:1~2岁的儿童常把注意力集中在细小的枝节上,

最初注意颜色艳丽的物体,各种光彩夺目的颜色、图案;

③ 使用双手的感觉期:18个月～3岁的儿童喜欢抓东西,把东西打开、关闭,把物体放进容器中,一会儿又倒出来,喜欢堆积物品;

④ 行走感觉期:儿童学习行走,类似于第二次降生,儿童在学习行走时,总是带着自豪心理走来走去;

⑤ 语言感觉期:语言敏感期在2个月～8岁。语言的学习与掌握是各种发展过程中最艰难最复杂的工作。儿童有一种接受语言的天赋,学习语言的能力非常强,不论儿童生长在什么地方,儿童语言的发展阶段都是相同的。从咿呀学语到单词句、双词句,以后进入更复杂的句子结构,这些阶段是连续出现的,不能把它们截然分开。

在蒙台梭利的感觉教育中,特别强调形状知觉的训练,先让儿童把积木或方块分类成堆,然后用手抓积木,认出形状,最后练习把积木放在嵌板里,或放在画着轮廓相似的木块上面。感觉教育的具体步骤是:让儿童认清物体的相同属性;认清物体的不同属性;识别相差较小物体的属性。感觉教育要求儿童能建立感知觉与其名称的联系,如向儿童呈现黄色的物体,告诉儿童:"这是黄色",再呈现白色的物体,告诉儿童:"这是白色",将它们放在儿童面前让他们进行感知。按教师所给出的名称拿出相应的物体并要求儿童记住物体的名称。每一种感官训练都有相应的教具,各有其独特的功能。

对蒙台梭利的感觉教育,学者们持不同看法。克伯屈在《蒙台梭利的理论之考察》中写道:"此种练习给我们的东西太简单……只给我们一系列区别极其严格,性质较为机械,同时不符合社会兴趣和社会联系的活动。"[22]

二是语言教育。蒙台梭利的语言教育课程内容分为读和写两方面。她认为语言的学习是通过环境来实现的,注重让成人与儿童多交流,让儿童对周围的事物多接触、多看、多听、多用感官去体验各种事物,运用命名、确认、记忆等三段式学习卡帮助儿童学习和掌握词汇。蒙台梭利认为,学习书面语言的敏感期是 4 岁,书写教学分为三步:教儿童握铅笔;练习描摹字母;教儿童用字母表组成单词。

三是数学教育。蒙台梭利认为,读、写、算是一个整体,在读、写的基础上,必须对儿童进行数学教育。她主张通过数学教具,帮助儿童掌握计算。首先帮助儿童掌握 10 以内的记数活动;其次帮助儿童学习 10 以内的四则运算;最后帮助儿童学习十位、百位、千位的进位活动和多位数的四则运算以及平方、立方等概念。

四是纪律教育。纪律教育是蒙台梭利为儿童设计的重要课程内容。她认为,儿童纪律在本质上是积极的、活动的、主动的、内在的和持久的,且纪律就意味着自由。"纪律必须通过自由而获得""当一个人是自己的主人,在需要遵从某些生活准则的时候,他能够节制自己的行为,我们就可以称他是守纪律的人。"[23]强调纪律教育,并不是要儿童屈从于教师,而是要儿童通过活动学习,掌握有关的规则,不能去冒犯别人,不能去干扰他人,不能有不礼貌或粗野的行为等,目的是养成儿童良好的行为习惯。

蒙台梭利的课程理论主张对回归生活课程的启示在于:它以医学、生理学、心理学为基础,并在实际工作中加以实施,具有一定的说服力。重视儿童的成长是一个自然展开的过程,主张自由教育,反对教师过多干涉。蒙台梭利在自己的总结中写道:"每一个解放了的儿童,他懂得自己照顾自己,他不用帮助就知道怎样穿鞋子、怎样穿衣服,在他的快乐中,映照出人类的尊严;因为人类的尊严是从一个人的独立自主的情操中产生的。"[24]斯腾伯格十分称赞蒙台梭利的自由教育,他说:"蒙台梭利的方法,就其着重儿童自由的法则这一点看来,是和现代儿童心理学相符合的。"而自由教育的现实意义在于必须给予儿童自由,让儿童在独立自主的活动中得到发展。

当然,由于时代的局限,蒙台梭利为儿童提供的教具过于机械,使用方法呆板、枯燥、乏味,忽略了游戏对儿童的教育价值,过多重视儿童读、写、算等方面的教育,也忽略了儿童的情感陶冶和社会交往技能的发展。

### 3.以认知发展理论为基础的课程方案

20世纪60年代起,皮亚杰认知发展理论对世界教育产生了广泛而深刻的影响。其理论和相关实验研究揭示了儿童是学习的主体;儿童知识的获得是儿童与环境中的人和物相互作用的结果;儿童的认知发展是通过认知结构的不断建构和转换而实现的。皮亚杰认为,行为主义的 S—R 公式,是一种无结构的发生,事实上,应该是 S—(AT)—R,其中 S 是刺激,R 是反应,AT 是同化刺激的结构。没有 AT,刺激就不能被主体同化,也就不能对主体做出相应反应。

关于学习与发展的关系,皮亚杰认为:"关于学习能否加速儿童认知发展的问题,其关键在于学习活动是成人教导下儿童被动地学习知识,还是儿童在其生活情境中自行探索主动地学到知识。我认为,教育的真正目的不是增加儿童的知识,而是设置充满智慧刺激的环境,让儿童自行探索,主动学到知识。如果在发展尚未达到适当水平之前提早教他知识,将会对儿童自行探索主动求知的行为产生不利影响。"[25]皮亚杰十分重视早期教育,认为早期教育的重要任务就是促进认知的发展。他认为传统教育把教育单纯看作是社会价值的传递,忽视了儿童发展的规律,而教育应该为儿童提供实物和环境,让儿童自己动手操作,帮助儿童提高提问的技能和了解儿童认知发展中存在的问题,因为"童年期是一个人最精彩、最具创造力的时期。"[26]这些思想,受到各国课程改革者的关注,并以此为依据,推动世界各国的课程改革。这些改革者们以皮亚杰儿童认知发展理论为基础,产生了颇有代表性的认知发展课程方案。这些课程方案一般有以下特点：

高度重视儿童在学习过程中的主动性，认为儿童知识的获得和认识能力的发展是通过与环境相互作用而建构起来的，反对注入式教学，倡导"主动学习"。

强调活动与游戏的教育价值，提倡活动教学，认为活动和游戏能激活儿童思维的内部运算，是智慧的源泉和发展的基础。

尊重儿童发展的年龄特征和个别差异，课程内容的选择和课程实施尽量适应儿童的年龄特征，不能人为地加速发展。当儿童在成长过程中自然地表现出某些心理能力时，设法培养他们的这些能力。

认知发展理论影响下的课程方案是一种"开放式结构"的课程，其中以凯米（Kamii）的课程方案和海伊斯科普的课程方案影响最大。

（1）凯米的课程方案。

凯米的课程方案被认为是一种比较"正统"的认知发展理论，以皮亚杰的认知发展理论为依据，对各种传统的课程方案进行全面的审视，在此基础上，提出了凯米课程方案[27]。

第一，课程目标可以分为长期目标和短期目标。长期目标是发展儿童的"自律或自主性"，培养具有批判性、创造性思考能力的人；近期目标是促进儿童认知、社会性和情感的发展。

第二，课程内容主要来自三个方面：与儿童生活相联系的活动；现有的儿童教育方案中的课程；从皮亚杰的理论和思想中推论出的活动。

第三，课程的实施强调以儿童为中心，通过儿童独自操作物体的活动、群体讨论、小组规则游戏和实验的形式来培养和发展儿童的各种能力，教师的主要任务是为儿童创造一个有益于儿童发展的学习环境，提供给儿童合适的材料和活动的建议，帮助儿童扩展现有的经验和观念。

总的说来，凯米课程有以下五个特点。

第一,重视儿童的生活和活动。是否有利于儿童形成和发展生活所必需的技能,是选择课程内容的一个重要标准。

第二,重视儿童认知发展与社会性情感发展的密切结合。这不仅体现在课程目标上,还落实在课程实践中。

第三,重视课程内容与学习过程的统一。认知发展是通过内容和结构的相互依存关系而实现的,两方面均不能忽视。

第四,重视课程内容的结构化。反对把知觉、语言、思维、情感、社会性发展所需要的经验彼此孤立地列为课程内容,碎片化地展示出来,而是把所有的经验和内容创造形成统一的、逻辑的结构。这种统一的、逻辑的基础正是儿童的实际生活和活动。

(2)海伊斯科普课程方案。

海伊斯科普课程方案(The High Scope Program),[28]是由美国儿童心理学家戴维 P·韦卡特(David P·Weikart)创立的海伊斯科普教育研究机构研制的,目的是帮助儿童能在未来的学校学习中获得成功。

① 海伊斯科普课程目标。初期的目标在于促进儿童认知能力的发展,后期目标则强调以儿童的主动学习为中心,促进儿童的认知、情感、社会性的协调发展,培养主动的学习者。

② 海伊斯科普课程内容。课程内容围绕着关键经验(语言、数学、艺术、缝纫等)所提供的各种类型的活动,采用"开放教育"的做法,以各个"兴趣区"或"活动区"为中介开展活动。在活动中,教师有意识地将关键经验物化为活动材料和活动情境,让儿童在活动区中能够充分地在与材料、环境、他人的互动中获得学习与发展。

③ 海伊斯科普课程的组织与实施。兴趣区活动、小组活动、集体活动等组成课程结构。儿童自主选择、自由安排的区域活动在整个课程结构中占中心地位。教师是儿童活动的支持者,为儿童提供适宜的材料和情境,鼓励儿童有目的地活动、问题解决和口头的反思、观察和

解释儿童的活动与计划,并提供建立在儿童活动和兴趣之上的经验。

④ 海伊斯科普课程评价。评价需进行全面的情境性评估。其目的不是给儿童打分,而是了解、分析他们当前的发展水平,并以此为依据指导下一步的教育工作。评估一般包括观察儿童、对引人注意的行为和表现做记录、与孩子交谈。

总之,海伊斯科普课程有以下五个特点。

第一,以结构化的"关键经验"(即学习经验)作为建构课程的框架。课程将"促进儿童认知能力的发展,培养主动的学习者"的目标转化为一系列必要的"关键经验",以这些学习经验为核心来组织课程,使得教师真正把注意力指向儿童,指向儿童活动的过程。

第二,重视环境的创设和材料的提供,通过环境进行教育,引发和支持儿童多种多样的探索活动,让儿童在活动中发展。

第三,教师和儿童共同设计学习经验,强调儿童自发地活动和主动地学习,教师则可以凭借于物化课程目标的材料来平衡、调整课程,并且能够较好地处理师生在教育过程中相互作用的关系。

第四,重视语言的作用,通过独特的一日活动安排充分发挥语言对思维和行动的调节、控制、反思作用,促进儿童行动的目的性、计划性和认知能力的发展。

第五,课程的每个部分既有指导性原则,又有具体应对的策略,还列举了大量实例,具有较强的操作性。

以认知发展理论为基础的课程方案对教育回归生活课程的启示在于:① 强调儿童通过作用于外部世界以及由此获得的反馈信息来建构关于现实的知识;② 教师指导儿童选择自己的活动,让儿童根据自己的速度发展;③ 关注并培养儿童在成长过程中自然表现出来的某些心理能力,使他们学会自己解决问题,从而提高他们的认知水平。通过设置儿童感兴趣的各种活动,充分调动儿童的主动性、自主性,创造性,通过师生共同设计学习经验促进儿童与教师的一起成长。若把教育看成经验不断生成的过程,就必须基于每一个儿童发展的基础,因此,课程设置要具有一定的弹性,能根据实际情况随时做出调整。

然而,随着发展心理学的不断完善,以认知发展理论为基础的课程方案受到挑战,如:由于皮亚杰沿袭机能主义心理学的基本观点,用生物学类比来研究认识论,不可避免地轻视了主体作为社会人的本质属性,因而以这一理论为基础的课程方案把智慧看作是一种适应,低估了儿童的认知能力和创造能力;认知发展的阶段划分依据存在问题等。当然这些问题需要进一步研究。总的来说,以认知发展理论为基础的课程方案在促进儿童发展的短期和长期效果上都取得了可靠的结果。

### 4.以结构主义为理论基础的课程

美国教育家布鲁纳继承了皮亚杰关于儿童在不同发展阶段具有不同心理结构的思想,并以皮亚杰的结构主义心理学为基础,建立了比较完整的结构主义教育课程。[29]

(1)课程目标:掌握学科的基本结构。

所谓基本结构,是指各门学科中的基本概念、基本公式、基本原则等理论知识,有逻辑地建构在一起的科学整体感知。从结构主义心理学出发,布鲁纳认为学习是人的主观认知结构连续不断的构造过程。通过与认识对象的相互作用,人的认知结构不断得到改进和完善,认识对象的性质和特征影响决定着认识结构的性质和特征。就这样的过程而言,认知结构的训练过程就是学生的学习过程,这种学习有助于学生认识结构的发展,便于学生理解、记忆和思维创造。

(2)课程组织:螺旋式。

以与儿童思维方式相符合的形式,尽可能早地将学科的基本结构置于课程的中心地位,随着年级的提升,学科的基本结构不断拓宽与加深。因为儿童的认识结构在不同年龄具有不同特点,只有将基本结构按照与儿童认识结构一致的方式呈现和安排,才能有适合的儿童学习基础、学习目标,他们才能接受并学习。螺旋式课程主要包括学科的基本原理、概念的螺旋式组织以及学习与探究态度的螺旋式组织,在实践当中创新应用能力的螺旋式组织。

(3)课程实施途径:发现式。

布鲁纳认为,基本结构不能简单地靠教师传授,而是要通过学习者主动对它进行反复的自主作用,通过学生自己的分析以及综合应用与抽象概括等自主行为才能够被发现、被获得。发现式的学习有助于促进学生直觉思维能力的发展,有助于激发学习的内部动机和自信心,有助于记忆的保持。结构主义教育课程对回归生活课程的启示在于:注重儿童通过自身的发现和探究来获得亲身的经验,有助于培养儿童独立探究事物的能力和运用知识的能力。

总之,课程模式从现代主义课程的"三 R",即读(Reading)、写(Writing)、算(Arithmetic),发展到后现代课程理论"三 S",即科学(Science)、故事(Story)、精神(Spirit),又发展到"四 R",即丰富性(Richness)、回归性(Recursion)、关联性(Relations)、严密性(Rigor),使得课程模式实现了从仅关注课程内容,到关注课程实施,最后到关注课程质量评价,即课程目标实现的转变。现代主义课程的"三 R"停留在知识、能力层面,后现代课程理论"三 S""四 R",更多地从社会生活等维度进一步完善,为课程的生活化再造提供了基本的理论支持。

## 二　我国课程生活论的探索与发展

与世界生活教育课程发展相比,虽然我国课程生活论发展的历史还不长,但在我国教育史上,产生了以陶行知、陈鹤琴、张雪门、张宗麟等为代表的一批著名教育家,他们为我国课程生活论的发展做出了重要贡献。其中,陶行知、陈鹤琴先生等人的教育思想对我国课程生活论的探索与实践产生了深远影响。

## (一)陶行知:生活即教育

陶行知针对当时中国教育太注重书本、太注重知识、太注重讲授,与生活没有联系的实际情况,提出了"生活即教育"的理论。在陶行知看来,生活是一个很宽泛的概念,"有生命的东西,在一个环境里生生不息的就是生活"。[30]他认为,当时国内学校里"以书本为教育,学生只是读书,教师只是教书",[31]使得教育严重脱离了生活基础,而且人在教育中习得的知识并不能成功地运用到人的日常生活中去。于是,他提出要拿全部的生活去做教育的对象,只有这样教育的力量才能够强大,教育的内容才能全面。

陶行知的教育主张受杜威的影响,自 20 世纪 20 年代之后,陶行知在杜威生活教育观的启发下创立了自己独特的生活教育理论。无论是杜威的"教育即生活",还是陶行知的"生活即教育",实际上都是试图为教育与生活之间的紧张关系和冲突寻求一个解决方案。陶行知与杜威都强调生活与教育的一致性,突出教育的生活意义,突出生活的教育价值,强调教育与社会生活的联系。但二者的生活教育主张也存在着巨大的差异,杜威主要从实用主义哲学立场出发,主张"教育即生活""学校即社会",要求学校中引入社会因素,将学校教育作为一种社会生活方式来运行,实现学校生活的社会化。陶行知的"生活教育"主张则是对当时书本教育的反叛,反对死教书,教死书,教书死;反对死读书,读死书,读书死,他的理论主旨在于打破学校与社会的阻隔,强调生活实践的教育价值,强调在生活体验中学习,由此构建大社会教育系统,"生活即教育""社会即学校""教学做合一"构成了陶行知的生活教育理论体系。可以看出,陶行知的生活教育理论继承了杜威生活教育的积极因素,同时也处处体现了对后者的批判与革新。

## 1. 生活即教育

"生活即教育"是陶行知生活教育理论的核心。把生活的内容纳入教育的课程当中,同时生活也是教育的方式。陶行知所指的教育不仅仅是指在学校中进行的小教育,而是指以社会为课堂的"大教育"。在陶行知的视野里,生活是无所不包的,教育是生活的一部分。他认为教育的过程和生活的过程是同一的,"生活教育是以生活为中心之教育。它不是要求教育与生活联络……联络的本意原是使教育与生活发生更密切的关系……生活与教育是同一个东西,不是两个东西……是生活便是教育;不是生活便不是教育"。[32]人应当在广阔的生活之中接受教育,因为教育只有和生活相结合才能更好地发挥作用,不与实际生活相结合的教育就不是真正的教育。

陶行知的生活教育理论由三部分构成:一是"生活之教育",即教育要通过生活来进行。陶行知反对以往把教育从生活中孤立出来的做法,传统的书本教育与生活是隔绝的,所以学生不够喜欢,教育效果微弱。他指出"没有生活做中心的教育是死教育。没有生活做中心的学校是死学校。没有生活做中心的书本是死书本",[33]只有拿全部的生活去做教育的对象,教育才能呈现出强大的力量。教育是人的生活需要,教育只有依赖生活才能成为真正的教育。而作为一个现代的人,想要过现代的生活,就要接受现代的教育,接受现代教育,就是为了过好现代生活。二是"以生活影响生活之教育",即教育的目标是以教育改造坏的生活,用先进的教育生活引导落后的社会生活。教育不是被动地由生活制约的,而是应当积极地承担改造社会生活的任务。

三是"为着应济生活需要而办之教育"。生活是不断变化发展的,教育也应随时代的前进而不断更新自身的教育内容、方法、目标和原则。概言之,"生活即教育"明确地表述了教育与生活的辩证关系——生活决定教育,教育改造生活。

## 2. 社会即学校

"社会即学校"是陶行知在对杜威教育思想批判的基础上得出的。他认为,我们整个社会活动的范围是教育的范围。在他看来,杜威"学校即社会"的主张是存在很大缺陷的,"这好比一个笼子里面囚着几只小鸟,养鸟者顾念鸟儿寂寞,搬一两丫树枝进笼,以便鸟儿跳得好玩,或者再捉几只生物来,给鸟儿做伴……然而鸟笼毕竟还是鸟笼,绝不是鸟的世界"。[34]"学校即社会,就好像把一只活泼的小鸟从天空里捉来关在笼子里一样。他(杜威)要以一个小的学校去把社会上所有的一切东西都吸收进来,所以容易弄假。社会即学校则不然,他是要把笼中的鸟放到天空去,使他能任意翱翔,是要把学校的一切伸张到大自然界里去"。[35]陶行知则反其道而行,主张教育化解自己高大的画像,走入生活之中。生活教育是以学校教育为主要形式,同时又把学校教育、家庭教育和社会教育有机结合到一起的教育。它打破了传统教育的时空界限,把整个社会看作是一个学习的大课堂,让学生走向社会,亲身体验社会生活。整个社会就是一所大的学校,人要以现实的社会生活作为学校和教材,从而使知识的获得与人的生活成为同一过程。此外,生活教育还强调开放的社会、开放的教育、开放的学习,只有这种教育才能够让学生的生命成长走向和谐。因为有限的空间和环境必然导致视野的有限性和发展的片面性,导致学习的机械性和理解的浅薄性,一个合格的社会人仅仅通过学校教育是培养不出来的,所以它需要社会、家庭和学校的共同影响。可以看出,陶行知眼中的教育是广义的教育,他所指涉的学校是以社会作为课堂,这其中也内蕴着终身教育的思想。

陶行知主张"社会即学校",对于他来说,一草一木都是教育,都是学校可以利用的教育资源。于是教育和生活之间便没有了距离,教育时空与学生的生命与生活空间相一致,完全实现了重叠。学校教育生活完全开放,打通了学校、家庭和社会三者的联系。陶行知的"生活教育"是针对当时的书本教育、简单机械的传授式教育和教育不平等等问题而提出的,这一主张最直接的目的在于打破了当时少数统治者对学校的垄断,推行大众教育。其实质是主张教育走出校园,取消学校教育与社会的界限,构建大的社会教育系统,使每个人都可以有机会平等地接受教育。他提出,学校里的教育资源过少,因此杜威的"教育即生活"并不能达到好的教育效果。如果提倡"社会即学校",那么教育的内容、方法和环境都可以大大地增加,这样一来,每个人都有资格接受教育,都可以根据自己的需要去学习相应的知识。这种教育形式破除了不平等的、少数人的教育,有助于大众化普及教育的推行与实现。

### 3. 教学做合一

教学做合一是生活教育的方法和实践。陶行知认为,通过教学做合一可以改变学校教育中"学而不做"的现状,可以避免中国人的两种病:"呆头呆脑病"和"软手软脚病"。陶行知所说的两种病直到现在还部分地存在于我们的学校教育教学中,学生的学习过程被过多的教授、训练取代,学生的生命成长被各种考试牵制,学生失去了自己应有的生活,失去了生命成长的体验生成过程,也就失去了全面发展的可能。他们缺少必要的闲暇时间,缺少独立的生活体验,缺乏和社会的广泛接触,也失去了作为一个生命主体的存在感。

陶行知在《改革乡村教育案》中指出,"中国的乡村学校,多是书呆子制造厂——把好好的农民子女,继续不断地变为不事生产的废人"。[36]针对这一现象,陶行知指出应当对"国内学校里只管教,学生只管受教的情形"加以改革,提倡教学做合一。他认为无论教或学都应当与实践紧密联系。从这种意义上来说,教学做是一件事,教师要在做上教,学生要在做上学。这和我们当下的新课程改革所主张的"动手实践、自主探索、合作交流"有相通之处。

陶行知生活教育的特质是生活的、行动的、大众的、前进的、世界的、有历史联系的。概括起来,生活教育即"给生活以教育,用生活来教育,为生活向前向上的需要而教育。"陶行知这种努力的本身是对反生活教育、不平等教育的矫正。

解析近现代教育史,虽然在不同历史阶段教育关注的具体主题有差别,但在有差别的主题中却贯穿着共同的精神格局与精神走向,从而展现出教育共同的功能特质——矫正教育的偏执,加强教育与生活的关联。虽然杜威等人的教育努力不一定能够得到一致的认同,但从中可以看出,历史上的教育工作者在教育和生活之间寻求平衡的努力与理论意向。

## (二)陈鹤琴:五指教学课程实验

陈鹤琴是我国现代教育史上著名的儿童心理学家和教育家,是"五四"运动以后,中国教育研究和实验的典范。陈鹤琴1914年留学美国,师从克伯屈、孟禄、桑代克等著名教授,潜心研究教育学和心理学。回国后,他发现国内很多学校的教育课程都在模仿国外的课程。陈鹤琴认为这种抄袭外国人的课程"抄来抄去,到底弄不出什么好的教育来。"[37]"要晓得我们的小孩子不是美国的小孩子,我们的历史、我们的环境与美国不同,我们的国情与美国的国情又不是一律的;所以他们视为好的东西,在我们用起来未必都是优良的。总之,应当处处以适应本国国情为主体,至于那些具世界性的教材与教法,也可以采用,总以不违反国情为唯一条件。"[38]因此,他决心探究适合我国国情的教育课程。

1.基本理念

陈鹤琴深受"五四"新文化运动以来科学与民主精神的陶冶,他认为儿童不是成人的缩影,而是有他独特的生理、心理特点。他把儿童看成教育的主体,一切课程是儿童自己的,是儿童自发的活动,而教师的责任是提供给儿童询问及各种应用材料,并指导儿童所需要的材料;主张教师应做儿童的朋友,同游同乐去玩去教。与张宗麟等人一起进行了中国化和科学化的课程探索,提出了"活教育"思想,他明确指出:"活教育的目的就是在做人,做中国人,做现代中国人"。[39]现代中国人必须具备五个条件:要有健全的身体,要有创造的能力,要有服务的精神,要有合作的态度,要有世界的眼光。

2.课程目标

课程是教育的核心,课程是为儿童设计的课程。陈鹤琴先生在研究中国20世纪二三十年代课程实际的基础上,从身体、智力、情感等方面提出了教育目标。他认为,教育目标首先要解决"做怎样的人"的问题,具体的课程目标包括以下四点。第一,做人:应有合作的精神,同情心,服务的精神;第二,身体:应有健康的体格,养成卫生的习惯,并有相当的运动技能;第三,智力:应有研究的态度,充分的知识,表达的能力;第四,情绪:应能欣赏自然美和艺术美,养成快乐的精神,消除惧怕的情绪。

3.课程内容

陈鹤琴认为,儿童、教材、教师是教育上的三大要素,"儿童是主体",[40]课程应以自然和社会为中心。他指出:"小孩子能够学的与应该学的东西,本来是很多的,但是我们不能就这样漫无限制、毫无系统地去教他。……要根据儿童的环境。"[41]儿童的环境包括自然环境和社会环境,自然环境包括动植物和自然现象;社会环境包括个人、家庭、集会等类的交往。自然和社会是儿童每天都能接触到的,应该成为课程的中心。其课程内容主要有以下五个方面。

(1)健康活动。

身体健康:游戏、静养、饮食、睡眠、户外活动、健康检查、健身操、排泄与清洁习惯的指导及安全教育等。

心理健康:活泼、快乐、开朗、有礼貌、勇敢、诚实等。

(2)社会活动。

活动包括升降旗、讨论、报告、纪念日集会、整理环境及社交活动等。

(3)科学活动。

科学活动主要涵盖于自然观察与研究、种植、饲养、计数、自然现象、填气候图、当地自然环境的认知与学习。

(4)艺术活动。

音乐活动:唱歌、律动、表演、音乐欣赏等。

工作活动:沙箱装排、图画(剪纸、粘贴、撕纸、纸条编织)、泥工、饲养等。

(5)语文活动。

活动包括说、听、唱(故事、歌谣、谜语、笑话、图画书)等。

陈鹤琴先生认为,这五方面是相互联系的,就像人的五个手指,共同构成了具有整体功能的手掌,课程内容包括在这五指活动之中。但是,这五个方面是有主次的。儿童健康是课程第一重要的。强国需先强种,强种先要强身,强身就要先重视儿童的身体健康。

## 三 中外教育回归生活课程的进一步发展

21世纪以来,中外教育改革开展得如火如荼。在追求高效率和高水平教育体系的同时,教育回归生活的呼声愈发高涨,越来越多的人主张将教育与日常生活相结合,通过实践和体验来培养学生的综合素质和实践能力。在中国,教育回归生活的理念逐渐得到广泛认可。素质教育的推广和校外教育的普及,为学生提供了更多与生活相关的实践机会。在西方国家,教育回归生活的理念也在逐渐流行。从国内来看,教育部颁布的一系列教育改革文件以及其他相关政策引领都在关注教育回归生活这一话题。放眼国际,联合国教科文组织发布的《一起重新构想我们的未来:为教育打造新的社会契约》报告则成为全球关注的焦点,其中也不乏对教育回归生活的呼吁与倡导。[42]

### (一)政策引领教育回归生活

《义务教育课程方案(2022版)》在多个方面强调了教育应更加关注生活、加强与生活的联系,这些方面皆透露出教育部门对教育回归生活的进一步引导与呼唤。[43]

#### 1. 基本原则

在基本原则部分,新课程方案强调"加强课程综合,注重关联"。加强课程内容与"学生经验、社会生活"的联系,强化学科内知识整合,统筹设计综合课程和跨学科主题学习课程。加强综合课程建设,完善综合课程科目设置,注重培养学生在"真实情境"中综合运用知识解决问题的能力。开展跨学科主题学习,强化课程协同育人功能。

## 2.课程标准编制

注重学段衔接与科目分工,加强课程一体化设计。科学评估学生在健康、语言、社会、科学、艺术等领域的发展水平,合理设计小学一至二年级的课程,注重活动化、游戏化、"生活化"的学习设计。依据学生从小学到初中在认知、情感、"社会性"等方面的发展,把握课程深度、广度的变化,合理安排不同学段内容,体现学习目标的连续性和进阶性。了解高中阶段学生特点和学科特点,为学生进一步学习做好准备。不同课程涉及同一内容主题的,根据各自课程的性质和育人价值,做好整体规划与分工协调。

## 3.教材编写

教材编写须落实课程标准的基本要求,基于核心素养精选素材并确保内容的思想性、科学性、适宜性与时代性。创新体例,吸收学习科学的最新成果,强化内容间的内在联系。创新教材呈现方式,注重联系学生学习、"生活"、思想实际,用小故事说明大道理,用生动案例阐释抽象概念,增强吸引力和感染力。加强情境创设和问题设计,引导学习方式和教学方式变革。充分利用新技术优势,探索数字教材建设。关注学生认知发展特点,强化教材学段衔接。

## 4.课程实施

坚持素养导向。围绕"为什么教""为谁教""怎么教",深刻理解课程育人价值,落实育人为本理念。准确把握课程目标是培养学生核心素养,明确教学内容和教学活动的要求,培养学生正确价值观、必备品格和关键能力,设定教学目标,改革教学过程和教学方法,把立德树人的根本任务落实到具体教育教学活动当中。

强化学科实践。注重"做中学""学中做",引导学生参与学科探究活动,经历发现问题、解决问题、建构知识、运用知识的过程,体会学科本质规律,创造自己的学科思想和方法。加强知识学习与"学生经验、现实生活、社会实践"之间的反复互动联系,注重"真实情境"的创设,增强学生"认识真实世界、解决真实问题"的能力。

总之,《义务教育课程方案》以政策引领的方式告诉广大教育工作者,知识源于现实,寓于现实,用于现实,把所学的知识应用到生活中去,在应用当中学会学习、学会创造,这才是学习知识的最终目的。这要求教师应充分利用学生已有的学习和生活经验,引导学生把所学到的知识独立自主地应用到现实生活当中去,以体会并创造知识在现实生活中的应用价值。在实际开展生活教学时,教师要精准把握生活与知识的契合点与平衡点,让教学走向生活,走进生活,让学习变成生活,让生活激发学生学习知识兴趣,让知识给生活带来意义。这样的课堂,学生才能够动起来,学习才能够活起来,效果才能够好起来,知识才能够由"晦涩难懂"的教师说教变为"通俗易懂"的自主有趣探索。学生的学习态度由"被动接受"到"积极参与",这也就真真切切地落实了教育回归生活,学科教育指向核心素养的育人要求。无论是学校、社会,还是教材、教义、知识、考分,都没有摆脱"美好生活"对学生的强大吸引力,因此让教育回归生活是新课标的必然诉求。

## (二)国际社会呼唤教育回归生活

2021 年 11 月 10 日,联合国教科文组织面向全球发布了有关"教育的未来"的重磅报告,名为《一起重新构想我们的未来:为教育打造新的社会契约》。这份报告集调研、评估、畅想、倡议于一体,旨在回应全球教育变革面临的一系列关键问题。[44] 例如,讨论教育跨越时间和空间的重要性,强调教育和学习不只发生在正式机构中,而应贯穿于多样化的社会时空和社会生活之中。又如,教育主要面向儿童和年轻人，目的是为他们成年后的生活做好准备。在新的教育社会契约中，我们应该如何享受和拓展发生在生活中以及不同文化和社会空间中的丰富的教育机会。

为了思考 2050 年的教育，我们必须理解所有空间、所有时间和所有形式的教育的重要性。然而，这并不意味着我们要把世界变成了一个巨大的教室。我们必须在思想上实现根本转变，并认识到当今社会通过文化、工作、社交媒体和数字，拥有无数的教育机会，这些机会需要以其自身的方式加以重视，并作为重要的教育机会加以建设。在接下来的 30 年里，新社会契约的核心内容之一将是理解教育是如何与生活交织在一起的。

报告指出，相互联系、相互依存和团结是教育学独立和集体变革的必要条件。随着教师学习如何在课堂内外培养教学关系，学校和教育系统必须找到方法，将这些实践纳入更制度化的层面。有意义的行动、研究和反思、参与建设性社会运动和社区生活，这些只是许多有希望方法中的一小部分。学校和教育系统还必须打破社会和部门壁垒，倾听家庭和社区的声音，并扩展到生活的其他领域，以支持课堂以外的新联系和教学关系。

为了使得教育进一步回归生活，报告还指出学校应得到进一步改造，因为学校是教育生态系统的中心支柱，学校的活力体现了一个社会对教育作为人类公共活动及其儿童和青年的承诺。学校，尽管有其所有的潜力和希望，缺陷和局限，但仍然是社会最基本的教育环境之一。展望 2050 年，我们再也不能让学校按照统一的模式组织起来。取代当前的建筑、程序和组织模式，我们需要大规模的公共努力，以保护和改造学校的方式重新设计学校的时间和地点。学校应作为学生遇到其他地方无法提供的挑战和可能性的场所加以保护。学校将需要一个合作和关怀的环境，让不同群体的人相互学习。他们可以让教师和学生在支持和关爱的环境中与新的思想、新的文化和看待世界的方式互动,不仅仅是让孩子和年轻人在为未来生活中面临挑战做准备,而是帮助他们应对当今快速变化的世界,同时为未来的生活做好准备。

同时,学会关怀也应成为时代教育的主题,让关怀成为终身教育的特色,并不是简单地"有就好"。展望 2050 年及以后,对此有一个硬道理:必须优先考虑支持日常食物准备工作(有时是食物)的教育,以及支持身体和家庭培育和维持的教育。这是一个关于学习的更广阔的视角,对教育与生活纠缠在一起并发生在不同空间和时间的深刻理解,从而为我们指明了教育回归生活的方向。

## 第二节  课程生活论的现实意义

教育的目的是使人成为人,帮助一个自然人成为一个社会人。一个社会人是否能在生命成长的过程中释放全部生命能量,走向自己应有的生命高度,因为只有课本教材上那点固有的学科知识是远远不够的。生活是人特有的,是有关人生命和身体的物质和精神反复活动、不断提升、积累经验的过程。而教育培养学生的主要载体是课程。所以课程生活论的价值和意义就应该是为体验生活、成全生命而奉献。通过关注人、满足人的生活需要、生命发展需要,成就人就是课程生活论的终极追求。

## 一  课程生活论是学生发展的必然要求

天地间万事万物、一切与学生生命成长有关的认知和活动经验的总和都是学生生命成长的课程。

课程是学生成长的主要载体，课程生活论的一切都基于学生，基于学生的现在和未来，基于学生的生活，还基于学生的学习过程以及他们的生命成长。

## （一）引导学生未来生活的走向

良好的教育可以使人持续热爱生活、理解生活，不断更新与丰富生活经验，还可以使人逐渐提升生活能力。在教育过程中，教师和学生都是校园中的生活者，他们之间平等互助。教师应当不压制、不操纵学生的行为和自由，不打乱学生的自主认知过程，不武断评价学生的学习成绩之优劣，但教师具有师者的知识权威和人格权威形象，负有引导学生向积极方向生长的责任，这是教师的职业要求。因为儿童对未来的认识是不完善的，甚至是模糊的，所以在这种发展阶段需要教师根据社会发展趋向和传统以及应有的专业素养和技能做出正确适当的引导与判断。在课程生活论的指导下，师生在教育中所扮演的角色是不同的，在课堂教学中的地位也是不同的，但他们之间的人格和尊严、地位和价值是平等的。教育要消除教师在教育生活中的独特地位，即我说你听、我怎么教你就怎么学的霸权地位不是用"我—你"关系消融师生的角色差异和地位。如果没有课程生活论的指引，不少教师会把课堂变成情景表演，把课程娱乐化，把课程学习当成知识传授，甚至把人的生命成长变成了知识记忆和题目训练。之所以会出现上述现象，是有些教育者对生活世界的理解缺乏确定性，对教育本质的理解缺乏根本性，将根本算不上"教育"的活动当作了教育的本身，把知识的记忆和考试的训练变成了教育的全部，也让本该有教育意义的活动失去了育人的价值，使教师的角色产生了变异，学生的主体地位遭到遗弃，学习的目标产生了异化，结果便是荒废了真正的教育，而且学生的生命并没有得到应有的、自由、全面、充分、和谐的发展。

教育本身是一种学生特有的生活形态，它是学生生命活动的过程，蕴含着丰富且珍贵的生命意义。课程生活论视角下教育关注的是人的身体成长、精神成长和生活能力的成长以及人的身体、精神和生活能力成长的过程。这就决定了教育不仅要为人的生存和发展奠基，还要使人能够充分感受到现实教育生活中的快乐和幸福，生命成长中的收获和感动。因此，高素质的教育可以全程让学生体验生活，发现意义，创造价值，引导整个人生，使生活于教育中的人能够有能力享受生活和人生，有机会去发展和拓宽生命。人类也可以通过优化教育生活质量来提升整个生命质量。如果教育主体仅仅将教育看作是生活的手段或者是其他目的，而非生活的过程、生活的内容，那就很容易把教育看成一种强迫的力量，一种数量的增加和技术的训练，让人失去主体存在的感受、进而丧失主体存在的价值，生活于其中的人也会有一种被动和被操纵的感觉，也就不可能获得教育的幸福和快乐，他的生活能力和生活水平就很难通过教育而得到应有的提高。

在教育与外部生活的关系上，课程生活论对外部生活的关注是通过特有的方式实现的。它对外部生活的把握并不是再现时代的诸种表象，而是把握时代精神的精华，并通过对外部生活中的各种因素和现象进行过滤来塑造，变成有教育价值的东西来引导新的时代精神。这就意味着在这种背景下的教育更贴近现实生活，同时也与外部生活拉开了间距。教育与外部生活的贴近以拉开间距为前提，在了解外部生活、诠释外部生活的同时，体现超越外部生活的向度，否则许多教育将难以获得合理的存在形态，进而生活亦将丧失推动教育发展的强大动力。

课程生活论视角下的教育全面观照人的整体生活，能够教会学生与四个世界打交道。

首先,是虚拟世界。网络的发明为人类提供了一个浩瀚无边的活动空间。数字技术改变了人的存在方式,重建了人的感觉方式和精神生活。数字时代、网络生活、虚拟现实、赛博空间成就了人类新的活动领域。无纸化阅读迅速崛起,虚拟现实技术既是人虚拟实践活动的存在形式,又是人本身的新型存在状态,它为人的生存发展和价值实现塑造着新的自由空间。目前,网络由高科技手段演化为了日常生活工具,数字技术对人类的生活方式是一次重大的调整,它以虚拟化、视像化、代码化的方式打破了人类传统的生活形式。数字技术在为人类提供了巨大便捷信息的同时,高度发达的虚拟世界也降低了人对周围世界最本真的感受力,造成了人与周围世界的疏离,使人成了知识信息技术的奴隶。在数字技术空前强大的背景下,课程生活论视角下的教育能够对人的虚拟生活做出正确引导,使人在信息的海洋里学会辨别各类信息,并从中筛选真实有益的信息,剔除虚假的和对人的发展有害的信息。学生学会在虚拟世界中正确对待虚拟生活,而不是被操控。

其次,在此背景下的教育更关注学生的内心世界或者精神世界。人同时具有自然生命和精神生命,人身上存在着一种特有的内在独立的精神生命,这个精神生命是人的最高本质,是人类"真正的自我"。人类的精神生命是超越性的,是人性的突出表现。这意味着人是寻求生存意义的动物,他与外界环境不断作用,并产生相应的感觉、体验与思想意识。因此,课程生活论不能只关心生活的外部状态,还要发现学习主体的内在生活,在生活中积极推动学生自主去感受自我,理解生命与自然的关系,理解生命与学习的关系,理解生命与生活的关系,最后走向精神独立。同时更加关注人的精神生活和内心世界对人的知识储备能够产生积极的影响。

再次,课程生活论关注的是学生现实的学校生活世界。学校生活是学生生活的大部分内容。"教育应该是一种探索,使人理解人生的意义和目的,找到正确的生活方式"。[45]丰富的、自主的、非功利的学校学习生活才能够帮助学生通过教育获得生活的能力,确定正确的生活理想,学会正确地理解生活、正视生活、创造生活、享受生活,从而丰富自己的内心世界,赢得有意义的人生。深刻的教育总是来自学生自己内心深处的深刻体验。

最后,课程生活论高度关注学生社会生活世界的参与。人是一切社会关系的总和,人的自然属性和社会属性最终是在社会生活中得以完美地融合,从而形成每一个人从先天到后天的自我成长、自我实现,从本我到自我到超我的自我超越。因此,关注社会生活世界、参与社会生活,以资源、情境、课程的元素为学生的学习注入更多的社会生活元素是当今课程必不可少的,因为我们立德树人的根本任务最终还是要服务社会。

## (二) 关注学生的幸福与尊严

教育是促进人发展的一种重要手段,而不是通过教育来控制人的发展。因为人不是简单的自然存在物,而是具有理智的社会存在物。人的最根本特质就是他的主体性。人不像动物那样能够无意识地适应自然界,人是在适应自然界的同时使自然界适应自己,以满足自己的需要。简言之,人和外界环境是具有双重适应性的。而在教育中,缺少的就是这种双重适应,有的只是学生对教育的各个环节、各个要素、各种规范和要求单方面的、被动地适应。而这正是教育的失败之处。课程生活论让教育达到复归人性的目的,充分相信人,充分尊重人,充分理解人,充分发展人。只有实现对人最大程度的相信、尊重和理解,才能更好地教育人、发展人,才能不压抑人的本性,保护学生的天性,培养学生的灵性,使学生得到自由、全面、充分、和谐地发展。

　　课程生活论所承载的是人本主义文化,人始终被看作是教育发展的价值主体。以人为本是相对于以物为本、以神为本、以权为本、以知识为本、以自己为本而言的,它让我们对现实中一切违背人性发展的、不尊重人的现象进行改革和超越,主张敬畏规律、敬畏生命、尊重个性,无条件尊重每一名学生生命,不断推进每一个人的全面发展。简单地说,教育的以人为本就是将人当作一切实践活动的主体和目的,在教育实践中尊重人、为了人、解放人、发展人。但人是多样的,他们具有不同的基础、不同的利益诉求、不同的需要,以及不同的性格特点。以人为本,指的是关怀教育领域内的所有人。而在现实中,以人为本在内容上常常被理解为"以学生为本"。课程生活论首先改变将"人"的内容片面化的心理规定,充分认识到教育在传道授业解惑的同时,还必然承担着培育人性光辉的使命,为生命主体提供更广阔的生存空间,为受压抑的生命松绑是一切教育活动的重要职责。教育中的以人为本是以教师和学生的发展为本。在强调以学生生命成长为本的同时,也要注重以教师的发展为本,教师的发展和学生的成长双轮驱动才能促进学校以人为本理念的真正落地。以人为本能够在教育发展中凸显人的主体性和自觉能动性;尊重人在教育中生存发展的真切需要,重视生命的内在感觉和内心体验;关注教育主体的尊严,维护教育主体的基本权利,确保人性不被扭曲。了解人真实的生存状态,并呼唤在教育活动中充分体现对人的关怀。课程生活论所蕴含的人本思维是我们应当吸纳和借鉴的合理因素,它意味着教育应当以具体个人的发展为本,以追求每一个人的自由、全面、充分、和谐发展作为终极目标。课程生活论从人出发,以人为本,创造更加人性化的教育生态。这个生态可以极大地满足不同的人不同的生命成长需求,还可以满足相同的一个人各方面不同的需求,帮助每一个不同的人实现不同的、自己能动的自由、全面、充分、和谐的发展。

教育总是和人的解放、人的发展和人的未来这些联系在一起的。但在很长一段时间内,我们把教育看成与人无关的事情,是人之外的世界。教育却充当了改造者,永远具有行为的合理性。这种教育观念曾经引发了一系列的教育问题。课程生活论视角下的教育建立在对人性的深刻理解和对人的生活需要、生命成长需要充分尊重的基础之上。"良好的教育是一种解放的力量。个人的自由,群体的和谐,社会的公正,人类的福祉与尊严全系于良好的教育"。[46]教育中人的命运、人的需要的满足程度都成为教育关注的基本问题。教育主动回应了人的合理需要,使所有参与教育生活中的人都可以得到积极的发展。

## (三)提升校园生活质量

教育中,唯科学主义思维方式导致了教育的危机和人的危机。教育失去了人性的关照,没有了生命的温度,人在教育中的生活质量逐渐恶化。教育不再是自主探求的乐园,而沦为了被动接受的苦海。教育压力所导致的身心负荷使教育主体和受教育主体的身体健康正遭受着极大的考验:受教育者尤其是中小学生学习负担沉重,课堂上被动地听讲,一味地记忆,大量的训练,严重的课业负担,睡眠严重不足,身体锻炼的严重不充分和作为一个人的正常生活体验的缺失,以及各种特长班、学习班吞噬了学生的闲暇生活。学生的活动空间被蚕食,生活空间被压缩,心理压力过大,以至于近年来高血压、糖尿病等成年病呈现出低龄化的趋势,肥胖症和近视眼成为教育中最突出的问题。受教育主体的心理健康状况也不容乐观,近年来,精神紧张、过度焦虑、抑郁症、强迫症、偏执甚至精神分裂也在频频出现,并引发了许多社会问题,正逐渐引起社会的重视。讥讽、歧视、侮辱学生,体罚和变相体罚践踏着人的尊严,训话式、强制式的教育和独白式的教学方式阻断了人与其生活的联系,阻断人与人之间和谐关系的构建,使教育内部缺乏交流与对话,教育与外部生活失去了本有的联系。教育者将学校当作谋生的场所,将教学当作谋生的手段,而受教育者将教育看作获取职业的工具。学校生活失去了原本的吸引力,在很多情况下变成了令人畏惧的场所。

厌学的明显表现就是不愿意上学,喜欢把自己一个人关在家里,到了学校总觉得犯困,想打瞌睡;注意力涣散,学习被动,丧失学习兴趣,没有紧迫感;做功课不认真,精神不集中,边做边玩。一些严重厌学的学生一进学校就会出现拉肚子、低烧、胸闷、呕吐等症状,严重的甚至自愿放弃学习,选择逃学或离家出走。造成厌学的原因很复杂,但过重的课业负担、枯燥的学习、被动的接受和主观臆断的教学方式让学生根本没有儿童和青少年应有的一种放松、自主、自由、兴趣、体验快乐的学习生活。这才是大部分学生厌学的根本原因。

厌学、心理倦怠、职业压力、没有学习兴趣等问题的出现在一定程度上都是教育泯灭了教师、学生自身应有的生活特点造成的。我们仅把教育理解成了育人的工具,而没有同时把教育看作一种鲜活的生活形态。"在人已完全'物化'的地方,在人已不再'自为'的地方,他的自由就最少、最小。例如,在他已经被贬低为一件物品、一种工具的情况中,在他几乎完全是作为肉体存在的地方,他的'自为'就丧失殆尽",[47]人的创造性、想象力也就无从谈起。背离生活的教育制定了人们必须遵守的学习方式,个人经验和情感是被排斥的。教育生活日益与人的生活常态告别,教育中缺少平等民主的对话空间。随着对异化的教育现实的批判,人们将"人"确认为教育发展的价值主体,人的全面发展和幸福也成为教育的职责所在。人们认识到,科学和技术都要为人的幸福服务,要把人从异化的教育生活、从种种教条和枷锁的奴役中解放出来。于是,克服异化状态、实现人的相对自由与解放就成为教育的追求。

教育以人的发展作为价值目标,它对个人自由、幸福、权利的尊重将使人在教育中获得另一种生存形态。教育工作者逐渐认识到,"教育之于幸福不是外在的,它是教育本身的应有之义"。[48]无论任何历史时期、任何类型的教育,都不能背离人对美好生活的追求与创造。当教育丧失了生命的活力和生活的意义,就不是真正的教育。因此,教育要让生活于其中的人们找到幸福感。幸福感就是人的需要得到满足、尊严受到重视、目标得到实现、主体作用得到发挥时所产生的稳定的、愉悦的心理体验。而非人的教育使教育把人变成了追求某种东西的工具、变成了一种单向的解释和反复的训练,而学生便成了教育中最大的弱势群体,也就是变成了客体。由于唯科学主义的思维方式、霸道机械的管理方式长期统领着教育领域,教育中的排行榜文化及分数量化评价管理使得教师和学生每时每刻都在承受着很大的额外的精神压力,许多人正在遭受着情绪障碍和行为问题的困扰。

人对幸福的渴望是与生俱来的。马克思曾经指出"追求幸福的欲望是生下来就有的,因而应当成为一切道德的基础"。[49]自古以来,对于什么是"幸福",不同的人有不同的认识,如伊壁鸠鲁将幸福理解为身体的无痛苦和灵魂的无纷扰,"经典精神分析理论认为幸福来源于压抑的解除,行为认知学派认为幸福是对积极思维的现实奖励,人本主义则认为幸福是伴随自我实现而产生的一种满足的体验"。[50]也有学者指出,幸福是人生重大的需要、欲望和目的得以满足和实现时所产生的完满的心理体验……总体上说,我们可以认为幸福是一种完善和满足的心理状态,它是人主观的、内在的心理体验。因此,课程生活论关注个体对幸福的要求,并使人能够在教育生活中发现并创造意义与价值。儿童是在体验幸福生活当中理解幸福、创造幸福的,而在求学时期从来没有体验过幸福是何物的人,他的未来是不可能幸福的。课程生活论高度关注人的发展、人的完善和人的幸福,这应该成为教育始终如一的信仰。只有最大限度地按照人的方式来满足人的合理需要的教育，才是合乎人的本性的教育，也是合乎教育应有价值的教育。

教育总是和人的解放、人的发展和人的未来这一理想联系在一起的。但在很长一段时间内，我们一直将教育精神化、知识化，逃避、排除或悬搁教育生活化的感性与现实性特征。教育剥夺了学生应有的、主观的、自由自主的生活特性，只剩下了客观的、科学的、知识的维度。人性及人的需要常常被扭曲、压抑、排斥、否定，教育经常以自己的需要——考试成绩的获取来支配学生的发展。这种教育观念曾经引发了一系列的教育问题，这就迫使我们直面教育中的各种病理现象，让我们逐渐认识到，教育的中心问题不是知识的问题，更不是考试的问题，而是人发展的问题。教育中人的生活、人的情感，人的各种需要的满足程度都应当成为教育关注的基本问题、重大问题。对于教育来说，真正重要的是如何创造一种教育生活，让学生在校园里舒适平和、独立自主、安全自由，能够真实而具体地感受到教育生活的乐趣。教育是人生重要的生命经历和生活过程，学生很大一部分时间都在校园里度过。课程生活论从超出工具意义的更高层次对学生的生命予以关照。教育中的一切细节和手段都为学生生命成长的自由和充分发展服务，都为了人的幸福、尊严、价值和自我实现服务。课程生活论把人的童年、青春和幸福归还给了学生，还原生命的圆满性、生命成长过程的适配性，不仅使学生的内心世界得到了充分的表达，还使学生的灵魂和智慧之门得到了充分的开启，甚至使学生在教育中拥有了足够舒展的生命、自由发展的空间。这应当成为教育的一项现实责任和根本追求，而且也只有这样贴近生命、贴近人性、融入生活的教育才能真正服务于学生现在，真正面向学生的未来，才能最大限度地开启学生生存的丰富性与可能性。因此，关怀学生生命的课程生活论从校园生活开始,使学校教育成为解放学生生命成长的伟大力量。

### 1.课程生活论落实了自由自觉的教和学

"'自由'是区别于受到限制、受到强制而言,意指学生的活动包含了自主性和选择性;'自觉'是区别于自发、盲目而言,意指人的活动包含了目的性和计划性"。[51]自由自觉的教学意味着教育中的教和学不是异化和痛苦,不是强制和压迫,而是有具体目标追求的一种积极主动的、自由自觉的生命表现。这种生命表现有以下三方面的体现。

首先,自由自觉的教学体现为教师、学生的自由个性的发挥,教的主体和学的主体都具有独立自主和积极创造的个性,能够自由、正确、充分地运用自己的主体性,向着自己应有的高度不断努力。

其次,这种自由自觉的教和学体现为,教师的教和学生的学都是一种自我实现的行为,是发自内心的一种生命需要,是自我能力的自由、自主和创造性的发挥。教育是人实现价值和成长的过程,是一种帮助个体实现价值的有意义的生活方式。人在教育实践活动中有着双重关系:一方面,教师、学生同外部对象发生关系,通过与外部环境的交流与相互作用达到自身建构。另一方面,教师、学生在教学过程中不断实现自我的完善,他们通过教学活动和交往不断改造和影响着他人,同时也不断地提升自我素质,丰富自己的内在,达到自我实现,实现教学相长。

再次,自由自觉的教和学是一种美的活动。人优越于动物之处,根本上在于他有追求生活中意义与价值的精神需求。意义与价值是教育主体对教育世界"人化"和"化人"属性的根本正确体悟,亦是人对生活理想的不懈创造与追寻。

### 2.课程生活论使精神生活得到优化

"从人学意义上看,所谓'解放'就是对人面向自由、自觉的生存之本真状态、方式和存在路径的敞显。换言之,解放问题的根本就是人的生存方式的彻底革命,即把人从异化和被压迫的状态、情境之中拯救出来,还原人以本真的生存面目。"[52]任何一种解放都是把人的世界和人的关系还给人自己,而课程生活论就是把本真的生活环境和自由的精神世界以及教师、学生与自然、社会的和谐的关系交付给人,交付给教师本人和学生本人。只有这样,我们的学校教育才可以称得上是成功的、关怀人的、以人为本的真正的教育。马克思在谈到人类解放问题时指出,"彻底地扬弃异化应该包括两方面,即不仅要扬弃人的物质生活中的异化,也要扬弃发生在人的内心深处的意识异化",[53]因为人不仅仅生活在物质世界里,更生活在精神世界中。"人生是有觉解的生活,或有较高程度觉解的生活"。[54]在我们当下的社会生活中,精神生活的状况已成为制约人全面发展的主要因素,因此,课程生活论只有通过改善学生的精神生活,才能真正提升学生的生活质量,最终促进学生综合素质的发展。

（1）学生获得真正的学习生活的主体性存在。

主体性是从能动性的角度而言的。主体表示一种对自己生命存在的自觉意识,没有自觉意识到自己是自己的主体不是真正的主体,而是一个跟着感觉走的盲从的人。人的主体性的另外一层含义便是做自己本身的主人。按照马克思主义的观点,人的实践活动应当是自由自主的活动,因为主体具备按照社会需要及自身需要,对自身活动实行自觉的自我控制、自我调节、自我支配的能力,即自觉能动性。所以,人不仅要确立人对外部教育环境的主体地位,还要确立起人对自身自然的主体地位。人的主体性发展不仅是一个受制于社会历史发展水平的实践过程,还是人的自身素质不断得到显现和开发的过程。人是自主、自为、自觉、自由的存在物,有能力改变已经被异化了的教育生活,成为自己本身的主人。

教师首先改变在教育活动和自我意识与学生存在状态和生活体验之间的关系定位，教师应该走下讲台，把学生放在教育的中心、课堂学习的中心、学校学习生活的中心，摆脱对学生学习过程一味地管控和干扰，摆脱以自我为中心的一味灌输和强化训练，应让学习成为每个学生自己的精神需要，不断引导学生在学习中学会自我规划、自我调整、自我实现、自我发展，而不总是处于一种外在的压力之下、被动地从事学习活动。其次，课程生活论下的学习主体能够树立生命个体的独立性，提高在学习活动中的主动性。随着社会的进步以及各种人性化教育观念的提升，学生在学习活动中的选择能力和超越能力会相应地增强，学生的主体性也必定会在独立的学习实践过程中向更高层次迈进。学习的价值体现在学生能够自主地建构和体验，自主地生成和创造。创造性也是学生学习主体性的体现，而以教师的教为中心的课程和课堂，学生的创造性会被完全剥夺，这样学生生而具有的创造力便不会得到应有的开发，学生的生命也就不能充分地成长。

（2）学生能在教育生活中逐渐养成高度的自省和自觉精神。

长期以来，校园生活的重复性、固定化和模式化成为学习教育活动的突出特征。如近年来倡导的教师专业化目的是锻造教师的职业精神、提升教师的专业素养，但在实践中都呈现出很强的技术化倾向，将教师看作"高级技师""熟练工人"。教育和教学都按照严密的"科学化"的程式来进行，职业行为越来越程式化，职业精神越来越淡化，教师作为一个人的生命发展和幸福创造没有得到足够的重视，以此催生了部分教师的职业倦怠。对于学生来说，很多时候学习也意味着一种重复性、枯燥乏味的生活，这种生活只有一项内容——学习远离自己生活的固化知识、强化考试训练，年复一年地上课、听讲、自习、训练、纠错，学生自己的兴趣和儿童应有的生活都失去了体验和发展的机会。学生在经历着永远"例行公事"的生命体验，容易疯掉。正是因为学习主体将学习看作例行公事,而非自主行为、自主想做的创造性活动,因此才引发了学生对学习的倦怠心理——厌学。

学生在创造和实现学习价值的活动中,会不断地满足需要同时又产生新的需要,不断实现新价值,又产生新的价值目标,然后又不断实现新的目标……只有这样,才会产生自己主动积极参与学习,不断实现超越,精神不断走向高处的永续动力。

（3）课程生活论能够使得学习主体具备调节自己精神生活的能力。

生活质量在很大程度上是一种个人感受,涉及的更多的是人的精神体验。没有情感的脑力劳动就会使人感到疲劳、倦怠、无奈和厌烦,相反,人在精神自由的环境中、在自主积极的亢奋精神追求中,自主积极追求心目当中的目标,可以将压力转化为动力,可将困难和挑战看作是成长的机遇,这就有利于提高活动的创造性。如果学习主体在学习活动中能够做到心灵舒展,有自己精神上的追求和学习目标期待,就会减少在学习生活中的压力和疲惫感。要想让学生感受到学习生活中的吸引力,就要让学生在精神上解放自我,让他们成为具有饱满的自由精神的独立个体。只有学习主体本身是以自由的人的身份参与学习过程,才能凸现教学过程中的双主体,即教师是教育的主体,学生是学习的主体,使教学过程成为智慧和智慧的交流、心灵和心灵的对话、人与人的交往活动,是教师和学生共同创造的一种有价值的教育生活。如此方可使身在教育生活中的两个主体都能够对教育世界有更为丰富、系统和深刻的认识,都能够经常体验到教育活动中的喜悦,在教育活动中提升身心愉悦的程度、内心充实的程度和成就感。在这种情势下,教育主体方能由受动的、物化的教育生活形式转变为主动的、反省的和超越型的教育生活形式,由教师苦教、学生苦学型的教育生活转向情感型、智慧型、主动型、创造型的、新的、好的教育生活形态。

## 二 课程生活论是教育发展的必然选择

教育因为人而存在,教育为了发展人,使人成为人而有意义。而生活是人发展的必然过程,人的发展离不开生活,包括家庭生活、社会生活、个人生活和学习生活。生活是人生命发展的沃土,生活也是人生命发展的过程。

### (一)教育必然源自生活

学生生命成长的过程就是学生学习的过程,也是学生的生活方式。脱离了生活,学生的生命成长就会成为空中楼阁。脱离了生活谈教育都是空谈。

#### 1. 教育是学生生活的必然方式

教育并不仅仅是一种技术性、工具性的科学活动,也是人类寻求自我完善与发展的基本方式和基本途径,它不是游离于生活之外的活动,而是生活的一种形式。这意味着教育不在生活之外,而在生活之中。但长期以来,在我们的视野中,"将学校教育仅仅理解为那个确定的唯一的、有目的、有计划、有组织的、由学校组织实施的培养人的教育活动。学校教育,就是那个丰富多彩的生活本身"。[55]我们常常将学习理解为知识的源泉,上学就是为了学习书本上的知识,殊不知学习本身就是一种学生特有的生活过程。这意味着教育中的学生不仅是一个学习者,更重要的是一个生活者。

好的教育与好的生活往往也是一致的。陶行知先生曾经有过明确的论述与说明:是生活就是教育,不是生活的就不是教育;是好生活就是好教育,是坏生活就是坏教育;是认真的生活就是认真的教育,是马虎的生活就是马虎的教育;是合理的生活就是合理的教育,是不合理的生活就是不合理的教育;不是生活,就不是教育。教育生活是师生生命活动的一个重要组成部分,良好的教育能够使身在教育之中的人们热爱自己的教育生活,养成积极的教育生活方式,全方位地参与教育生活当中;良好的教育能最大程度地鼓励人自主地生长与完善,修正人在成长过程中的偏差并且不留痕迹;良好的教育能最大程度地满足人的心理需求和精神要求,成长需求的满足感使人产生身心愉悦的感受,内心阳光快乐,勇敢面对挑战,自信面向未来。而不良的教育往往会对一个人的身心健康产生负面影响,内心灰暗消极,担心失败,害怕困境,甚至会影响其今后的生活质量和人生走向。

生活中时刻充满着情感和价值的判断,作为生活的教育亦充满着对人发展的关怀。在教育中,除了思辨、理性、逻辑之外,还有情感、意志、自主体验和自我感受等非理性因素。教育中的每个人都应在教育生活中受到积极的关注与重视,这样心灵才能够得到足够的舒展,远离压抑、恐惧、空虚与对抗;精神才能够得到充分的发展,积极创造价值,不断追求超越;每个教育主体都应当在教育生活中能够体验到身心愉悦与内心充实,能够与他人建立起和谐的人际关系,完满其生活,卓拔其精神,如此便可以在教育中获得幸福和满足感。作为生活的教育应该直面人的本身,以个体的人及其存在为对象,以人的存在和发展为目标去设计课程,分析人在教育中的生存境遇,关注人的生活过程、生活前景,让教育中的个体都体验一种自主的、有意义的、有幸福的教育生活,最终使教育成为合乎人性、合乎人的生命成长需要的存在方式。

简言之,教育是一种生命活动形式,而"生活是生命的基础和展开形式,离开生活就没有任何生命成长的基础"。[56]因此,从根本上说,教育即一种生活,教育是各类生活事件有意识、有组织、有目的的堆积,它是人生重要的生命经历。

### 2.教育是一种特殊的生活形式

在上述篇幅中,我们力图弄清教育与生活之间的关系:教育本就属于一种生活形式,它具有生活的个体性,内容的丰富性、生成性、体验性、过程性、创造性等特质。学校生活是人整体生活的一部分,对学生而言是人整体生活的一大部分,占据了人生很大一部分的生活时空,对人的生存状态、生存方式、生存质量都有着重大影响。但教育生活不是一般的生活,而是一种独特的生活形态。这种独特性主要表现在以下四个方面。

(1)教育是精心组织的、有目的的生活世界。

生活是"人为了生存和发展而进行的各种活动"的总称。生活是满足人的生存、享受生命和发展生命的手段,它以满足人的需要、促进人的发展为最终目的。我们可以简单地把生活分为日常生活与非日常生活,在这种划分中,教育与政治、经济等领域一样,属于有组织、有计划的非日常生活形态。教育过程中的师生交往甚至对抗都发生在生活之中,这些生活事件构成了整个教育过程,成为教育存在的真实根基。教育生活的特殊性表现在它不同于自在、自发的日常生活形态,不同于重复的、琐碎的尘世,它不仅是生动的、自在的、丰富的、整体的、经验的,还是有组织、有目的、有计划、有意义的生活过程。教育中的每一个眼神、每一句话、每一个细节、每一个教学事件都要经过教育者的精心组织与创设,可以说,教育的每一处细节无不凝聚着人类的智慧与匠心,是精密设计的结晶。因此,教育生活是有目的、有选择的、明智的、理想化的生活,是经过净化、简化的、进步的生活,而不是日常生活中随机进行的、机械的、简单的活动。正因为教育生活的特殊性和它在提升人素质方面的独特性与高效性,夸美纽斯说,"假如要去形成一个人,那便必须由教育去形成"。[57]可见,教育是生活,但教育是一种特殊的生活,是按照科学规律运行的、有强烈目的性的生活,因此,教育生活是与日常生活不一样的生活,教育生活要超越日常生活的常态,展现出独特的价值和意义。

(2)全面发展的人是教育生活的终极目的。

与其他生活形态不同的是,教育生活关心的是人如何能获得自由、充分而又全面的发展,如何在适然的状态中走向充分而又和谐的理想发展状态。人之所以区别于动物是由于人的本能。人的本能之一就是不断寻求发展,提升自己的生活现状,体现自己的主体性价值。真正好的教育是对每一个人生存状况的完善与促进,但不良的教育往往对生命发展构成了一定的威胁,严重影响了生活的质量。人综合素质的发展是教育生活的中心与主题,任何教育生活不以此为追求就是无意义的甚至有害的。作为生活的教育自然关涉人的存在、自由、个性、幸福与内在的生活,它不仅承担着人的知识积累与身体成长的责任,还自然担负着启蒙人的主体意识、成长人的主体能力、陶冶人的情操、承担人的社会责任的神圣职责。在人与教育的这一关系层面上,作为生活的教育应从整体上关怀人的成长、叩问人的心灵,全方位寻求人的自由、全面、充分、和谐的发展。人的全面解放与个人生命潜能最大限度的发挥,人的各种技能和创造能力的发展与增强,人自由思想的充分拓展,人的卓拔精神的充分锻造,无条件对人的尊严、对学习价值的尊重以及对人的生存状况的关注应当成为衡量教育进步状况的标准。学校教育生活的特殊性,不是体现在组织机构上,也不是体现在教育内容上,甚至不是体现在学校教育生活的复杂性上,更不是体现在为安全、为考试成绩的取得上……因此,学校教育的"本质性"的规定性在于教育本身的意识性,教育是一种有意识地关怀生命的生活形态,是一种有意识地提升生命存在的生活形态,是一种有意识地将历史与未来融汇在当下的学校教育生活中的生活形态,是一种有意识地选择、组织、利用信息而促进每个人的自我体验、自我发现、自我超越、自我生成的生活形态。教育是提升人的全面素质的过程,是把人变成那个原本最好的自己的过程,这才是教育真正的内核,这个内核任何时候都不能被替换和扭曲。

(3)教育是理性与感性相统一的生活。

没有理性的教育是蒙昧的,而只有理性的教育则是可悲的。在科学世界中,人的情感、意志、态度被教育忽略了。人的日常生活和情感体验一直被当作是"非科学的""非真理的"存在而被排斥在教育的视野之外。而在后现代主义及生活世界的视角下,教育变成了散漫、空疏的日常化活动,教育的知识功能被弱化。这二者都没有体现出教育的本真状态。人是一种丰富的、全方位的生命存在。人具有理性,但理性不是人性的全部内容,除此之外,人还有想象、意志、直觉、喜怒哀乐情感等非理性因素。而教育生活应当建立在全面人性的基础上,成为理性与感性相统一的生活形态。科学主义的教育形态和感性的教育形态都有自己的局限性,前者将教育看作是在主体之外,不依赖于主体而存在的客观实在;后者将教育看作是日常的感性活动。前者是无现实的真理,后者是无真理的现实。只有二者相结合,才能克服各自的局限,达成教育活动的理想状态。

教育有其自身的生命节律,受特定的活动规律所支配,任何违逆教育规律的教育行为都将对教育的发展造成不良影响。在这一意义上讲,教育既是一个受科学规律支配的科学活动领域。同时,我们也应当看到,教育世界是人的世界,是与人的主观相联系的世界,其中充满了情感、自我意识、内心体验、意志信念,从这一角度上讲,教育又是一个具有高度主观性的生活领域。科学性和主观性是教育活动同时具备的两种属性,这意味着我们不仅要从客观方面去理解教育,还要从人的主观方面去洞察教育。科学维度和人自身的维度应是我们理解教育两个必不可少的视角。但从根本上说,教育发展的根据还是人性,只不过是随着历史发展而变化了的人性。

生活世界的话语是一种人文主义的声音。它反对教育领域中的唯科学主义倾向,提倡教育应该实现对自然、社会和人生的现实性关怀,体现对知识世界和意义世界的执着追求。但强调"生活世界"并非要排斥科学理性在教育中的地位,而是应该让理性回归到现实生活世界之中,为人的发展和人的生活幸福服务。这意味着教育中的范式、假设、命题、陈述等来自生活并高于生活,而且是基于现实经验素材的创造性建构。

(4)教育应当是科学化、逻辑化与审美化、艺术化相统一的生活。

首先,教育是受科学规律支配的有组织、有计划、有目的的社会生活。其科学性集中体现在它是按照教育科学规律运行的生活。规律是不以人的意志为转移的客观存在,它是事物内部各要素以及事物与外部因素之间的本质的、必然的、稳定的、逻辑的联系。规律虽然看不见、摸不着,但是可以被人们了解、认识和研究。事物的运行如果顺应了客观规律,就会走向昌荣;反之,就会导致事物发展过程中的退步。教育是按照科学规律运行的社会活动,而不是散漫的、无组织、无目的的生活形态。教育的发生、发展以及进步和倒退都有规律可循。教育中人发展的需要和可能与社会发展的需要和可能相契合,这两个对立统一的矛盾支配着教育的发展过程,决定着教育的质量与功效。

其次,教育是真善美相统一的艺术化的生活形式。教育生活的艺术性首先体现在它是与真善美融为一体的生活,而与真善美相统一的生活就是艺术的。人类的潜力具有无限被开发的可能,教育通过学习知识、体验生活、动手实践,不断培养学生的理解能力、实践能力和创造能力,从而授予人以真理,授人以渔,并为人指明通往真理的道路;教育通过日常教学实践,通过教育情境的熏陶、学生之间的互动、教师的身教,通过学生学习主体的自主能动的思考、应用和创造,培养学生的道德能力、思维能力、生活能力、创造能力,使教育可以处处体现人性的美好;教育通过启迪人的想象能力,通过培育人的卓拔精神来改造人的本身,并使人在教育实践中不断实现生长和发展。"人在这种自由境界中肯定自己、复现自己、观照自己,感受到自己的创造力量,即引起了人的美感。美感实际上是一种创造的满足和愉悦,是由于人的自由的创造力得到肯定而获得的一种精神上的自由感"。[58]这最终使教育成为人自由自觉的生命活动,使人在教育中形成理想的生存方式——艺术化生存。"人的存在方式是有意义地'生活'而不是生物学的'活着',人的存在场域远远溢出在身体之外",[59]在艺术化生存态势之下,人不再是被动、消极地去适应教育,而是积极地、创造性地融入教育当中,在教育中追求更加充实、更加有意义的生活,并通过这种生活让自己的生命走向高处。

最后,教育生活的艺术性还体现在教育手段的艺术性上。教育活动的对象是人,人的生活环境和生活经历是复杂的、多元的也是多变的,其实他们时时刻刻都在受到我们不知道的种种力量驱使。这使得教育的发展乃至整个社会都难以成为我们所预期的世界。也就是说,每一名学生都是不一样的;每一名学生的基因都是不一样的;每一名学生的认知基础都是不一样的;每一名学生的兴趣都是不一样的;每一名学生的思维方式也是不一样的;每一名学生在不同时段的发展程度和表现形式也是不一样的;每一名学生的未来生活更是不一样的。教育作为一种复杂的人类活动,它具有复杂现象所应具有的一切特征,而且随着社会的发展,其复杂等级在不断地演变、提高。而教育的内容、方法及指导理念都不是一成不变的,而是随着社会的发展、教育的发展在不断发生变化的。因此,优秀的教育者仅仅传授知识是远远不够的,还要精通教育艺术,既能够深谙教育规律,按照教育的一般规律来实施课程,又能够针对不同的受教育对象及教育情境来采取相应的、不同而有效的教育措施,还能够掌握与人沟通的艺术,及时发现受教育者在发展过程当中的个别化问题,并及时制定解决问题的方案。可以看出,整个教育教学过程都需要教育者有艺术化的教学手段,如此应对教育中随时出现的各种问题。

综上,教育首先表现为一种特殊的生活形式,这种特殊的生活与社会生活及人的日常生活有着密切联系,教育离不开生活,生活即教育。倘若教育不能表现为一种生活,那么教育也就不是真的教育;倘若教育表现为日常生活,那教育也不能称之为教育;教育是一种有着特别目的的生活过程,它应当表现为一种真实而生气勃勃的、主动的、生命成长的特殊的生活。

## (二)外部生活是教育活动进行的背景

这里的"外部生活"指的是教育所身处的、具体的、现实的、历史的社会环境,是除了学校教育生活之外的其他生活领域。"教育只有一个主题,那就是色彩缤纷的生活。"[60]一方面,外部生活总是预先规定了我们教育的态度和价值取向。外部生活对好的教育做出了品质性规定,那就是能够缔造幸福生活的教育是好的教育。教育必须服务于人类的整体生活。另一方面,外部生活也需要教育,教育是相对独立的,它承担着改造外部生活、引领外部生活的职责。当下某些"教育回归生活世界"的主张者,尽管没有遗忘外部生活,但已深深陷入外部生活之中,与其说是关注外部生活,倒不如说是依附了外部生活,对外部生活的依附遮挡了教育者对教育本质洞察和追求的目光,消解了教育的价值。在现实社会中,我们可以看到很多时候,教育放弃了自身的独特性,一味地依附和模仿外部社会生活,变成了外部生活的附庸。这是教育与生活的另一异化形态。教育成了现代社会规则和现象的复制者,而失去了对外部生活的批判和超越向度,变成了现实社会的应声虫。简单地说,许多儿童从幼儿园开始就站在社会分化的起点,社会生活中有什么,幼儿园就有什么,攀比、功利、等价交换甚至竞选等社会活动和风气都被直接地映射到教育之中,违反了起码的教育常识。生活诚然真实,却非尽善尽美。在当下人类生活状况中,犬儒主义、快乐主义、虚无主义、拜金主义等观念和思潮大行其道,以致有的学者认为,我们的社会进入了历史上一个"新黑暗时代"(在当下的商品经济大潮下,经济飞速发展,人性却呈现漂浮无根的状态,犬儒主义、怀疑主义、虚无主义、拜金主义和享乐主义大行其道,人类社会处于畸形繁荣阶段,进入了一个新的黑暗时代)。不难看出,现实生活中的矛盾关系网络致使外部生活形态纷繁芜杂,其合理性与不合理性、事实与价值都需要仔细甄别,才能与教育挂钩。这既意味着教育要顺应现实生活,又意味着教育要批判地改造人的现实生活,且顺应和超越是教育与外部生活关系必不可少的两个维度。良好的教育相对于外部生活而言,不仅是顺应性的,更应当是批判性的、超越性的。其顺应性主要表现在给予受教育者知识和理性,以适应当下的社会生活环境;而教育的超越性则表现在培养人的创新精神与独立人格,使其在适应外部生活的同时永远存有对外部生活的批判态度,进而产生对理想生活的无限向往与不懈追求。这意味着教育要给人以理性的知识与眼光,同时也要给人以意义和理想的情怀,在教育中理性的启蒙与精神的陶冶、现实的批判和意义的追寻同样重要。

教育研究生活是为了确认教育的内在生活本性与价值。教育解读生活,不是为了数量化地描述生活,而是为了批判地超越、引导人类的生活,创造更好的生活。而在强烈的"回归生活世界"话语下,有些教育工作者失去了清醒的头脑,使教育活动成了外部生活的复制品,充满了对外部生活的拙劣模仿和盲目跟风,如某些学校热选"超级教师",这一活动无论从名称到形式还是到内容,都是对娱乐界的模仿,只不过台下的粉丝是小学生,教师成了取乐对象。这种教育与外部生活的联系方式不仅扭曲了教育,在长远来说还将毁灭人类的理想生活。因此,面对自身之外的生活领域,教育应当培养学生具备清醒的头脑和独立的甄别能力。教育的生活功能不仅仅在于审视我们的外部生活,改良我们的外部生活,使生活达到协调、有序、清明的状态,更为深层的则在于检讨外部生活、改造人类的整体生活,引领人类的整体生活向理想状态发展,使外部生活展现出教育的韵味、教育的价值,同时,教育不断从外部生活中汲取滋养,形成教育与其他生活领域的良好互动。

现代教育陷入危机主要源自以下两个失误:一方面,唯科学主义成功地实现了理性与人生活的分离,在教育中则体现为漠视教育的生活向度,学习学科知识成为最重要的教育内容,教育生活变成了仅是科学学习世界里的活动,与人的情感、内心的体验、主动性、态度及个人幸福毫无关联,殊不知人的情感或感性也是生活中重要的表达方式。生活向度的丢失最终使教育变成了一个非人的世界,它否定了理性与感性的可沟通性以及在人的生命当中的统一性,从而使教育遮蔽了人性,阻塞了人通向幸福的道路。另一方面,教育脱离了学生应有的生活,只注重知识的获得,让学生获取更多的知识成了教育的唯一目的,使得知识在这个世界里具有至高无上的地位。"知识确实是一种解放人的力量,但是知识只有与实践密切结合成为实践的一个部分,才能通过诉诸生活实践而成为现实地解放人的力量"。[61]正是由于教育漠视自身的生活向度,割断了与外部生活的交流与沟通,没有与外部世界保持能量与信息的充分交换来激发自身活力,从而阻滞了教育的健康发展,然而这样的教育终将误导人类的生活。

# 参考文献

[1]　柏拉图.理想国[M].北京:中华书局,2016.

[2]　亚里士多德.亚里士多德形式逻辑言论选编:古希腊[M].长沙:湖南人民出版社,1984.

[3][6]　卡西勒,顾伟铭.启蒙哲学[M].济南:山东人民出版社,1988.

[4]　卢梭.论科学与艺术[M].北京:商务印书馆,1959.

[5]　卢梭.论人类不平等起源和基础[M].上海:中国商务出版社,1962.

[7][8]　卢梭.爱弥尔[M].北京:商务印书馆,1999.

[9]　福禄贝尔.儿童心理的研究[M].上海:世界书局,1934.

[10]　约翰·杜威.我的教育信条:杜威论教育[M].上海:上海人民出版社,2013.

[11][12][13]　约翰·杜威.民主主义与教育[M].北京:中国轻工业出版社,2014.

[14]　约翰·杜威著,赵祥麟,任钟印,等.学校与社会·明日之学校[M].北京:人民教育出版社,2005.

[15]　玛利娅·蒙台梭利.蒙台梭利格言书[M].重庆:西南师范大学出版社,2020.

[16][17][18][19]　玛利亚·蒙台梭利.童年的秘密:揭开儿童成长奥秘的革命性观念[M].北京:中国发展出版社,2003.

[20]　玛丽亚·蒙台梭利.蒙台梭利儿童教育手册[M].北京:中国发展出版社,2006.

[21][23]　玛丽亚·蒙台梭利.蒙台梭利教育法[M].北京:中国人民大学出版社,2008.

[22]　克伯屈.蒙台梭利教育考察报告[M].北京:北京师范大学出版社,2021.

[24]　玛利亚·蒙台梭利.蒙台梭利早期教育法:如何让孩子自主地学习[M].北京:中国发展出版社,2003.

[25]　皮亚杰.发生认识论原理[M].北京:商务印书馆,2009.

[26]　皮亚杰.儿童的语言与思维[M].北京:文化教育出版社,1980.

[27]　KAMII C. An Application of Piaget's Theory to the Conceptualization of a Preschool Curriculum[J]. 1970.

[28]　SCHWEINHART L J,Weikart D P. The High/Scope Perry Preschool study:Implications for early childhood care and education[J]. Prevention in Human Services,1990,7(1):109-132.

[29]　布鲁纳.布鲁纳教育论著选[M].北京:人民教育出版社,1989.

[30][31][32]　陶行知.陶行知教育名篇[M].北京:教育科学出版社,2005.

[33]　陶行知.中国教育改造[M].合肥:安徽人民出版社,1981.

[34][35]　陶行知.普及现代生活教育之路[M].北京:新华书店,1951.

[36]　陶行知.陶行知论乡村教育[M].成都:四川教育出版社,2010.

[37][38]　陈鹤琴,陈秀云,柯小卫.幼稚教育[M].南京:南京师范大学出版社,2012.

[39][40][41]　陈鹤琴.活教育[M].南京:中华儿童教育社,1940.

[42][44]　UNESCO. Reimagining our futures together:A new social contract for education[M]. UN,2022.

[43]　崔允漷,王涛.培根铸魂 启智润心:《义务教育课程方案(2022年版)》解读[J].全球教育展望,2022,51(4):2.

[45]　池田大作,阿·汤因比,汤因比,等.展望21世纪 汤因比与池田大作对话录[M].北京:国际文化出版公司,1999.

［46］ 肖川.教育的理想与信念［M］.长沙:岳麓书社,2002.

［47］ 马尔库塞.现代文明与人的困境:马尔库塞文集［M］.上海:生活·
　　　 读书·新知三联书店,1989.

［48］ 冯建军.教育的个体享用功能［J］.上海教育科研,2002,(01):28-
　　　 30＋36.

［49］ 马克思等.马克思恩格斯选集［M］.北京:人民出版社,1972.

［50］ 唐若水.幸福学家的科学新发现［N］.光明日报,2005-12-2(2).

［51］ 杨楹.论马克思解放理论的伦理旨趣［J］.哲学研究,2005,(08):
　　　 11-18.

［52］ 张尚仁.关于人的学说的哲学探讨［M］.北京:人民出版社,1982.

［53］［58］ 夏之放.异化的扬弃:《1844年经济学哲学手稿》的当代阐释
　　　　　　 ［M］.广州:花城出版社,2000.

［54］ 李家成.论个体生命立场下的学校教育［J］.教育理论与实践,
　　　 2002,(05):8-11.

［55］ 侯怀银,王霞.论教育研究的叙事学转向［J］.教育理论与实践,
　　　 2006,(05):6-10.

［56］ 晏辉.当代生活世界的价值哲学批判［J］.江海学刊,2004,(01):5-
　　　 10＋222.

［57］ 夸美纽斯.大教学论［M］.北京:人民教育出版社,1979.

［59］ 赵汀阳.每个人的政治(典藏版)(精)［M］.北京:社科文献出版社,
　　　 2014.

［60］ 怀特海.教育的目的［M］.太原:山西教育出版社,2022.

［61］ 李文阁.活动、生命、意见和思维方式:我所理解的马克思哲学［J］.
　　　 学术研究,2004,(07):46-52.

# 第三章

# 课程生活论的理论基础

在我们教学实践中,课程生活论有三个要点,一是把国家颁布的课程教材进行校本化、师本化、生本化的落地再造,与有关的其他学科和学生生活实际进行有效整合,变成适宜学生学习,激发学习兴趣的学习过程方案,简称学程。二是把有教育意义的生活内容进行课程化再造,以丰富学校的课程内容,提升生活在育人中的价值和作用。三是学习的过程是学生生命成长的生活过程,只有把学习过程的生活化创造进行重新建构,把学生学习的过程以学生自由、自主的方式全部放给学生,帮助学生在学习全过程中安全地自学、对话、探究、展示。只有这样,学生的学习生活的情趣和意志才能得到全面释放,才能确保学生生命成长的创造活力,实现教育对人发展的价值。

课程生活论并非主观随意捏造或杜撰出来的,实际上它有着深厚的理论基础。没有自身发展的理论基础,课程生活论就失去了发展的根基和方向。马克思主义哲学、当代心理学理论、教育学和社会学等理论都为课程生活论的存在和发展提供了坚实的理论基础,以下几个方面便说明了课程生活论的现实性、合理性与必然性。

# 第一节　课程生活论的哲学基础

当时代步入 21 世纪,已逝的历史往往给人们的心灵留下了几分困惑与迷惘;同时新世纪又向人们昭示着:未来的发展将会出现新的希望与新的转机。任何一门科学理论体系的深层,都存在着一定的哲学基础,而这一哲学基础的核心就是对人的本身以及人与自然、人与人之间关系的根本看法。课程生活论的发展当然也不能脱离这一基础。

## 一　课程生活论是人本主义哲学思想发展的必然结果

人从直立行走,产生智慧开始就在不断地进行生产、生活和学习。从洞穴时代、农耕文明、海洋文明乃至工业文明、信息智慧文明,人一直在生产生活劳动中学习成长。我国古代倡导童蒙养正,儿童自幼通过学习洒扫应对、学习礼乐射御书数及四书五经以掌握做人做事的道理。现在来看,无论官学还是私学,所教授的学习内容都是课程。尤其是有着两千多年历史的儒家传统文化,是我国主流的哲学思想,孔孟之道、程朱理学、陆王心学等所有的学习内容基本上是"内圣外王"

服务于封建帝制的一种社会需求。自"五四运动"以后，引进民主、科学的进步理论，不断更新学习课程，中华人民共和国成立前就开始出台课程标准，国学、新学都被纳入学生学习的课程。中华人民共和国成立后，马克思主义哲学思想指导下我国的政治、经济、文化，直接决定了课程的基本样态，主要服务于国家、社会以及学生个体的生命成长。

在西方，从人诞生的那一刻起，哲学就赋予了人爱智慧的价值追求。从苏格拉底开始，哲学开始同时关注宇宙观、人生观和价值观。哲学从理性和经验两大体系影响着世界文明的发展。到了漫长的中世纪，哲学成为神学的"女仆"，宗教占据了人民生活的全部。一直到15世纪文艺复兴时期，科学才开始取代宗教，成为知识的权威，人的理性和经验成为了解宇宙和人生的主要依据，历经16世纪的宗教革命、17世纪的科学革命，发展到18世纪的启蒙运动，更进一步肯定了古代人文主义，反对宗教对人思想的控制。正如康德所说："启蒙运动是人类从自我设限的牢笼里挣脱出来的行动。"[1]进入19世纪之后，自然科学、社会科学不断发展，而作为主体的人，逐渐被工业化、科学化、经济化裹挟着，主体价值意义越来越低。马尔库塞在《单向度的人》中写道："当代工业社会是一个新型的极权主义社会，因为它成功地压制了这个社会中的反对派和反对意见，压制了人们内心中的否定性、批判性和超越性的向度，从而使这个社会成了单向度的社会，使生活于其中的人成了单向度的人。"[2]存在主义哲学家萨特提出存在先于本质，由于人的行为出于自由选择，所以要承担责任，不但对行为的后果负责，而且对自己成为怎样的人也要承担责任。[3]正因为如此，所以它是一种人道主义，即把人当作人，不当作物，恢复了人的尊严。这些哲学思想投射到教育上，相应地也会主导着课程的变化。课程会因为社会和国家发展的需要，不断地进行变革。尤其是现代哲学，越来越重视人的发展，以人为本的思想越来越受到社会各界的重视。

课程生活论是一种以人的发展为中心的教育哲学,它深刻体现了人本主义哲学的核心价值观对教育的影响。这一理论不但关注知识的传递和技能的培养,而且强调个体的全面而充分的发展和自我实现。在这个过程中,教育被赋予了更深刻的意义,它成为引导学生探索自我、理解他人、融入社会的重要途径。

人本主义哲学的基础在于对人的尊重和信任。它认为每个人都蕴藏着自己特有的内在潜能和价值,而教育的目的就是要激发这些潜能,帮助个体实现原本的自我价值。课程生活论秉承了这一理念,它主张教育应该关注学生的个性和需求,提供适合他们的学习环境和学习资源,让他们在自己感兴趣的领域中安全、快乐、自由地探索、创新、成长。

课程生活论强调学习过程的重要性。它认为学习不仅仅是获取知识的过程,更是一个涉及情感、态度和价值观形成的过程。这一观点与人本主义哲学中强调的"存在"概念相吻合。存在主义认为,人的存在先于本质,人是自由的,可以通过自己的选择来创造自己的生活。课程生活论将这一思想引入教育中,鼓励学生在学习过程中做出自己的选择,形成自己的判断、阐明自己的观点,成长自己的生命。

此外,课程生活论还体现了人本主义哲学中人际关系的重要性。它认为,学生学习的过程是一个人的社会化过程,学生在学习中不仅要与他人交流合作,还要学会理解尊重他人的差异性和多样性。这种教育方式有助于培养学生的社会适应能力和公民意识,使他们将来能够更好地融入社会,成为有责任感和有同情心的社会公民。"独学而无友,则孤陋而寡闻。"要知道人的一辈子从学习伙伴那里学到的东西是最多的。

课程生活论的人本主义哲学基础还体现在它对教育目的的重新定义上。传统的教育哲学往往强调的是知识的传授和技能的训练,而课程生活论则认为,教育的最终目的是帮助学生发现生活的意义、创造生活的价值,通过生活的体验完满自己生命的成长,创造本应有的人的幸福。亲历的生活体验会让自己生命主体意识觉醒,人的主体意识一旦觉醒,主体能力的发展便有了可能。这种教育目的的转变,使得教育从外在的要求变成了人的内在追求,从而更好地体现了人本主义哲学的精神。

总之,课程生活论的人本主义哲学基础为教育提供了一种新的视角和方向,也给教育赋予了生命的价值和意义。它不仅关注学生的智力发展,还关注他们的情感、个性、人际关系和幸福感。在这种教育理念的指导下,教育者被要求不仅要做知识的传递者,还要做生命成长的呵护者、引导者和激励者。此外,他们需要创造一个充满自主、关爱、尊重、理解、开放、安全的学习环境,让每个学生都能在这里找到自己的位置,发现自己被理解、被尊重、被需要,并主动参与学习过程当中,释放自己的潜能,最终成为一个有着强烈生命主体性,能够独立思考、情感丰富、具有社会责任感的人。

## 二 课程生活论的目的是提升学生的主体性,满足学生发展的需要

人的本质的探寻自人类产生之日起,便拉开了序幕。人类总是难以确定自身的性质与坐标,可却又从未停止过求解古希腊哲人缘起的斯芬克斯之谜:人是什么? 从哲学层面上来看,课程生活论的根本目的是使学生充分内化人的本质,满足学生发展的需要;充分内化人类基本的和优秀的人性,实现与自然、社会、自我的和谐发展,使学生获得自由与幸福,使之成为人。现代教育课程之所以陷入困惑,直接源于三重疏离,即课程与自然的疏离,课程与社会的疏离,课程与受教育

者自我体验的疏离。课程生活论的终极目的是人的"终极关怀",指向人发展的自然性、社会性、自主性,最终指向人的自由、全面、充分、和谐的发展。

## (一) 人的未确定性

人的未确定性主要是指人在生物构造上的"未成熟"与社会本质的"未完成"的特点。现代科学指出,"人生理上的成熟尚未完成,这一点对我们认识人,是有独特贡献的。我们可以说,人永远处于成长之中,他的生存是一个无止境的完善过程和学习过程。人和其他生物的不同点就是由于他的未完成性。"[4]"猿人进化过程的终点同时又是一个起点。成为智人的人类是一个年轻的和童稚的族类,……猿人进化就是这样完成的,也就是说在人类的最终的、根本性的又是创造性的未完成的状态下完成的。"[5]正因为人的未确定性,反而使人具有无限发展的可能性,这便是人能够全面发展的基础和前提。

## (二) 主体的历史生成性

马克思在对人的本质的研究中,揭示了:"人的本质并不是单个人所固有的抽象物,在其现实性上,它是一切社会关系的总和。"他又指出:"人的依赖关系(起初完全是自然发生的),是最初的社会形态,在这种形态中,人的生产能力只是在狭隘的范围和孤立的地点上发展着。以物的依赖性为基础的人的独立性,是第二大形态,在这种形态下,才形成普遍的社会物质交换,全面的关系,多方面的需求以及全面的能力体系。建立在个人全面发展和他们共同的社会生产能力成为他们的社会财富这一基础上的自由个性是第三个阶段。"[6]依据马克思对人发展阶段的论述,作为主体的人,是社会历史的产物,人的个体生命作为全部人类历史的第一个前提,从本质上规定了个人是人类发展的最终目的,"自由自觉的活动是人类的特性"[7],即自由自觉的活动是人的主体性的存在方式,人以主体的方式来对待自己的活动和世界,"人始终是主体"[8],因此,主体性是人的本质属性。

课程生活论就是要使学生获得并不断提升其主体性。主体性就是"作为现实活动主体的人,为达到自我的目的而在对象活动中表现出来的把握、改造、规范、支配客体和表现自身的能动性。"[9]人的主体精神是时代精神中核心的内容,教育的目的是对教育所要培养的人的质量规格的设计,是对教育应培养什么样的人的具体规定,是一定社会、一定时代教育实践追求的理想和蓝图,"只有与时代精神一致的教育理想,才能引导一个推动时代向前发展的新教育的构建。"[10]课程生活论就是要让学生做自然的主人、做社会的主人、做自我的主人,总而言之一句话,就是做自己生活的主人,然而,这就需要弘扬学生主体性的发展。美国促进科学协会在1989年提出的《普及科学——美国206计划》中指出:"教育的最高目标是要使人们能够达到自我实现和担负责任的生活"[11]20世纪80年代以来,日本临时教育审议会发表的四个关于教育改革的咨询报告,提出的培养目标是:"宽广的胸怀,健康的体魄,丰富的创造力;自由、自律与公共精神;做面向世界的日本人。"[12]1996年7月19日,日本第15届中央教育审议会在《面向21世纪我国教育的发展方向——让孩子拥有"生存能力"和"轻松宽裕"》的咨询报告中,确定了今后日本教育的发展方向,即在"轻松宽裕"的教育环境中培养孩子们在未来社会中的"生存能力",培养具有丰富人性、正义感和公正心,能够自律,善于与他人协调和替他人着想,尊重人权,热爱自然的青少年。[13]国际21世纪教育委员会向联合国教科文组织提交的报告《教育——财富蕴藏其中》中提出,为了迎接21世纪的挑战,"必须给教育确定新的目标,必须改变人们对教育作用的看法。扩大了的教育概念应该使每一个人都能发现、发挥和加强自己的创造潜力,也应有助于挖掘出隐藏在我们每一个人身上的财富……教育应围绕四种基本的学习加以安排,即学会认知、学会做事、学会共同生活、学会生存。"[14]

在我国,弘扬学生的主体精神,有着更为迫切的现实意义。我国长达两千多年的封建统治"造成我国从未形成具有真正独立人格的个人主体。靠天吃饭的自然经济使人屈从于自然的支配;家国同构、宗法一体的封建政治文化又把人牢牢地系在了血缘纽带之中,儒家人伦道德几乎扼杀了人的一切个性"[15]。中华人民共和国成立以来,不断进行民主与法治建设,倡导解放思想、实事求是,大力实施改革开放,与世界政治、经济、文化交流不断深入,促进我国的教育改革不断深化,但又有一些自由主义、拜金主义、享乐主义、个人主义等新思潮涌入,制约着我国社会主义现代化建设。今天,我国已经在国际社会中扮演着重要角色,人工智能时代已经来到了我们的家门口,若不改变这种封建的观念,就会阻碍我国社会主义市场经济的持续健康发展,阻碍民族复兴的伟大事业,甚至会阻碍人类命运共同体的愿望实现。在教育上,由于长期受传统封建思想的影响,"无论是家庭教育,还是学校教育都严重存在着压抑甚至摧残学生个性发展的问题。这种思想一直到今天的教育中还以不同的方式在发生着影响"[16]。正如美国科学家赫尔伯特·豪普特曼所说:"我们今天正在以非常危险的速度向着充满不确定性的未来奔跑……一方面是闪电般前进的科学和技术,另一方面是冰川融化的人类的精神态度和行为方式——如果以世纪为单位来测量的话。科学和良心之间、技术和道德行为之间的这种不平衡冲突已经达到了如此地步:它们如果不以有利的手段尽快地加以解决的话,即使毁灭不了这个星球本身,也会危及这个人类的生存。"[17]在教育中,表现出重知识传授、忽视学生情感意志发展、重统一要求、统一行动，忽视个性与能力的培养，重教科书固有学科知识的学习，忽视人文精神的熏陶，此外在学生的学习过程中，教师讲得多，学生被动地接受知识多，会导致学生并没有多少时间和空间了解自己、体验生活、理解生活、内化知识，体验知识的生成过程，甚至不能发展作为一个独立生命个体的创新思维，生命成长的主体性被剥夺，同时，在教学过程中，师生交往缺乏民主，学生就是听讲、练习，等等。这一系列的做法造成了学生片面发展，个性受到压抑，创造性被泯灭，学生成了被动接受知识的工具，甚至使他们缺乏求知的原动力，生命的主体性得不到充分的张扬。因此，课程生活论追求学生个性的解放、学习过程的解放、学生生活的解放、学生主体性的解放，宣扬的是使学生充分实现人的本质这一目的，教育要帮助学生在生活体验中获得初步的主体性，使人成为有"主体性的人"，把"人"当成"人"来教育，使学生的潜力都能够得到充分的发挥，成为一个有"个性的人"、一个"独立的人"、一个"原本的人"。尊重学生的主体性，确立自由、自律和自我负责的原则，"教育的目的在于使人成为他自己，'变成他自己'"。[18]

## 三　课程生活论实现学生与自然、社会、自我的和谐发展

人性论的问题是一个中外历史上争论最久、涉及面最广的问题。在中国，自先秦时期至今，三千多年的历史长河中，一直未停止过争论。孔子从"为政在人"的政治主张出发，提倡通过教育来培养士、君子和成人，教育的最终目的就是要培养有道德、有才能、可从政的贤才，即具有完整人格的君子、成人或成士。因为在孔子看来，要变"天下无道"为"天下有道"，实现其"仁""礼"统一的理想的社会伦理模式，

就必须靠"志士仁人"的不懈努力。[19]孔子认为,"君子去仁,恶乎成名？君子无终食之间违仁,造次必于是,颠沛必于是。"(《论语·里仁》),意思是说,君子之所以为君子,就在于具备"仁"的品德,在于时刻不离开"仁",哪怕是仓促之间,颠沛流离之际,都必须致力于"仁",这也是完整人格的核心内容。同时,孔子提出"知者不惑,仁者不忧,勇者不惧"(《论语·子罕》),"知"就是智慧,有很高的认识能力,其核心是"知人""知己",能认识人与人之间的伦理关系,也就是"知礼",有了这种认识,就利于实行"仁"。"勇"即果敢,见义勇为,"仁者必有勇"(《论语·宪问》),可见,"知""勇"都是从属于"仁"的,是"仁者"所应具备的品德。孔子还说:"君子不器"(《论语·为政》),即君子不能像一件器皿一样只有一种用途,而应该多才多艺。随遇而变,随时而创,不能一成不变,一条路走到黑。[20]概言之,孔子所讲的君子就是仁、智、勇、艺兼备或德才兼备的人。孟子提出"性善论",他认为人在本性上是善的,先天存在善的因素;[21]与孟子相反,荀子主张"性恶论",认为人的本性无所谓善恶。[22]先秦以后的哲学家承袭了诸子的方法,从人与人之间的关系中说明人性,研究结论基本上局限在"性善"与"性恶"的争执中。

在欧洲,人性问题同样是人们关注的话题,人们从哲学、伦理、文艺、宗教、政治、历史、教育等不同领域对此进行探讨。"人性这个题目在历史上不断引起哲人的质问,从苏格拉底到蒙田和帕斯卡,不过都是为了揭示人们在这个问题上无知、疑惑、矛盾、谬误。……最后,在雅克·卢梭的著作里,人性终于以圆满性、美德、真理、善良的面目出现,但这不过为了接着说明这个美好的人性已被放逐,使我们为这个不可挽回地失去了的乐园而悲叹。人性是人区别于动物的特性。人性总是通过每一历史阶段个体的特征表现出来"[23]"在1844年手稿的充满智慧闪光的篇页上,马克思提出的人类学的中心概念,不是社会的人或文化的人,而是'作为类的存在物的人';远远没有把自然和人类对立起来。他提出:'自然是关于人的科学的直接对象''人的第一个对象,即人,是自然'。恩格斯则努力把人纳入'自然辩证法'之中。"[24]人既是自然实体,又是社会实体,具有自然属性和社会属性两个方面,自然实体是人发展的物质基础,正如马克思所说:"任何人类历史的第一个前提无疑是有生命的个人的存在。因此第一个需要确定的具体事实就是这些个人的肉体组织,以及受肉体组织制约的他们与自然界的关系。"[25]人们在自然属性上的差异最小,人作为社会动物,作为万物之灵,不取决于人的自然属性,而取决于人的社会属性。

马克思指出:"人不仅仅是自然的存在物,他还是属人的自然存在物,也就是说是为自己本身而存在的存在物,因而是人类的存在物。"[26]这就是说,人不是一般的自然存在物,而是一种同其他自然存在物有本质区别的,能动的、自为的、特殊的存在物。人通过生产劳动能够改造自然,改造自身,即人有主体性。正是人的主体性,确定了人在自然、社会和自我关系中的主体地位,从而成为自然的主人和自己的主人,成为自由的人,以至于在自由自觉的能动活动中产生人,让人存在,最终创造历史、传统和社会文化。在马克思的哲学中,人从根本上说是劳动的主体,是历史的主体。人的本质属性从根本上说是人的主体性。[27]

精神属性是人特有的属性。人之所以为人,就在于人不仅是一种客观事物的存在,还是一种精神的存在。"人心与人生无二也"[28],人总是从自然生命走向精神存在,"人,只有人,才实际上具有一种不同的结构;与人相比,所有其他动物作为有专门化的本能的造物全部是同样的——而人是根据一种新的能力生活。"[29]这个新的能力就是人解释世界、改造世界、理解自身、改造自身、成为自己的精神创造能力。从这个意义上说,精神使人的生命变成有目的的、有创造性的生活。人的精神属性,从辩证唯物主义的观点来看,主要包括人对世界的反应是有目的、有选择的；人具有价值定向性；人具有自我意识。人作为精神的存在物，能够使自身在内的一切都成为他的认识对象，使人成为人的是人的精神。"人是唯一的发现自己的生存是一个问题的动物，这个问题他是无法逃避的，不得不加以解决。他无法返回到那与自然和谐相处的人类诞生之前的状态；他必须着手发展自己的理性，直到他成为自然和自己的主人为止。"[30]因此，人对理性的理解与解释世界的能力使人具有更广泛的开放性。人在改造世界的同时，也在改造自己的文化世界，通过改造自己的文化世界，适应世界的变化。人总是在有限中追求无限，在自然的羁绊中超越自身。人的精神并不是先验的、永恒不变的。它是后天形成的，是在现实生活实践中，在社会历史中不断发展的人类特性。由于人是历史和社会的存在，精神集中地体现了人的社会性与历史性，每一个人都是作为个体在与社会和历史进行交往，进行实践，因而，精神是个体的精神。

人性是一般人性与具体人性的统一，具体人性包含了一般人性，一般人性通过具体人性表现出来。"真、善、美、公正、勇敢、坚忍、忠贞、侠义、恻隐、慈爱、救生、爱国……是人性的表现；而假、恶、丑、贪婪、残忍、欺诈、横暴、盗窃、嫉妒、卖国……是非人性的。"[31]同时，人的活动是文化活动，人类精神具体表现为历史和文化。"文"在中国古语中，原意是色彩交错、好看的纹理、文字、文章等。广义上可以理解为"使……变得有条理、合理、好看"，是表示一种将事物人工化、用人的标准和尺度去改变对象的行为和效果。"化"的意思是"变、改变"，包括"使……（完全地）变成……"文化，其实就是"人化"和"化人"。"人化"是指按人的方式改造整个世界，使任何事物都带上人文的性质；"化人"是用这些改造世界的成果来提高人、造就人，从而使人的发展更全面、更自由、更理性、更有主体性。人所面临的世界本质就是人文世界，是一个生生不息的、历史的、文化的社会生活世界。在这个世界中,人与历史、与文化、与社会进行交往,并获得了人之为人的精神。[32]人一出生,并不具备现实的人性,特别是优秀的人性,只具备了形成人性的可能性。而教育就是把作为主体的人在共同的社会生活中培养成"社会的个人"的过程,也就是说,教育是把"自然人"转化成为"社会人"的一个有意识的生命成长过程。因此,教育要以人的发展为己任,要想尽一切办法把人变成人,把人变成他自己的生命主体。"作为一种人类学事实,教育是人的一种生命活动,是人类进行自我再生产的一种特殊方式",[33]教育作为人的全面生成过程总是在一定的社会生活中进行的,"人只有通过教育才能成为人。"教育只有通过生活才能完成使人成为人的使命。

课程生活论就是要让人类优秀的人性通过生活思考和生活实践内化到每一名学生内在素养品质和外在行为表现上。通过帮助生命主体自主自为体验生活式的教育,实现人与历史的和谐、人与自己的和谐、人与生活的和谐、人与他人的和谐、人与社会的和谐,进而实现生活世界与科学世界的整合,实现人性的重新整合,提升每个学生的生命主体性。好的教育会帮助学生形成以真、善、美为核心的优秀人性,让他们"学会认知、学会做事、学会共同生活、学会生存"[34];形成初步的价值判断能力;能够较为正确地认识自己,形成与自然、社会、自我的和谐关系,进而彰显生命的主体意识,提升自己的主体能力,让每一名学生生而具有的生命可能性变成可能。

## 第二节　课程生活论的心理学基础

心理学理论对课程目标的确定、课程内容的选择和组织,以及课程的实施与评价都提供了重要理论依据,"教育心理学是促成教育目的之实现的科学",[35]从历史发展来看,有什么样的心理结构观,就有什么样的课程目标观和课程结构观。因此,心理学的研究成果也是课程生活论的重要理论基础之一。

## 一 认知发展理论

皮亚杰认为,儿童的认知发展是通过认知结构的不断建构和转换而实现的。结构不是先天的、预成的,每一个结构都有它独特的发生、发展的过程,每一个结构都是一点一滴积累、不断反复作用、逐步螺旋上升构造起来的。"所有这种构造过程都来源于以前的结构,而在最后的分析中,还要追溯到生物学方面去"。[36]人类的一切知识既是顺应于客体,同时又是同化于主体的结果,"客观知识总是从属于某些动作结构的""知识在本原上既不是从客体发生的,也不是从主体发生的,而是从主体和客体之间的相互作用中发生的。"[37]学生认知的发展既依赖于自身生物性成熟的因素,又依赖于自己主体的主动经验。主体通过反复作用于外部世界以及由此获得的反馈信息来建构日益有用的关于现实的知识、生活的知识。

### (一)儿童是主动的学习者

生命是一种由简单形态向复杂形态不断递进创造的过程,也是有机体与环境间实现各种不同形态不断互动、向前推进的平衡过程。人的认知,或者说智慧,也是一种生命现象,在本质上是一种适应。皮亚杰通过对儿童实际思维的大量观察与实验,提出了儿童认知发展的阶段。

皮亚杰认为,思维起源于动作,动作是思维的起点。感知运动阶段使儿童获得动作逻辑——一种实践的智慧。儿童最初的动作是反射性动作,本身并不具有智慧性质,从反射动作到智慧动作,再内化为具有可逆性的动作——运算,需要一个发展过程。在儿童的发展过程中,充分发展儿童的动作,是发展儿童智力的必由之路,"因为没有动作,就意味着与外部世界失去接触。"[38]关于学习与发展的关系,是发展心理学家和教育心理学家共同探讨的问题,皮亚杰认为:"关于学习能否加速儿童认知发展的问题,其关键在于学习活动是成人教导下儿童被动地学习知识,还是儿童在其生活情境中自行探索主动求知。教育的真正目的不是增加儿童的知识,而是设置充满智慧刺激的环境,让儿童自行探索,主动学到知识。如果在发展尚未达到适当水平之前提前教他知识,将会对儿童自行探索主动求知的行为反倒产生不利影响。"[39]从皮亚杰的话语中可知,皮亚杰反对传统的学习理论只是把知识归结为外部现实的被动反应,反对教师一味地不顾学生感受给他们讲知识,而是认为学生学习应该从属于学生主体本身的发展水平出发,学习应该是在主体主动构建的情况下才能发生;学习的过程是学生学习主体面对生活中的客观事物主动反复建构,以此来理解知识、运用知识、内化知识、生成知识的过程;学生习得的知识是主、客体反复相互作用的结果,主体通过自己的动作,主动作用于客体,形成主客体之间的相互作用。一方面,主体在自己的学习动机牵动下主动内部协调自己的动作结构;另一方面,主体将外界的客体组织起来形成主体与客体之间的互动关系,然后再反复地进行主体和客体之间的互动作用,只有这样,才能够完成知识建构的过程。此外,这两种活动是相互依赖的,只有主体通过动作,这些关系才得以发生。儿童是主动学习的学习者,是学习的主人,这种学习是由学习者自身发起的主动学习、主动建构。学习建构的东西都根植于学生自己的内心,是自己生成的东西,这才是学生真实的学习,而不是由教师手把手教或传递书本知识。只有学生自己学习主动建构、真实学习,深度学习才会发生,这才是真正的学生自主学习,才是学生真正的生命成长。

## （二）儿童通过经验知识发现事物之间的关系

知识是个动态系统。我们通过对知识进行发生学的考察,可以看到知识的产生有两条途径:一是经验的知识,二是理论的知识。经验知识是认识的基础,它源于个体自身的内生积累,是理论知识萌发的起点,"经验是一切可靠知识的母亲。"[40]

经验知识是人们通过感官和认识工具在社会实践中直接和间接与认识对象打交道而获得的认识。经验知识是通过"从个别到一般"的归纳法获得的;理论知识是在经验知识的基础上,通过推理,把握对象的本质和规律系统化的科学知识。正如毛泽东在《实践论》中指出:认识过程的第一步是开始接触外界事物,属于感觉阶段,第二步是综合感觉的材料加以整理和改造,属于概念、判断和推理阶段。[41]只有感觉材料十分丰富和符合实际,才能根据这样的材料创造出正确的概念和理论来。对于儿童来说,知识的获得是在亲身经历活动的过程中,在获得大量的亲身体验和感性经验的基础上,对丰富具体的实际经验的归纳和概括。儿童对事物内在的结构及相互关系的认识不是靠记忆,而是靠他们在与物体不断相互作用的过程中,经过反复地操作、体验、思考而感知、体验,从而自己感悟出来的。儿童在熟悉了周围的物体并不断探索时,喜欢把物体放在一起使用,如将一个小的物体放在大物体内部,把锅、盘、筷子、勺、杯子等套在一起,在活动中,他们逐渐了解物体之间的关系,而连接物体的关系,正是他们建构其内心世界的重要途径。对于成人来说,物体的关系(大小、轻重、上下、左右等)是显而易见的,但对于儿童来说并非如此,他们之前并没有经验,因此他们只能通过亲手体验来积累自己的经验,慢慢地去发现这些关系、理解这些关系,学会表达这些关系。

就自然领域来说,儿童接触的周围事物及其关系涉及物质和材料、生命与生命过程、地球和宇宙等几个方面。就社会领域来说,认识与儿童关系密切的社会环境中的人与物,如认识自己、伙伴、家庭、班级、学校、社区、国家、世界等。

从上可知,皮亚杰的认知发展理论对课程生活论的启示是多方面的。儿童直接作用于环境而获得的经验是思维发展的关键,这一探究在发展中具有重要价值。皮亚杰理论所揭示的儿童认知发展的规律,是我们正确认识儿童、教育儿童的科学依据,也是在理论领域内对各种隐蔽的、残余的预成论的一次大扫除。[42]

## 二　人本主义学习理论

20 世纪 50 年代末至 20 世纪 60 年代初,美国兴起的人本主义心理学,是由马斯洛、罗杰斯等人所创立的。其主张研究人的本性、潜能、经验、价值、生命意义、创造力和自我实现,反对心理学中行为主义的机械决定论和精神分析的生物还原论,把人的本性和价值视为心理学研究的首位。美国 1962 年成立的人本主义心理学会的会章,其中对该会的主旨:"人本主义心理学……尊重每一个人的价值,支持采用不同取向作心理学问题的研究,毫无偏见地接纳不同方法和对各方面行为的不同解释。……对现代一般心理学理论上较少涉及的问题,诸如友谊、创造、自我、自我实现、人生价值、生命意义、人生成长、高峰经验等,都是人本主义心理学所关心的主题。"[43]即人本主义心理学重视的是人,是人对自己的看法。人对自己的看法,将因其有意义的生活经验而改变,所以人的发展就是通过对自己的生活经验进行改造,并不受所谓本能性的冲动所左右。人本主义心理学的兴起,代表一种社会及教育改革运动,针对美国过分强调科学技术的教育,认为这种教育是反人性的教育,过分强调客观条件而忽视学生主观需要,这种教育无疑是对学生个性的压抑与忽视。改变其现状,挽救美国教育,必须推行以人为本的教育。

## (一) 以人为本,突出人的主体地位

马斯洛在分析了行为主义和精神分析学说后,认为这两大理论忽视了对人性存在价值的关注,他曾对行为主义的学习理论提出如下批评:"我们现在面对两种极端互不相容的信息概念。我所说的其中之一是外烁的学习(指条件作用下的学习)。对学生来说,外烁学习是缺少个人意义的,只是对个别刺激所做的零碎反应。像这种学习,无论学到的是什么,都不是学生自己决定的,而全是教师或实验员采取以下方式加诸予他的:'我要按电铃了!'或'我要开红灯了!'更重要的是'我要强化这,或强化那……。'在这种情形下,学习只是外烁的,只是由外在影响加给学生的一些片段的习惯与行动而已。学生所学到的,顶多也不过像是在他口袋里装几把钥匙或几个铜钱而已。学生所学的一切,对他个人的心智成长,毫无意义。"[44]按马斯洛的主张,学习不能由外烁,只能靠内发。人本主义心理学注重人、关心人、发展人,强调以学生为中心的理念,从关注人与环境的关系到关注人与人的关系,最后到关注现在和未来的关系。而传统教育主要强调个体的社会化,强调个人适应社会的需要,在教育上,强调对人基本能力的培养,如读(Reading)、写(Writing)、算(Arithmetic)的训练等,人本主义心理学提出了第四个 R 的教育,即人际关系(Relationship)的教育。

## （二）从注重知识到注重人格

传统教育注重人的认知领域的发展，强调知识的传授和能力的培养。人本主义则认为，教育的目的绝对不是只限于教学生知识，通过训练拿到好的考试成绩或者获取谋生的技能，更重要的是针对学生的情意需求，促进他们在身体、知识、情感、意志等方面的均衡发展，从而培养其健全的人格。认为情感、意志不仅是人精神生活的基础，还是精神持续发展的核心要素。健全人格的培养既是教育的过程，又是教育的目的，更是最好的道法教育。在教育过程中，要让学生通过了解自己并接纳自己（包括自己的身体、容貌、经验、能力、优缺点等），理解群己关系（认识人己之分，自我满足之外也要尊重他人），明确如何实现他们自己更好地发展目标和方法，只有这样做，才是实现了真正的人的教育。

## （三）从重视客观外显的行为到重视内在的世界

强调感受、信念、价值等内在因素的决定性意义。罗杰斯这样来描述他发现的价值："人乃是一个'成人'的过程；通过其潜能的不断发展和现实化，他在此过程中不断获得他的价值和尊严；每一个个别的人是一个自我实现的过程，一个不断地更具挑战性、更丰富地体验的过程；人乃是创造性地适应不断更新、不断改变的世界的过程；在此过程中人的知识不但超越自身的限制，就像相对论超越牛顿物理学，而其自身也可能在将来为某一新的观点所超越。"[45]，从单纯重视知识经验到同时重视生命成长经验对个人的意义，最后重视自我概念。

人本主义心理学关注人与人的关系，强调人的自我实现，以及强调人的自我实现与他人自我实现的相互关系，重视人成为人的意义过程,注重人格培养,这正是课程生活论所关注并力图解决的问题。

## 三　建构主义学习理论

当代建构主义学习理论提供了一种与传统的客观主义不同的学习理论,这一理论包含了认知加工学说、维果茨基、皮亚杰和布鲁纳等人的思想。建构主义学习理论认为,学习过程不是学习者被动地接受知识,而是积极地建构知识的过程,主张以学习者为中心,鼓励学习者进行批判性思维,调动学习者的学习兴趣与内在动机等。以建构主义学习理论为基础的课程设计展示出了更加广阔的前景,产生广泛而深远的影响。"1996年美国出版的《科学教育中的建构主义实践》——美国有史以来第一个全国科学教育的纲领性文件——就是以建构主义理论为其指导思想的。除美国外,以建构主义理论为指导的课程与教学改革、科学教学评价改革以及相应的教师教育改革在许多国家也都正在展开。"[46]建构主义成为课程生活论重要的理论基础。

### (一) 为理解而学习

建构主义认为,学习过程是学生主动建构内部心理表征的过程。[47]知识论涉及知识的来源、种类和作用等问题,对知识的不同理论必然对课程目标产生重大影响。自古以来,存在着各种各样的哲学派别,对知识问题有不同的解释。源于柏拉图的唯心主义知识观认为,知识是主观的、先天的、普遍的、永恒不变的;源于亚里士多德的唯实主义哲学认为,知识是发现事物本质以适应环境的经验,是客观的、永恒而普遍的真理;以杜威为代表的实用主义知识论强调知识具有实用性、行动性和创造性,是来源于人与环境的相互作用;存在主义哲学则认为知识是实践存在的体验,是主观的、个别的、多变的而非永恒的、普遍的。当代建构主义对知识真理性提出的质疑,如知识的增长方式主要是积累还是批判?什么样的知识才堪称是真理?他们认为,世界是客观存在的,但是对于世界的理解和赋予的意义都是由每一个人自己决定的,他们更关注以原有的经验、心理结构和信念为基础来建构知识,形成了有别于其他学派不同的知识观。

第一,知识不是对现实纯粹客观的反映,任何一种知识的符号系统都不是绝对真实的表征,知识是人们对客观世界的一种理解和解释,必将随着人们认识的深化不断变化,出现新的理解和解释。

第二,知识不可能对任何活动和问题的解决都能够提供适用的有效方法,必须针对具体问题情景对原有知识进行再加工和再创造才能奏效。

第三,学习者要对知识形成深刻的、真正的理解,才有助于提高学习者的思维和探究能力。真正理解的知识只能是基于学习者自己的经验背景并且自己建立起来的,主要取决于特定情景下的学习活动过程。如学习者能否用自己的话语去解释、表述所学的知识;能否基于这一知识做出推理、判断,解释有关问题;能否运用知识解决变式问题;所获得的知识是否是结构化的、整合性的、成体系的。

建构主义学习观是在吸取了多种学习理论尤其是维果茨基思想的基础上形成和发展起来的。反对行为主义关于学习是刺激与反应之间的联系,强调学习是以学习者自己的经验为前提来建构实现的,具有主动性、社会性、情景性与建构性。维特罗克提出在学生学习的生成过程中,人脑并不是被动地学习和记录输入信息,而是主动地建构对信息的解释、对信息进行主动选择和推理。[48]作为当代建构主义中"认知灵活性理论"表明,学习过程主要包含两个方面的建构:一是通过运用原有的经验对新信息进行理解、加工、内化;二是从记忆系统中提取的信息本身,要按具体情况进行建构,不仅包括对新信息意义的建构,还包括对原有经验的改造和重组。[49]

## (二)基于问题的学习

建构主义的学习观强调通过学习者的思维活动实现学习。学习者要不断思考,对各种信息和观念进行加工转换,形成新的假设,并通过一定的方式对此做出验证。"在问题中学习",教师针对所要学习的内容设计出具有思考价值的、有意义的问题,让学生去思考、去联系、去辨析、去尝试创造解决新问题的方法。学习者遇到问题后,将会综合运用原有的知识经验,查阅相关资料,独立思考,创新方法,找出问题解决的方案。

## (三)沟通、交流、合作中学习

传统的学习情境是以接受式学习为主,强调了知识的重要性,强调了教师的教,强调了教师教学前的准备,而远离了学生的现实生活和自己的学习需求。学习者不是为自己而学习,对他们来说,学习不是真实生活的愉悦体验,而是一味地接受别人的训导,一味地接受别人给予的东西。这样的学习过程往往充斥着被动、单调、枯燥、乏味、反复、无聊等消极刺激,由于学习者没有对现实生活的体验、对精神的感悟,甚至没有一种主动的内生学习动机,让他们日渐失去学习的动力与兴趣。被学习者称为"高压锅式"的学习,使他们远离了本应有的学习主体的生活感受。正如古罗马教育家普鲁塔克所指出的那样:"儿童的心灵不是一个需要填满的罐子,而是一颗需要点燃的火种。"[50]要点燃儿童心灵的火种,就需要创设与儿童学习相适宜的环境,基于儿童的认知基础和已有的生活经验,搭建能够激发儿童兴趣的环境,点燃学习欲望,启动自我系统,这种学习生活环境包含物质环境与精神环境两方面。建构主义认为,每个学习者都有自己的经验世界,不同学习者的原有经验以及对问题的理解都是不一样的,创设学习情境要有利于沟通、交流、合作,有助于学生之间学会交流、表达自己的见解,学会聆听并理解他人的看法,进而学会接纳、互助、改变、分享等,这些品质都是现代学生不可缺少的。教师从知识的权威者转变为学生学习的指导者、支持者,学习过程的设计者、引领者,学习的合作者,是学生学习和探究的伙伴,教师还是学生学习意义建构的促进者;教师创建一个安全的、自由的、开放的环境,能够点燃学生学习的激情,激发学生学习创造,点燃学生生活的希望,同时,在学习过程中不断激励学习者自由地表达自己的见解,提出疑问,进行讨论。此外,在学生的探究活动中,教师全程参与学生学习的过程,参与学生的交流讨论,了解学生的建构过程,观察他们的建构需要,提供及时而有效的支持和帮助。只有这样做,学生才能从知识的被动接受者转变为主动学习者、主动的意义建构者,进而成为积极的生命成长者。这一角色的转变,使教师由舞台的主角变成了幕后的导演,由研究教师的教变成了研究学生的学,由关注学生对知识的掌握变成了关注学生学习内在需求的满足、引领学生创新思维的学习过程,真正走向了人的教育。所有这些都对教师提出了更新、更高、更有价值的教育要求。

## (四) 自我调节中学习

教育的最终目的就是让每一名学生都成为一个终身学习者。受教育者应该认识到成为一个自我监控的学习者的重要性,并且努力学习一些自我控制的技能与习惯。如果学生缺乏管理自己学习过程的技能,就感受不到学习目标实现后的快乐,他们在将来的生活中就不可能成为自主的学习者和思考者。为此,教师不仅要为学习者设计学习任务,还要引导学习者成为自己生命成长的领导者,及时对自己的学习进行评价、反思,不断地调整学习目标、管理学习目标、克服学习困难、实现学习目标,学会时刻地自我激励、自我超越、学会自主学习、自主发展。长此以往,学生才能逐渐管理好自己的学习,照顾好自己的生活,负责好自己的探索活动。这样的学习观才能够培养出善于学习的终身学习者,热爱生活的幸福创造者,这正是21世纪教育改革所倡导的。

# 第三节 课程生活论的社会学基础

任何理论的产生都根植于广阔的社会背景和自身的逻辑发展,课程生活论亦是如此。

20世纪60年代以来,西方社会弥漫着一股非理性主义的思潮。在科学技术和物质生活高度发展的同时,人们陷入了精神世界的危机,一部分人对现实的危机采取了反抗的态度;一部分人由于看不清危机的来源又找不到解决的办法而苦恼。在这种背景下,反对自然科学研究范式的独尊地位,反对实证主义的工具理性,要求尊重人的价值、尊重人性,从而形成了一股强大的非理性主义思潮。

课程究竟是如何服务于学生个性成长、服务于教育发展、服务于社会进步的呢?课程历来是教育学研究的一个焦点。到了20世纪,社会学的介入,对这样一个问题从另外一个角度进行了更加深入的分析。社会学在解释社会与个人之间的关系时,形成了多种观点,并最终形成了各种理论流派。

## 一 结构功能主义

结构功能主义认为,社会中的各种因素都是相互联系、彼此协调的,各因素的和谐一致,推动了社会的进步与发展。认为课程是传递社会价值和规范的工具,它仅仅是学校所提供的学科学习的总和,是固定地反映客观现实的知识。

## 二 冲突理论

冲突理论认为,社会的每一方面都在发生变化,且社会变化是普遍存在的,社会每时每刻都会出现分歧和冲突,而社会冲突的结果导致了社会结构的变迁。在课程理论层面,课程被视为再生产社会阶级结构不公平的一种途径。

## 三 社会现象学

社会现象学认为,应当注重具体情况而不是高深的理论研究,它强调对现实本身的剖析,重视探讨日常现实生活的过程和存在于这一过程中的主观目的性,特别是符号互动理论强调师生间的互动而产生知识的过程。如果说要使课程对学习者富有意义,它必须是社会建构的,课程既不是预先设置的,也不是强加给师生的,而是师生共同通过他们之间的交互作用来获得的。

　　社会学的各种理论对课程生活论的启示是多方面的。首先,三种理论各自强调了某一方面,如结构功能主义对课程预设知识的强调,要求学校课程应当关注课程计划的制定,使学校课程有据可依。但是,它也必然忽略与之对应的另一面,如对教育中非预期结果的漠视,因此,对各种理论观点我们应当持审慎的态度。其次,课程生活论既强调对学生生活世界的关注,也迎合了课程社会学理论中将三种理论有机整合的倾向。它结合了结构功能主义关注社会、儿童、知识三者的和谐一致,冲突理论对来自低层"社会背景"的儿童的重视,以及社会现象学对师生关系与互动的强调,由此构成了课程生活论的基本价值观。最后,课程生活论强调师生互动在学校课程建设中的积极意义。师生互动是教师与学生在共同的教育、教学活动中,通过认知的互动、行为的互动、情感的互动而形成的一种人际关系。在这种特殊的人际关系中,既体现出师生各自的地位和作用,也体现出二者之间互动的方式与意义。

　　课程生活论提倡学生在生活中学习、在体验中探究、在合作中创造,培养学生的独立性和主体性。良好的师生互动有助于课程生活论目标的实现,并且对学生人格发展具有重大生活意义和教育价值。师生观的转变,师生关系的转变,是个很大的理论问题,更是一个重要的实践问题。过去是教师说了算,学什么知识,怎么理解知识,怎么应用知识,都由教师来决定,教师是权威,教师决定着学生的学习,正因如此,学生自然而然就失去了其主体性,学习也就没有了主动性。现在提倡学生主动学习,自主健康发展,成为自己的学习主体、生命主体,因此,必须重新审视和研究师生关系问题。艾利克·埃里克松在1950年出版的《童年与社会》中强调:儿童从进入人生中第一个专门的教育机构就开始与教师发生直接的行为往来。如果作为教育者、养护者的教师能够意识到自己的行为对学生的发展起着重要作用,明智地把握自己对待学生的态度和行为,就会对学生人格品质的形成产生决定性作用。[51]从课程的实施与评价看,各级各类学校所进行的教育、教学活动都是在教师与学生互动中进行的。作为课程的实施与评价中两个最关键、最活跃的能动因素,教师与学生不仅以各自的品质参与教育、教学活动过程当中,还以他们之间相互作用的关系对课程的实施与评价产生着实质性影响。

自 20 世纪 80 年代中后期开始,师生互动问题成为国内外教育界关注的一个热点。如美国普渡大学 Kagan 和 Smith 通过研究指出:奉行以"学生为中心"教育观念的教师比奉行以"教师为中心"观念的教师与单个学生或小组学生进行互动的时间更长、频次更多,对学生行为更为敏感,反馈更为及时,他们与学生形成的师生关系也相对亲密。[52] Howes,White,Phillips 的研究表明,教师所受的教育水平与他们对学生的态度有一定关联:受教育水平高的教师,对孩子要细心、亲近一些,而受教育水平低的教师则较为粗心,对孩子较为疏远。[53]而郝忆的研究认为,受教育水平程度并不是显著影响师生关系的因素,对师生关系有重大影响的是教师的反省能力,也就是他们的学习能力,如果教师能时时考虑到学生在校内学习生活中发生的每件事情对于学生发展的意义,那么教师就会对学生采取积极的支持行为,会与学生形成和谐的师生关系,反之则不然。[54]教育中的主要问题集中表现在社会与个人之间利益的选择,传统的课程非常关注社会利益高于个人利益,课程中更多体现了为社会利益服务的教育职能,个人的价值与需要被放到了次要地位。但是,按照社会学原理,个人与社会之间的关系总是表现为一种控制与反抗、对抗与磋商,一种相互制约、彼此依赖的关系。它们总是处于相互作用之中,在考虑社会需要的同时,更应关注学生自身的学习需要与生活实际,将课程定位在对学生生活世界的关注上;在学校课程的实施中,师生之间的关系更应当体现为平等、民主、和谐的关系,为此,教师要创设宽松的教育环境,尊重学生个性,尊重学生学习主体性,尊重学生认知过程及认知需要,尊重学生人格尊严与权利,提高对学生行为的观察与领悟能力,把学生视为平等发展中具有独立人格的成长中的生命个体,这种关系的建立依赖于师生之间的互动,依赖于教师与学生之间的平等对话与交流,还依赖于教师对学生认知过程的理解,也依赖于教师对教育和生命的伟大热爱。

# 第四节　课程生活论的教育学基础

教育学是研究教育现象和揭示教育规律的科学。不同时期的不同思想、不同观点都会影响着一个时期人们对教育的看法,也影响着人们的教育实践行为。21 世纪,围绕着人的主体性、人的生存与发展、人生的意义等问题,人们纷纷从不同角度提出了新的教育主张。在教育学领域,主体教育理论、终身学习理论成为时代的主旋律,使人们的教育观念发生了很大转变,为课程生活论奠定了教育学基础。

## 一　全面发展理论

人的全面发展是教育乃至全人类共同追求的理想。近代以来,人的全面发展一直被作为教育的目的,一直在影响着课程、课堂和教育管理的发展,围绕这一目的开发课程已经成为当代教育发展的一个显著趋势。而当社会发展到一个新的历史时期,就会需要有一个在新的价值观念指导下的教学目标作为教育事业的指导思想,引导人们较好地将教育行为以实现人的全面发展为教育目的开展教育活动,从而适应新的历史发展阶段的社会需要。就世界各国教育的发展趋势来看,关注学生本身、关注学生与社会、自然的和谐已经成为教育的发展方向。总体看来,就是要注重对学生主体性的培养,对学生生命成长潜能的激发,对学生与生俱来的天赋的释放,只有这样才能真正使人的全面发展的这一教育目的落到实处。

党的教育方针:教育必须为社会主义现代化建设服务、为人民服务,必须与生产劳动和社会实践相结合,培养德智体美劳全面发展的社会主义建设者和接班人。从这段阐述中可以看出,教育必须为社会主义现代化建设服务、为人民服务,必须与生产劳动和社会实践相结合,德智体美劳全面发展。从这些元素的本质来看,教育离不开生产劳动和社会实践,离不开人与人之间现实能动的交往实践,这就决定了生活是课程学习的内容,是课程学习的目的,也是课程学习的方式。

就中华人民共和国成立以来的教育发展看,我国始终将人的全面发展作为我们的教育目的。也就是说,我们的教育目的就是发展人,并将其作为教育质量评价的指导,在实际教学活动中也一直在朝这一目的努力。但实际的效果却并不尽如人意,全面发展并没有真正得到落实,在升学考试的压力下,全面发展退化为片面追求分数。其根本原因就是部分教育者将复杂的教育教学过程当作了简单的知识传递过程,学生学习的过程没有成为本应有的生命成长过程,而是当成了只是听老师讲和死记硬背、反复被教师主观强化训练做题的过程,在这一过程中,学生就只能是对于书本上规定的内容进行把握,相关的技能按照考试需要和教师要求逐渐形成,他们多维思维的发展,对人际关系的理解,主动创新的意识等都受到了限制,此外,还有学生情感的发展、意志的锻炼、审美情趣的陶冶、动作技能的养成、语言表达能力的培养、生活能力的锻炼、生命主体意识的培育都被搁置到了一边,这些原本生命成长最重要的东西只是被当成了在教育过程中一种可有可无的附加成果,并未成为教育的主要目的,也就成不了教学和学习的有针对性的具体目标。知识的学习成为主要目标,考试成绩的获取成为教师和学生共同努力的方向,学生自身的生活遭到了严重的忽视,这便严重制约了学生作为一个完整的人的自由、全面、充分、和谐的发展,也严重制约着教育的发展。

人一定是生活当中的人,一定是发展当中的人,人也一定是教育倾其所有要发展的那个人。人的发展需要有一定的社会生活和自然作为背景,只有在人应该有的生活背景中,才能够发展人应该有的主体性。人一旦实现了自己本应该有的主体性,人变成人才能够成为一种可能。教育应该将人的生命主体性作为教育的根本目标去设计课程、组织课堂。一方面,是将学生发展的起点与归宿设定在生活的背景下,把学习内容确定在与主体性相关的学生素质之上,将自主性、能动性、实践性、主动性、过程性和创造性等作为学生发展的课程和课堂创新的基本追求,而这些也是生命发展的规定和价值追求,同全面发展的具体内涵有着更为重要的引领意义和价值;另一方面,主体性也可以作为对教学过程中一些具体操作的要求和规定,即将学生看作是学习过程中的主体,在学习过程中,学生主动发展、独立发展、自主发展其自身的主体性。课程生活论正是以主体性教育为理论基础来设计课程的。

## 二　终身学习理论

终身学习思想在古今中外的教育思想和实践中早就有所体现。如古人所说的"活到老,学到老",只是由于后来学校教育发展,这种思想逐渐被淡化,学习和接受教育成为人生中某一阶段的事情,而不是一辈子的事情。然而,由于科学技术的迅猛发展,社会的不断进步,人类面临着各种挑战,人们的思想观念和生活方式也在不断变化。这便引发了人们对教育性质与职能的质疑,要求革新教育,突破一次性教育的终结性教育方式,让教育回归它的本义,终身教育变成了世界范围内教育的普遍追求。这一方面体现了要求教育民主化的呼声;同时,也反映了时代对人的发展要求在不断提高,教育不仅要面对学生今天的生活,还要面对学生未来的生活,教育是面向未来的伟大事业。否则,我们的孩子在将来面对现在我们想象不到的社会和生活的挑战,就会一筹莫展,束手无策。1965 年,法国教育理论家保罗·郎格朗在联合国第三次成人教育委员会上首次提出终身教育观念。他指出:"教育并非终止于儿童期和青年期,它应当伴随人的一生而持续下去地进行。教育应当借助这种方式,满足个人及社会的永恒要求,这种想法近年来逐渐在人们心中扎根了。"[55] 保罗·郎格朗的思想,"表达了一种发展新的教育方式的愿望",[56] 终身教育观念体现了接受教育应该贯穿于人的整个生命历程,旨在为人们提供终身学习的能力、机会和条件,保证终身学习得以维持;使每个人通过学习,潜能得以充分发挥。1976 年联合国教科文组织在《关于发展成人教育的建议》中提出了终身学习的概念。教育的目的是促进人的发展,发展生命、发展人是学习的结果。终身教育的目的就是要促进人的终身学习,以此促进生命的持续发展。终身学习体系中的学校教育,要面向每一个受教育者,这不仅是教育民主化的体现,还反映了受教育者终身发展的要求,要以人为本,以人的发展为根本,"发展的目的在于使人作为人的品质日臻完善;使他的人格丰富多彩,表达方式复杂多样;使他作为个人,作为一个家庭和社会成员,作为一个公民和生产者、技术发明者和创造性的理想家,来承担各种不同的责任。"[57]

终身学习观念对课程生活论的启示在于：教育贯穿于每个生命主体的一生，教育的目的在于促进每个人身体、智力、情感、能力和社会性的持续发展。而学习能力和学习兴趣是在学习过程中学生通过实践，自主建构起来的一种自洽能力、成长能力和创造能力，它是终身学习的核心。教育要从关注学习结果转向注重学习者的学习过程，教育的价值在于追求教育的长效性，注重学习活动本身对学习者的生命意义和生活价值，倡导发现学习、体验学习、对话式学习、创造性学习，使学习者在自主学习的过程中获得快乐的情感体验。终身学习思想自20世纪70年代被引入我国后，对我们教育观念和教育实践的转变有着重要影响，甚至还引起了强烈的反响。以上便是课程生活论的教育学基础。

# 参考文献

[1]  康德.什么是启蒙运动？[J].教师之友,2004.

[2]  赫伯特·马尔库塞,马尔库塞.单向度的人:发达工业社会意识形态研究[M].上海:上海译文出版社,2006.

[3]  萨特.辩证理性批判[M].合肥:安徽文艺出版社,1998.

[4]  联合国教科文组织国际教育发展委员会.学会生存:教育世界的今天和明天[M].北京:教育科学出版社,1996.

[5]  埃德加·莫兰,陈一壮.迷失的范式[M].北京:北京大学出版社,1999.

[6][8]  马克思等.马克思恩格斯选集[M].北京:人民出版社,1972.

[7][21][25][27]  马克思.1844年经济学哲学手稿[M].北京:人民出版社,1985.

[9]  和学新.主体性教学研究[M].兰州:甘肃教育出版社,2001.

[10]　叶澜.时代精神与新教育理想的构建:关于我国基础教育改革的跨世纪思考[J].教育研究,1994(10):6.

[11][12]　国家教育发展与政策研究中心.发达国家教育改革的动向和趋势:美国,苏联,日本,法国,英国1981—1986年期间教育改革文件和报告选编[M].北京:人民教育出版社,1986.

[13]　建捷.日本发表《面向21世纪我国教育的发展方向》咨询报告[J].全球教育展望,1997(2):80-80.

[14][34][57]　联合国教科文组织总部中文科.教育:财富蕴藏其中[M].北京:教育科学出版社,1996.

[15]　高清海.主体呼唤的历史根据和时代内涵[J].中国社会科学,1994,(04).

[16][18]　黄济.人的主体性与教育[J].教育研究与实验,1997(1):4.

[18]　保罗·库尔兹,库尔兹,肖峰.21世纪的人道主义[M].上海:东方出版社,1998.

[19]　杨晓萍,尹芳.从孔子教育观看当今素质教育[J].西南师范大学学报(人文社会科学版),2002,(05):91-95.

[20]　孔子.论语译注.第2版[M].北京:中华书局,1980.

[21]　杨伯峻.孟子译注[M].北京:中华书局,1960.

[22]　荀子.荀子选注[M].天津:天津人民出版社,1975.

[23][24]　埃德加·莫兰,陈一壮.迷失的范式[M].北京:北京大学出版社,1999.

[26]　袁贵仁.马克思主义人学理论研究[M].北京:北京师范大学出版社:2022.

[28]　梁漱溟.人心与人生[M].上海:上海人民出版社,2011.

[29]　米夏埃尔·兰德曼.哲学人类学[M].上海:上海译文出版社,1988.

[30] 埃利希.弗洛姆,欧阳谦.健全的社会[M].北京:中国文联出版社,
1983.

[31] 黄颂杰.人性·社会·拯救:弗洛姆社会哲学述评[J].学术月刊,
1988(4):6.

[32] 袁贵仁.对人的哲学理解[M].郑州:河南人民出版社,1994.

[33] 项贤明.泛教育论:广义教育学的初步探索[M].太原:山西教育出
版社,2000.

[35][39] 张春兴.教育心理学:三化取向的理论与实践[M].杭州:浙江
教育出版社,1998.

[36][37] 让·皮亚杰.儿童的心理发展[M].济南:山东教育出版社,
1982.

[38] 左任侠,李其维.皮亚杰发生认识论文选[M].上海:华东师范大学
出版社,1991.

[40] 列昂纳多·达·芬奇.达·芬奇手记[M].长春:吉林出版集团有
限责任公司,2015.

[41] 李达.《实践论》解说[M].上海:生活·读书·新知三联书店,
1953.

[42] 王振宇,心理学.儿童心理发展理论[M].上海:华东师范大学出版
社,2000.

[43] 车文博.人本主义心理学[M].杭州:浙江教育出版社,2003.

[44] MASLOW A H. Some educational implications of the humanistic
psychologies[J]. Harvard educational review,1968,38(4):685-
696.

[45] ROGERS C R. The process equation of psychotherapy[J]. Ameri-
can journal of psychotherapy,1961,15(1):27-45.

[46] 丁邦平.建构主义与面向21世纪的科学教育改革[J].比较教育研

究,2001,(08):6-10.

[47] 张大钧,张大均.教育心理学[M].北京:人民教育出版社,2011.

[48] WITTROCK M C. Learning as a generative process[J]. Educational psychologist,1974,11(2):87-95.

[49] SPIRO R J. Cognitive Flexibility Theory:Advanced Knowledge Acquisition in Ill-Structured Domains. Technical Report No. 441 [J]. 1988.

[50] MONROE P. A Text-book in the History of Education:By Paul Monroe[M]. Macmillan,1905.

[51] 埃里克松,罗一静,徐炜铭,等.童年与社会[M].上海:学林出版社,1992.

[53] KAGAN D M,SMITH K E. Beliefs and behaviours of kindergarten teachers[J]. Educational research,1988,30(1):26-35.

[53] HOWES C,WHITEBOOK M,PHILLIPS D. Teacher characteristics and effective teachingin child care:Findings from the National Child Care Staffing Study[C]//Child and Youth Care Forum. New York:Kluwer Academic Publishers-Human Sciences Press,1992,21(6):399-414.

[54] HAO Y. Relationship between teachers' use of reflection and other selected variables and preschool teachers' engagement in developmentally appropriate practice[M]. New York:State University of New York at Buffalo,1996.

[55] 钟启泉.现代教育学基础[M].上海:上海教育出版社,1986.

[56] 丁廷森.国际教育百科全书[M].贵阳:贵州教育出版社,1990.

# 第四章

# 基于生活的课程目标

　　课程的设计与实施包括课程目标的确定、课程内容的选择与组织、课程的实施和课程评价等内容。课程设计实际是一切课程思想的落脚点。课程目标既是课程设计的起点，又是课程设计的终点，它制约着课程设计的方向和目标，规范着课程内容的构成和学习活动的过程，决定着课程评价的内容和方式，在课程结构中起着关键性作用。学校教育的目的是课程目标设计的上位概念，课程目标是教育目的的具体化体现。而课程目标具体体现在课程开发，课程设计与课程实施中的教育价值和教育追求中，生活化的课程目标拉近了学生生活与其学习过程和学习内容的距离，让课程目标实现更贴近学生生活，更具有可操作性。

# 第一节　基于生活的课程目标概述

课程目标是根据教育宗旨和教育规律而提出的具体价值和任务指标,是课程本身要实现的具体目标和意图。课程目标一般包括三个方面:知识与能力、过程与方法、情感态度与价值观。

## 一　确定课程目标的依据

课程目标是如何设定的? 对这个问题的回答,在课程史上最有影响力的是泰勒提出的观点。泰勒认为,学校领导和教师与其说是制定目标,还不如说是选择目标。[1]对于课程目标的选择,泰勒提出要从三个方面来考虑:一是对学生的研究;二是对当代社会生活的研究;三是学科专家的建议。"任何单一的信息来源,都不足以为明智而又全面地选择目标提供基础。上述每一种来源都有其某些价值。在设计任何一项全面的课程计划时,对每一种来源都应予以一定的考虑。"[2]泰勒提出的课程目标的三个来源,现已成为课程工作者的共识。如果说对课程目标的来源还存在争议的话,那么争议主要集中在如何看待这三者的关系。借鉴这一观点,基于生活的课程目标主要依据从儿童、社会、知识三个方面来考虑。

### (一) 对儿童的研究

对儿童的研究,就是要分析并找出教育者期望儿童通过学习课程所要达到的预期目标。而对儿童的研究主要包括三个方面:第一,了解儿童身心发展的现状;第二,了解儿童个体发展的需要;第三,了解儿童的兴趣和个性差异。

## 1.遵循儿童身心发展的规律

课程的一个基本职能就是要促进学生身心发展,不同年龄儿童的身心发展水平不同,对教育就会提出不同要求,而课程目标的设定就是要充分考虑儿童的身心发展水平,并以此为依据来设定课程目标。[3]

新生儿从来到人世间的第一天起,就意味着生理上发生了从胎内的寄生生活到胎外的独立生活的变化。出生后,他必须立即直接接触外部世界,不但要自己进行维持体内生活的活动,而且要能够接受外来的光、声、温度以及各种各样的刺激,适应新环境和新生活,这对新生儿来说是生命攸关的考验。从依靠本能来适应生活的能力看,新生儿身心发展水平不如小动物,他们没有整套的爬行本能、觅食本能,但是从学习的潜力来看,人类的新生儿具有很大的学习潜力,远远高于一般动物。

1～3岁是人生的第一个转折期,这个时期的重要性在于儿童开始具备了人类特有的典型的心理特征:开始学习以人类的方式使用物体,学会了直立行走和各种灵巧的身体动作,开始掌握语言发展情感,开始出现了最初的独立性。3岁以后是儿童发展的又一个重要转折期,这一时期幼儿的动作比以前更加灵活,动作的发展使他们能够更多地接触周围事物;由于神经系统的发展,他们能够用语言表达自己的思想,这样,便产生了扩大交往的可能。

3～6岁儿童的感知、记忆、思维、想象等认知过程,带有明显的具体性和情绪性;他们的生理和心理进一步发展,独立性进一步增强,具备一定的生活自理能力和行为自我控制能力,自我意识进一步地发展;社会交往活动范围更加扩大,表现在具有更加明确的社会交往活动的目的,增强了交往的独立性,具有更融洽的社会交往关系。此外,这一阶段幼儿接受社会行为规范的能力与交往活动中的判断能力都得到了加强,在交往中遇到矛盾,能够自己协调解决;从5岁左右开始,幼儿的认知活动进一步增强,出现了比较稳定的、带有个人倾向性的心理活动系统,但是幼儿的个性只是处于开始形成的阶段。

在探讨儿童的认识特点的时候,很多学者都提出:儿童是一个小小的科学家。因为,儿童有着与生俱来的好奇心和探究欲望。著名科学动物行为专家尼克·丁伯根曾说:"科学家们,由于他们急切的好奇心,在他人眼中,常常显得孩子气。"[4]换句话说,科学家就是因为保持着童心,有着孩子般的好奇心和探究欲望。在科学家的生命中,他们对所研究的领域具有好奇心,随时准备敞开心扉接纳新事物、尝试新事物。儿童与科学家的相似之处在于,他们共同具有强烈的好奇心与探究欲望,这种好奇心和探究欲望是从我们祖先那里承袭下来的。在儿童身上,我们随处可见,他们不知疲倦地探究周围的世界,好奇、好问、好探索,不惧怕失败,充满了旺盛的精力。他们用敏锐的眼睛观察周围世界的变化,几乎没有什么东西可以逃脱儿童的眼睛。儿童最初关心的是和自然环境有关的问题,而这恰恰是最基本的科学问题,可以说,儿童的疑问和探究的问题在本质上与科学家研究的问题并无太大的差异,只不过科学家在以专业的方式从事着儿童自然而然地发现。正如杜威所说,儿童有调查和探究的本能,探究是幼儿的本能冲动。儿童对世界的探究是通过直接经验来认识事物,对外界的认识是感性的、具体形象的,在很大程度上还必须以具体的事物和材料为中介。由于受限于经验水平和思维特点,儿童探究解决问题的方法具有很大的试误性,主要借助于对物体的直接操作。他们对事物及其关系的解释具有"万物有灵论"的色彩,赋予万物以灵性,用儿童独有的眼光来对待事物及其关系。正因为儿童具有这些身心特点,基于生活的课程应强调引发、支持、引导儿童主动探究,让他们在探究和发现过程中获得有关事物及其关系的经验。

对儿童生命成长需要的了解有助于生活课程目标的制定。根据美国心理学家马斯洛提出的需要理论,需要是动力产生的基础,动机是人类生存和发展的内在动力源泉。[5]人的需要具有似本能的性质,是多种需要的综合体。人的需要按其内容可以分为两类:第一类为基本需要(或匮乏需要),指个体不可缺少的普遍的生理和社会需要,包括生理需要、安全需要、归属需要、尊重需要;第二类为成就需要,是由个体自身的健康成长和自我表现趋向所激励的需要,包括认知需要、美的需要、自我实现的需要。根据马斯洛需要层次理论以及近几年心理学关于内在动机的研究,儿童的需要可以分为三个层次。从儿童身心发展的过程来看,首先是维持生命、安全、机体生长发育的需要(基本生存需要、身体活动需要、安全需要),它是其他需要形成和发展的基础,若这一层次的需要得以满足,可使儿童产生对外部世界最初的信任;其次,认知水平的需要,包括理解环境的需要和影响环境的需要;第三个层次是社会性与自我实现的需要,包括社会性交往的需要、自我实现的需要以及尊重的需要。儿童的社会性与自我实现的需要是在与他人的社会性交往过程中发展起来的。基于生活的课程目标的设定要满足儿童这些需要,才能够有效地促进儿童的发展。

## 2.尊重儿童的个性差异

在了解儿童身心发展水平与需要的基础上,基于生活的课程还需考虑儿童在认知上的个性差异。个性差异是指人与人之间在心理活动方面的差异性。它既表现在认识、情感和意志活动中的不同心理品质,又集中体现在能力、气质和性格等个性心理特征的差异。[6]对智力的内涵,一直是见仁见智的。智力究竟是由单一能力构成的,还是由数种不同能力组合而成的？智力二因论认为，人类智力的内涵包括两种因素，即一般因素和特殊因素。智力的一般因素，其心理功能表现在一般性的活动上；智力的特殊因素，表现在特殊性的活动上。随后，心理学家相继提出了智力群因论、智力结构论等，这些理论，其观点虽有不同，"但在理论建构上采用心理测量取向"。自20世纪80年代开始，西方心理学家对传统智力理论发出挑战，试图摆脱传统心理测量的取向，从更广的视角建立智力理论。美国心理学家斯腾伯格从认知心理学中信息处理理论的观点出发，认为智力由三类不同的能力组成，即组合智力、经验智力以及适应智力；而美国哈佛大学教授、发展心理学家加德纳提出了多元智力理论。自20世纪90年代以来，多元智力理论成为众多西方国家课程改革的理论依据，产生了深远的影响。加德纳在《智能的结构》一书中指出："智力是某种社会或文化环境的价值标准下，个体用以解决自己遇到的真正难题或生产及创造出有效产品所需要的能力"，[7]传统的智力测验所鉴定的智力，在概念上将智力窄化到适于书本知识的学习能力。智力是多元的，不是单一的能力，而是一组能力，包括"语言智力、数理智力、空间智力、音乐智力、体能智力、社交智力、自知智力"等。加德纳的多元智力理论，打破了传统智力理论，坚信每个受教育者都是独特的，都以个别的方式对人类的文化做出有价值的贡献。随着我国新一轮基础教育课程改革的启动与发展，在全面推进素质教育的今天，借鉴加德纳的多元智力理论，对基于生活的课程建设具有重要的启示。[8]

根据加德纳的多元智力理论，每一个人同时具有七种智力，只是这七种智力分别会以不同的方式及不同的组合形式表现出来，使得个人具有自己的特点和独特的表现方式。[9]作为个体，有的具有特殊的语言才能，如我国古代，曹植10岁就博览群书下笔成章；李白5岁就会读六甲，10岁观百象；白居易3岁识字读书，5岁会作诗等；有的很早就表现出特殊的音乐才能,对音乐产生敏锐的反应,能轻松地记忆曲调与旋律,有精确的音准;有的有特殊的绘画才能;有的有良好的社会交往能力等,因而,后来分别成为作家、音乐家、画家、社会活动家等。教育就是要充分根据受教育者的智力特点,因材施教,正如孔子在分析学生不同特点的基础上提出:"柴也愚,参也鲁,师也辟,由也喭",[10]因材而教之。基于多元智力理论,课程设计理念就是要开启儿童多元智力。

如何洞察儿童的认知活动过程,引领每个儿童兴趣和才能的发展,这是多元智力理论对基于生活的课程设计的一个重要启示。即使在理论上认识到儿童的确是拥有不同长处的个体,在将多元智力理论运用到实践的过程中,透过多元智力来观察每个儿童,并不容易。教师首先要面临的挑战:其一,超越自我,去观察自己并不熟悉的领域,洞察儿童认知过程的特点,发现儿童认知的需要,而不是仅凭自己的主观想象;其二,传统的课程理念对教师的影响,当我们讨论儿童在学校中的表现时,常常以传统课程理念作为评价儿童发展的标准,局限于语言智力和数学——逻辑智力方面。其原因之一是在教师的职前教育与职后教育中很少将观察儿童学习过程作为培训教师教育技能的有机组成部分;其三,许多教师希望通过简单的核对表格来观察儿童,限制了教师以实际观察来建立指标。观察并确认每个儿童的兴趣和才能,理解并洞察儿童认知过程的共性特征和个性特征,才能保证课程目标制定的针对性与课程内容选择的有效性,进而有效地对不同的儿童实施教育。

创设有利于儿童不同智力表现的丰富的教学环境,通过观察儿童对材料和活动的表现来确认儿童的长处,通过访谈儿童、教师、家长等了解儿童的兴趣与才能。提供儿童自我指导学习与独立计划的机会,让儿童自由选择,观察其表现。审视当前课程设计存在的问题:其一,长期以学科本位为主,强调学科知识的重要性、学科的系统性、科学性,忽视学科的整体性、教育性,忽视生活性和儿童性;其二,教师把儿童视为知识的接受者,无视儿童的兴趣与需要,无视儿童的认知过程,加重了儿童的课业负担。这种教育丧失了对学生学习动机的激发,泯灭了儿童研究的兴趣,结果造成了大量死知识的堆积,使得儿童日益成为"学而不思则罔"的书架子,成为学科碎片化知识的容器,让学习逐渐变成了一种日益枯燥无味、被逼无奈的事情,导致儿童厌学甚至厌生。多元智力理论给基于生活的课程设计的启示就是课程要真实地面向儿童,面向儿童的生活,面向儿童特有的自主自由的认知过程,面向儿童的全面发展。这样的学习才能成为儿童应有的生活,同时,课程要进一步个性化,注重儿童兴趣和个性的培养。

### 3.设计以生命成长为轴心的多元智力课程

加德纳认为,人类一生中,智力会不断受到先天和后天的影响,而教育目的不只是传授知识,更重要的是引导并深化儿童智力的发展。多元智力理论特别强调人类智力在真实情境中的运用。以生命成长为轴心的多元智力课程强调教师对儿童多元智力的了解,创造不同的生活化的学习活动来激发儿童的各种智能,让每一位儿童都有参与学习的动机,都有参与学习活动的机会,都有参与学习活动的自信,以及都有体验学习过程的感悟。课程过后,教师要反思自己以及儿童的表现,评价课程目标的达成情况并作为下一个课程设计的起点。

对儿童兴趣与个性差异的研究,是课程生活论特别关心的问题,因为基于生活的课程目标主要是以儿童的生活经验和兴趣为基础。教育是引导学生自动自发、自主参与、主动生成的认知实践活动过程。这一过程自始至终都是发展中的生命主体与认知中的客体相互作用的过程,整个过程与儿童的兴趣紧密相连,且都与每个儿童不同的个性特征密切相关。因此,课程目标的选择与确定只有充分考虑儿童的兴趣与身心发展的水平,考虑他们的个性差异并尊重其差异,才能做出明智的抉择,也只有这样,课程目标才能真正与儿童的生命成长产生有教育意义的联系。加德纳的以生命成长为轴心的多元智力理论为基于生活的课程目标制定提供了认知主体的依据。

## (二) 对当代社会生活的研究

课程必须基于当下的社会生活并为社会的进步和发展服务,从而实现课程的社会价值。从这个意义来讲,基于生活的课程必须从对当代社会生活的研究中获得课程目标。研究当代社会生活的根本目的在于了解社会政治、经济、文化和科学发展提出了哪些客观要求;同时,也了解在当代社会生活中,哪些领域是最基本的、最重要的,从而在课程目标中突出这些重点生活领域的要求。[11]随着知识经济时代的全面到来,时代信息化、经济跨国化、竞争整体化,社会日益地凸显高变化性、高竞争性、高合作性、高冒险性等特征。

### 1. 社会需求引领人才培养

社会发展过程中,对不同类型和层次的人才需求不同,这会直接影响国家课程设置、育人方向、培养目标。刘良华在《教育哲学》中论述:在动荡时期,人才需求是以军事、劳动与法治教育为主,培养的人才必须服从命令,战时能战,休时能耕。在太平世以博雅、审美与情感教育为主,培养绅士。在小康社会,培养"新六艺"即:德、智、体、美、劳、情。[12]从另一个维度上分析,在农耕文明为主的封建社会,社会发展需要能治国安邦、遵礼崇法的儒家士子;在工业文明为主的资本主义社会,社会发展需要科学规范、整齐划一的产业工人;而在信息智慧文明的社会,社会发展需要高智商、情商、行商的创新型、复合型实践人才。而教育从本质上讲,首先是它的社会属性正确。随着社会需求的不断变化,教育内容、目标、方式都会相应地发生改变。我国教育在立德树人根本任务的引领下,新高考一核四层四翼把这个"核"定位为立德树人、服务选拔、导向教学,从宏观上已经把教育和社会需求紧密地关联了起来。

## 2. 社会发展对课程目标的要求

从历史上看,对工具的利用以及生产资源的使用,已经经历了农业时代、工业时代两个阶段,现已进入了第三个阶段,即信息时代。在信息时代下,信息贯穿在人类经济领域以及社会各个领域,成为最主要的、最有价值的、无形的资产。面对这样一个以加速度前进的社会,课程生活论应确定何种课程目标,以适应社会的发展要求。美国的英格尔斯等人在 20 世纪 60 年代开展了一项著名的研究,提出了对"传统人"与"现代人"的区分标准,对我们设定课程目标有一定的借鉴意义。[13]

英格尔斯指出:传统人的普遍特征主要有惧怕革新;拒绝新的思想观念和生产方式;被动接受命运;盲从权威;缺乏效率和个人效能感;缺乏创造性;对不同意见严加防范;凡事唯传统是尊;孤立封闭、妄自尊大、不关心社会公共事务;不重视教育和学术研究。现代人的主要特征:现代人准备和乐于接受他未经历过的新的生活经验、新的思想观念、新的行为方式;准备接受社会的改革和变化,接受社会主旨的改变,不干涉别人,以非传统的方式思考和行动;思路广阔、头脑开放,尊重并愿意考虑各方面的不同意见和看法,不仅对与自己切身利益有关的事,还对周围事物以及与整个国家事务有关的事都有广泛的兴趣,思考并发表自己的主张;注重现实与未来,守时惜时;有强烈的个人效能感,对任何社会的能力充满信心,办事讲求效率,相信人类能够解决自身的问题,能够学会控制环境;在公共生活和个人生活中趋向于制定长期计划;尊重事实和验证方法,注重科学实验,热心探究未知领域,在获得知识的基础上形成自己独立的意见和看法;有可依赖性和信任感,不赞同宿命论,更信赖人类的理性力量和有理性支配下的社会;重视专门技术,有意愿根据技术水平高低来领取不同报酬的心理基础;乐于让自己和后代选择不受传统尊重的职业,对教育的内容和传统智慧敢于挑战,注重实际的科学技术教育和训练;注重宗教和道德教育,注重正规教育,鼓励后代根据社会发展需要和个人才能选择职业;相互了解,尊重和自尊,包括尊重弱者和地位较低的人的尊严和权利;了解生产过程,希望积极而又有成效地了解本职工作和与此相关的生产过程和原理,以及生产的计划和部署,表现出个人期望能在认识生产的过程中发挥出自己的才能与创造力。现代人对自己和社会生活及未来,一般持有乐观的态度,具有在法律面前人人平等的意识等。[14]学校本质上是一个社会组织系统,是使学生逐步由自然人变成社会人,并逐渐适应社会环境的场所。学校的组织形式、规章制度、人际关系、对社会公共活动的参与等,无不对学生的社会化有重大影响,使个人的现代化得以形成和发展。

面对我们生活的时代,面对未来社会的发展需要,课程目标应着眼于培养儿童认识社会变化,适应社会变化、并为形成现代人的基本品质奠定良好的基础。基于生活的课程以实现儿童的全面发展,发展儿童的自我价值,发展儿童的主体性认知水平,发展学生的生命生活感受力,慢慢使他们具有宽广的视野、健康的体魄、饱满的热情、丰富的创造力、强大的领导能力、自由自律的生活能力,并具有公共精神;养成会生活、会与人合作、会关心、会负责、会创造的 21 世纪所需要的健全的人。"我们已经面临一个全新的世界、一个全新的教育环境,如若我们要生存,人类要发展,教育的目标就应该是促进生命的发展和学习的进步。唯一受过教育的人是已经学会怎样学习的人,已经学会怎样适应变化的人,已经认识到任何知识都不是完全可靠的,唯有探索知识的过程才是安全的基础的人。"[15]真正受过教育的人,不是脑子里只装满了教科书中的固定知识,而是能够灵活应用,懂得生活,并能积极参与社会创造价值的人。

### 3.社会生活对儿童社会化的价值

人的生命成长总是发生在一定的社会关系系统当中。人生命成长的进程就是逐渐掌握人类社会历史经验而不断把自己社会化的过程。学校是按照一定的目的有计划、有组织的社会关系系统。基于生活的课程,正是儿童在教师的帮助和引领下,自主学习和掌握人类文化历史经验的社会化过程,从这个意义上讲,社会生活本身就是课程的资源。基于生活的课程将儿童置身于社会生活当中,让他们亲身去感受社会生活的变化,体会社会生活的过程和原理,领略社会生活的多姿多彩。在感受、体验社会生活的过程中,儿童必须主动与社会中的人、事、物等进行不断的交往、不断的互动,获得皮亚杰提出的所谓的物理经验与逻辑经验;而且,儿童既要与成人和伙伴们交往,又要与各种物体交往,还要与各种信息交往,通过直接交往的方式,或者以物为中介的间接交往的方式,儿童认识和掌握凝结在物品中的人类历史经验,理解社会生活的基本行为规范,形成与人进行交往的需要、态度与技能,进而慢慢地认识和形成自身的主体性,实现自身的主体价值。在这一过程中,儿童体验着交往的快乐,协调并尝试着校正自己的观点,自己的认知和操作能力不断得到提升,个性得以发展。因此,儿童社会化的过程,本身就意味着基于生活化课程培养儿童"成人"的过程,是培养儿童完善人格、良好个性品质、活泼、开朗、不怕挫折、勇于探索的精神,以及开放、结构化、创造性的思维能力的过程,也是培养儿童的主体精神和生活、社会、责任感的过程。以人为本,使每个儿童都能够全面、充分而有个性的发展,培养儿童对终身学习的兴趣和能力,多元发展,兼收中西文化所长。[16]

## (三)对知识的研究

### 1.认知知识的本质

在知识经济的时代,呈现在人们视野中的知识浩瀚深邃,随之而来的是对知识的真理性提出的挑战。长期以来,人们倾向于科学知识是以不断积累的方式增加 r,通常将知识作为真理来传授,然而,人们发现,审美体验的主观性、历史揭示的多样性,以及人文社会科学课程无处不在意识形态的影响之下。科学史上曾经占据统治地位的许多著名学说后来被证明是谬误……因此,人们开始对知识的真理性提出质疑。[17]卡尔·波普尔提出:"科学本质上是批判的,它是有大胆的猜想组成的,以批判精神来发挥这些猜想,正因为这样才可以把科学描述为革命。"[18]在这里,卡尔·波普尔提出了唯有批判性思维才有可能使人打破常规,实现知识的真正增长。那么,现有的一切知识是否都值得怀疑?什么样的知识才称得上是真正意义上的知识?

从词义上看,知的本义是知道。正如《玉篇》中所说,"知,识也。""识敏,故出于口者疾如矢也。"[19]意思是认识、知道的事物,可以脱口而出。知识是指人们在实践中获得的认识和经验。

如何看待知识,不同的学者有不同的理论观点。知识观问题,历来是课程研究所关注的重大理论问题和立场问题。由于立场、观点,方法的差异,知识的理解也就多种多样,这对课程设计与开发产生了重大影响。正如丹尼尔·劳顿所说:"各种不同的知识,就是课程设计的依据与题材。"[20]理性主义知识观认为,一切知识源于借助理性所显示的确凿的公理;经验主义的知识观认为,一切知识起源于经验;实用主义的知识观认为,知识是实践行为的一种方式,要学习自身周围与环境中有意义的东西,不能停留在所谓的自明的真理的基础上,必须将以往的经验加以概括化。在理性主义知识观影响下的课程对理性知识及理性能力特别重视,导致产生了重理性知识、轻实践知识,重自然科学、轻人文科学的弊端。相反,在经验主义知识观影响下的课程,重感性知识、轻理性知识。上述两种知识观,形成了两种截然不同的课程设计,它们共同的问题在于没有用发展的观点来看待认识活动,把知识的获得看成是一次性的过程,未能把握认识过程的复杂性、多样性与反复性。

结构主义的知识观强调知识是人们为了赋予经验中诸多规则以意义与结构而构成的模型。布鲁纳强调:"让儿童参与知识形成的过程,知识是过程而不是结果"[21]。认知人类学、教育人类学的知识观强调个人在社会中生活、行动所必需的知识的文化构成,在知识的生成过程中,社会框架与文化框架在起作用;建构主义认为,知识并不是一成不变的对现实的准确表征,它只是对现实的一种解释或一种假设,并不是问题的最终答案,相反,它会随着人类的进步而不断地被"革命"掉或"革新"掉,并随之出现新的解释或假设;而且,知识并不能精确地概括世界的法则,因为在具体问题中,并不是拿来便用,而是需要针对具体情境进行再创造。此外,知识不可能以实体的形式存在于具体个体之外,尽管人们通过语言符号赋予了知识一定的外在形式,但对知识的理解只能由个体学习者根据自己的经验背景来进行建构起。[22]根据建构主义对知识的看法,科学知识客观上包括真理知识,但不是绝对正确的最终答案,只是对现实的一种更可能的解释。这些知识在被个体接受之前,对个体来说是毫无意义的,所以不能将知识作为预先决定了的东西教给学生,从这个意义上看,建构主义更加重视在具体情境中形成的非正式的经验背景的作用。而教师只是促进学生自己建构知识的那个组织者、引导者、帮助者,不是替学生建构知识的那个人,学生才是主动建构知识的学习者、建构者、创造者,真正知识的生成者,学生学习的过程就是自己主动基于已有经验在具体情境中主动建构的过程。学生自己主动建构的结果就是他习得了知识。要知道,教学不是传授知识,而是教师引导着学生自己去学习,鼓舞着学生自己主动去建构,引导学生从原有的知识经验中"生长"出新的知识经验。因此,在教学过程中,教师不仅要尊重学生已有的认知基础和认知方法,还要尊重学生自身对各种知识的个性化理解,耐心地倾听他们的见解,而不是强行灌输自己固有的想法。

后现代主义的知识观对实证主义传统的知识观提出了尖锐的批评。美国路易斯安那大学的多尔认为,牛顿式的现代知识观为现实客观的反映,是封闭的、稳定的,可以从外部加以研究的意义系统。他认为,知识是对动态的、开放的自我调节系统的解释,依据这种认识,他指出后现代课程要基于丰富性、回归性、关联性与严密性。[23]丰富性是指课程的深度、意义的层次、多种可能性或多重解释,课程应具有"适量"的不确定性、异常性、无效性、模糊性、不平衡性、耗散性与生动的经验;回归性由再次发生的词义而来,与数学的重复运算相关,既具有稳定性又具有变化性,在提倡、支持、利用回归性的课程中,没有固定的起点和终点,每一个终点都是一个新的起点,每一个起点都来自前一个终点。回归性旨在发展能力:组织、组合、探究、启发性的运用某物的能力。关联性主要体现在两个方面:一是教育方面,强调在建构课程母体时要考虑一整套的关系,在课程结构上也要强调其中的关系;二是文化方面的关系,有关文化或宇宙论的关系,虽然在课程之外,但会形成一个更大的母体,课程就在其中形成。严密性与不确定性联系在一起,即在处理不确定性时,严密性意味着有目的地寻找不同的备选方案、关系和联系,在处理诠释问题时,意味着一个人有必要弄清楚,所有的评价都依靠假设,严密性还意味着自觉地寻找我们或他人所持有的这些假设,以及这些假设之间的协调通道,促使对话成为有意义的和转变型的对话。[24]

后现代思想家福柯从权力与话语、知识与权利的关系出发,对知识的概念做了全新的表述,如"知识是由话语实践按照一定的规则所构成的一组要素""知识是一个人在话语实践中能够谈论的东西""知识是主体采取一定的立场谈论起话语实践中所要研究的客体的一种空间"[25],"存在着科学之外的知识,但是不存在没有特殊话语实践的知识"[26],在福科看来,知识不是静止的东西,而是一种运动的东西,是一系列社会权力关系运作的结果。

### 2.建构知识和课程的逻辑

20世纪,教育界对知识概念的看法充满了争论,从历史回溯中可见,知识概念的问题关涉其他复杂而重要的认识论问题,诸如知识的起源问题、标准问题、性质问题、发展问题等。从西方哲学史上,从古至今在知识的概念上就一直存在分歧,对知识的回答,一般会涉及知识与认识者的关系、知识与认识对象的关系、知识与社会的关系等一系列问题。在知识观上的差异,必然会带来课程价值取向的差异。知识是构成课程的基础,是课程设计与开发的依据。[27]

透过这场争论,它使学校教育不得不重新思考什么样的知识最有教育价值、怎样获得知识才是有教育意义。在获得知识的过程中,学生的认知过程和获取知识的方法是怎样的。基于生活的课程关注儿童在自然、社会、自我生活中获得对生活和生命成长具有真实意义的知识,因而,建构主义的知识观和后现代主义的知识观无疑对基于生活的课程具有重大启示。

知识是通过学习主体与客体的反复相互作用和活动,以学习主体原有的知识、经验为基础,通过亲身操作与体验,进行主动建构而获得的有关生命、生活和社会活动的一切认知和能力的个体化解读与实践的经验。知识具有建构性、发展性,是从学习主体的具体生活情境开始的,并随着它的不断变化,不断相互作用,被不断丰富;知识源于学习主体的活动,与主体的情感、兴趣、个性等紧密地交织在一起,具有体验性、过程性和生成性;知识是在活动中生成并在活动中发展的,具有发展性、动态性;以情感、意志、活动、技巧为内涵的多种知识要素相辅相成,具有开放性和综合性。从这种知识观出发,教育的中心是人,是一种有意识、有价值、有趣味、有尊严、有烦恼、有主体性的人,而教育的过程是施教者帮助受教者创造并产生人生意义的过程。课程是实现教育过程育人的独特的人与人之间关系、理解生活与促进生命成长的桥梁,课程不应该成为知识传递的工具,相反,知识传递应成为教与学关系的工具,而非教学的目的,而教学的目的应始终指向人的发展。教育的价值是要引导学生去领悟知识对自己存在和人类存在的意义,进而发展自己的思辨能力、批判精神和创新意识,而课程是实现这一转化的纽带。[28]

从个人的发展看,基于生活的课程不是追求知识的记忆、掌握"外在发展",而是一种追求知识的鉴赏力、体验、感悟、生成等为标志的"内在发展"。在知识网络化的今天,面对知识的爆炸,让每个人去掌握所有的知识是不可能的,也是没有意义的,所以更重要的是培养人对知识的鉴赏力和体验、感悟的能力,以及在解决问题过程中创造新知识的能力,而不是对所接受的知识不加分别地全盘吸收。若只是强化记忆,不去主动理解,知识根本不能为己所用。从社会发展来看,基于生活的课程着眼于传播以本土知识为基础的本土发展,当然,这并不是拒绝外来文化的封闭发展,而是强调本土文化对儿童的独特价值,因为,本土文化是本土人民长期生产生活实践的智慧结晶,是提高本土社会凝聚力的最好资源;让儿童学习和了解本土文化,可以加深其对民族文化的认识,从小树立民族自豪感。在知识的发展上,基于生活的课程强调知识的多样性、异质性的发展,帮助儿童用多样化的眼光来看待知识、习得知识。

综上所述,基于生活的课程目标是通过对知识的理解、内化、应用、创造,培养儿童的探究意识、敢于大胆质疑的批判精神,使儿童从小就懂得知识是永远进步的。此外,知识是自己内在主动建构生成的,没有哪一种知识不需要质疑和发展,没有哪一种知识可以一味地被动接受,充分利用儿童的直接经验,引领儿童有趣味地主动内化和建构,使课程变成自由、奔放且具有创造性的生命体验和生活过程,真正帮助儿童生活于自然、成长于社会、创造于应用,共同构建知识学习的意义,从注重知识的记忆转移到注重儿童对课程知识的独特理解、感悟、体验、应用、创造。

## 二 制定课程目标的基本要求

课程目标具有导向、动力、调节、教育等方面的功能,如何在选择和确定课程目标的设计当中,充分体现其价值,主动地摄取各种课程资源中的营养,使其能够有助于学生的生长和发展,这就涉及基于生活的课程目标的选择问题。

### (一)课程目标的基础性

课程实施的对象是儿童,他们正处于人生的第一阶段,其获得的经验,不仅仅影响其儿童期、少年期、青年期,乃至影响其一生的发展。基于生活的课程具有基础性,体现了此阶段的教育是终身教育的基础。教育的宗旨是促进人的发展,这种教育应该既是面向全体儿童的发展,又是全体儿童的全面的发展,使儿童个性、主动性能够充分地、自由地发展,因此,课程目标要具有明显的基础性。

## （二）课程目标的统整性

基于生活的课程的统整性是一种新型的课程形态。统整性是在生活的基础上以各种整合形式来挖掘和利用不同知识之间，知识、技能与能力之间以及生活与知识之间的有机联系，从而使它们形成一个有机的育人课程整体。它具体体现在以下五个方面。

### 1. 经验统整

儿童从经验中获得自我概念及对世界的信念与价值。因此，经验统整不仅要把儿童的新经验统整到现有的认知结构中，还要统整旧经验，适当地结合一部分未来的经验，使之应用到新的问题情境当中。

### 2. 社会统整

以儿童的发展为出发点，强调学校、家庭与社区教育的整合。师生共同创造民主的教育环境，让儿童在生动活泼的和谐气氛中体验生活、发展认知，培养儿童认识环境、参与生活、了解社会，进而适应社会的能力。

### 3. 知识统整

知识统整强调知识的系统化、知识的结构化，避免知识的碎片化，知识对真实生活的意义化，避免知识的枯燥和呆板，知识与生活经验的系统化。统整后的课程，关注了儿童对知识的整体理解、整体建构，避免了单个碎片化知识的理解对儿童思维能力培养带来的消解。统整的知识不仅避免了简单拼装与堆砌，避免了个别学科知识或技能的片段集合体，还有效地杜绝了要求学生死记硬背，强化训练，忽视学生生命成长的无意义的教学。

### 4. 统整的意义化

基于生活的课程的统整性强调意义化：① 主题意义化，即以真实世界中具有个人或社会意义的问题为主。② 主题脉络化,即设计、组织与统整主题有关的学习经验以及课程知识或活动以体系化呈现。③ 知识意义化,即促使儿童将课程经验统整到自己的意义架构中,并以亲身经验来解决问题的方法,亲自生成创造意义。④ 儿童参与化,即儿童参与课程设计,基于自己的兴趣,用自己的方式、自己主动地建构知识,生成自己个性化的知识。⑤ 课程弹性化,即根据儿童的年龄阶段及不同儿童的发展水平和性格特点制定不同的发展计划,也允许不同的儿童达到不同的应有的认知高度。

### 5.能力统整

根据加德纳的多元智力理论,基于生活的课程统整性应促进儿童多元智力的协调发展,即语文智力、音乐智力、逻辑——数学智力、空间智力、肢体——动觉智力、人际智力、内省智力、自然观察智力等智力的协调发展。

这种统整性只有放在生活化的课程中才能真实体现其价值追求,这种关注课程的育人性,也只有放在生活化的课程统整中才能真正得到实现。

## (三)课程目标的适宜发展性

儿童发展的需求是制定课程目标的根本依据。科学地制定课程目标必须深入研究儿童发展的需要,准确把握他们的发展规律,充分关注其发展过程。

适宜发展性主要包括两个方面:一是适宜于年龄阶段以及适宜于这个年龄阶段的每一个个体。在人的一生中,各种能力的发展都有其顺序性,而每个儿童的发展顺序又各不相同,课程目标要体现儿童身心发展的客观需要,符合儿童的年龄特点,对儿童提供的影响是经过选择的,是有科学顺序安排的,也是有一定弹性和选择性的,既充分考虑该年龄阶段儿童的共性,又适合于不同儿童发展的个性需要,有效地促进所有儿童的自由、全面、充分、和谐的发展。此外,适宜发展性也体现了社会发展对人发展的客观要求。儿童是社会的主人,也是未来社会的建设者,从系统论的观点来看,基础教育是一个开放的隶属于社会系统的一个子系统,这一子系统受到社会、政治、经济、文化等的制约,同时,又通过政治、经济、文化的发展培养社会所需要的人才,发挥培育适应社会、建设社会的、健康的人,培养促进社会可持续性发展且具有创造的人,这是基础教育这一子系统的基本功能。

## (四)课程目标的弹性与适应性

长期以来,课程目标的设定是自上而下的,即它是由政府教育行政部门、教育科研机构、专家等几个方面对课程目标加以设计和确定的,所以教师只能围绕该目标组织儿童进行课程活动。随着时代的发展,这种课程目标设计的缺陷逐渐显现出来:一是目标的确定难以反映最新的科技成果,落后于时代发展;二是难以体现不同地域、不同教育对象的不同教育需求;三是难以协调课程目标制定者、课程内容要求的执行者与实施者、课程接受者三者之间的关系。为了扭转这种局面,课程目标的设定就应该具有弹性,使之能够充分调动各方面的积极性、适切性,将各个课程主体——教育行政部门、教育研究机构、专家、教师、家长、儿童、社会人士等的主动性和积极性都调动起来,使学校及其教师成为既是课程目标的贯彻者,又是课程目标的研究者和制定者,使课程目标的设定有了更大的弹性与适应性。

## (五)课程目标的回归性

教育是儿童的教育,课程是儿童的课程。课程目标的回归性,体现了教育要面向儿童的生活世界,尊重儿童的已有经验,将儿童从成人世界的控制中解放出来,将儿童的教育交到儿童自己手中。孔子曾说,"古之学者为己,今之学者为人""为己"的学习关注通过学习更好地理解人生的意义,"为人"的学习主要是满足外在的社会政治、经济、文化的需要,从他人或社会那里获得自己所需要的东西。孔子的这种思想对基于生活的课程目标的设定不无启发。在工业化和现代化的社会急速进程中,教育已经被严重的"功利化"了,如果说,自然世界、社会世界、人文世界三位一体构成了人类的总体世界的话,那么,今天的教育已经忽视了对个体价值的关怀,偏离了儿童的学习中心地位。要找回失落的受教育者的主体意义,课程必须回归生活,既强调儿童作为一个生命成长主体的自主成长,又要求关注自己与自己、自己与他人、自己与社会、自己与自然等各种关系的理解。在儿童对世界和生活的理解建构过程中,建立起他们对他人、社会、自然的和谐关系。

## 三 课程目标体系的建构

建立基于生活的一个大的总的课程目标体系,从总体上把握课程目标,突出目标的系统性,有助于全面实现目标,明确总目标体系之下各子项目标在总体目标体系中的地位和相互之间的联系。这样一来,子项目标就不再是一个个孤零零的小目标,而是在一个大的系统当中与其他子项目标有紧密联系的小目标,能够使所有的小目标都有系统化、系列化、生活化的共同特质,有助于教师有计划、有步骤地实现基于生活的整体的课程目标,从而,提高课程实施的科学性和有效性,有效促进儿童的整体发展。

## （一）基于生活的课程总体目标

课程是实现教育目的的手段,其功能是"要将学校的教育目标加以具体化,多层次的设定多样的亚目标,并且选择、组织实现这些目标的手段——内容。"[29]《基础教育课程改革纲要(试行)》在课程标准第9条中指出:"教育要与学生身心发展的特点和教育规律相适应,与家庭和社区密切配合,培养学生良好的行为习惯,保护和启发学生的好奇心和求知欲,促进学生身心全面和谐发展。"[30] 1999年6月15日,江泽民同志在北京召开的第三次全国教育工作会议上,强调指出:"国运兴衰系于教育,振兴教育人人有责。"同时,在这次全教会上,提出了以提高国民素质为宗旨,以培养学生的创新精神和实践能力为重点,培养德智体美劳全面发展的社会主义事业建设者和接班人。因此,建构基于生活的课程目标体系,要有利于儿童的全面发展,同时也要有利于提高课程设计的有效性和趣味性,有利于使教育者自觉、有效地贯彻课程目标,并将课程设计与实施活动中的各种因素有机地联系在一起。其总体课程目标的设定要考虑社会、儿童(学习者的心理发展水平、心理结构)、学习内容等诸多方面。此外,在基于生活的课程目标设定中,既要考虑具体教育活动的学习目标,同时,也要考虑潜在课程学习目标;既要考虑近期课程目标,也要考虑中期和长期课程目标,从而建构起整体的课程目标体系。

基于生活的课程目标的形成和发展,以广博而精深的科学理论和教育方法论作为基础和前提条件,有助于全面且准确地理解教育回归课程目标的核心和价值,以及可以从哲学、心理学、教育学等多个视角来探讨基于生活的课程目标。

### 1. 哲学层面的课程目标

长期以来,在唯理性教育哲学和教育生活预备说的影响下,知识成了学习的重要内容,试图将一切知识教给所有人,其结果是在一定时空条件下进行的,以一定年龄阶段学生为对象的教育活动在"应该"教与学的摆布下,使学校教育适应性减弱、创造性缺失、自主性被压抑,目标性有了偏差,学习者的内在需求被忽视,教师与学生都成为应付检查的工具,以至于在不知不觉中偏离了教育理想与课程目标。

从哲学层面上来看,基于生活的课程的根本目的是使儿童在学习中自主充分地内化和生成人的本质,满足儿童发展的要求;充分内化生成人类基本的和优秀的人性光辉,实现每名儿童与自然、社会、自我的和谐发展。基于生活的课程目标具体体现在:通过让儿童在掌握人类知识经验、技能、思维方式、行为规范等的基础上,儿童的主体性得到发展;使儿童在有趣的学习活动中主动与他人的交往,形成与社会、自然、自我和他人自觉相互作用的和谐关系;积极、健康、公正、民主的生活姿态;深刻理解以可持续发展为基本目标的人类永恒的价值;培养儿童珍视生命、尊重他人、承担责任、不断超越、理解和关怀他人的道德伦理精神。

## 2. 心理学层面的课程目标

从心理学层面上看,基于生活的课程目标可以归纳为:① 培养儿童具有良好的身体,动作能够协调发展。② 能运用语言表达自己的需要,懂得协调自己和他人的需要,做个自尊自爱、能够强烈表达自己喜欢的人,能够协调自己的社会角色,实现人际关系的融洽。③ 能运用语言表达自己的思想,并养成良好的倾听习惯,聆听并分享他人的经验,能与他人进行有效的沟通。④ 热爱自然,能运用多种感官进行探索,富有想象力与创造力,具有良好的智能发展;形成儿童与社会、自然、他人、自我的和谐关系。⑤ 凸显生命的周期性,积极主动参与生活与各项社会活动,能够自信面对生活中和未来社会中出现的问题和困难。

### 3.教育学层面的课程目标

从教育层面上来看,基于生活的课程目标通过培养儿童对自然、社会、自我、文化的体验,发展儿童关爱自然、关爱社会、关爱自我,产生热爱自然、保护自然的体验;让儿童学会生存、学会关心、学会生活、学会负责、学会做人;培养他们的好奇心和探究欲,并有初步的科学精神和科学态度;获得有关周围事物及其感性的经验,初步具有探究事物的策略的感性认识,初步形成创新思维的意识和能力;具有强健的体魄,良好的心理素质;对个人有清楚的认同感,能接纳自我、悦纳自我,对家庭、学校、社会有归属感、有责任感等。

## (二)基于生活的课程领域目标

基于生活的课程目标可以从横向的角度进行研究。借鉴布鲁姆等人的《教育目标分类学》,可以分为认知目标、情意的目标、动作技能的目标。

### 1.健康领域的课程

健康领域的课程着眼于培养儿童健康、安全、自主的主体意识和生活能力,使儿童身心健康。因此,领域的课程的主要作用:① 使儿童在轻松愉快的活动中体验到生活的充实感、趣味感。② 使儿童掌握健康安全生活所必需的生活卫生知识和行为习惯,形成初步的生活自理能力。③ 促进儿童身心健康和谐地发展,在集体生活中能够较好地融入团队,情绪稳定、心情愉快。④ 培养儿童对体育活动的兴趣,锻炼他们动作的协调能力和灵活性。

### 2.科学领域的课程

科学领域的课程着眼于培养儿童具有初步的好奇心和探究热情,具有初步的科学精神和科学态度,具有一定的探究未知的能力。因此,这一领域的课程主要从以下 5 个方面进行培养:① 有好奇心和探究热情,关爱和保护周围环境,亲近大自然,有初步的环保意识。② 使儿童获得关于周围物质世界的科学经验,如对物质和材料、地球和环境、生命和生命过程的认知与理解等。③ 初步掌握科学探究的过程及方法,如观察探索与问题发现、推理与预测、实验与记录有关信息、解释与交流等。④ 让儿童自主地与周围环境发生联系,并将发现与思考创新运用到生活当中去,解决生活中的实际问题。⑤ 发展批判性、创造性、结构化思维能力和创造性解决问题的能力,能用适当的方式表达、交流探索的过程和结果。

### 3. 社会领域的课程

社会领域的课程着眼于培养学生理解人与人、人与社会、人与自然的相互关系,使他们乐于探究社会问题,具有公民意识和社会责任感。因此,这一领域的课程主要从以下 5 个方面进行培养:① 使儿童体验到学校生活的乐趣,体验到人的社会性,体验到自主创造生活的充实感。② 形成积极的自我概念,如自信、自我价值感等主体性体验。③ 建立与父母及其他社会成员的社会依恋,乐于与人交往,学习互助、合作和分享,具有同理心和怜悯心。④ 丰富儿童对自己、家庭、学校、社区、城市、国家以及世界的认识,理解并遵守日常生活中基本的社会行为规则,体验社会责任感。⑤ 了解个人及他人的需要与情感、责任与自由,学会理解他人、尊重他人,学会负责,尊重自由,积极与他人互动,学会进行理性思考。

### 4. 语言领域的课程

语言领域的课程着眼于培养学生运用语言与他人交流、学会倾听、表达,培植热爱祖国语言文字的情感。因此,这一领域的课程主要从以下 4 个方面进行培养:① 乐于与他人交谈,注意聆听对方讲话,能理解日常用语,体验与他人交流感情的乐趣。② 发展运用语言表达自己的需要、情感和思想的能力,能理解日常生活用语,能用准确的语言表达自己的思想和需要。③ 通过让学生感知优秀文学作品,培养学生对文学作品的兴趣,尊重多元文化,吸收人类优秀文化营养,丰富儿童的精神世界。④ 培养学生对书籍、阅读的兴趣,用阅读培养情感,培养语言思维能力,打开视野和格局,培养写作能力,激发想象力和创造力,培养学生的逻辑思维和结构化思维能力。

### 5.艺术领域的课程

艺术领域的课程着眼于感知发现生活中各种艺术要素和艺术情趣,在艺术中感知生活、学习生活、领悟生活,在生活中发现艺术之美,拓展生活与艺术的经验,体验生活的乐趣;在艺术创造活动中表达与交流自己的思想与情感。这一领域课程的主要作用:① 培养学生初步感知生活之美,初步感知艺术之美。② 使学生萌发感受和表现美的情趣和能力,在生活中感知艺术,在艺术中体验生活。③ 让学生掌握初步表现美的方法,能用自己喜爱的方式进行艺术创造活动,大胆地表现自己的情感与体验。④ 培养学生在自然生活、社会生活中,探索、感知和发现艺术的原型,提高他们对艺术与生活的观察能力、感知能力。⑤ 培养学生学会尊重不同文化,理解文化的多元和丰富。

# 第二节 基于生活的国家课程目标制定

2001 年,《基础教育课程改革纲要》发布,正式将"国家、地方、学校三级课程管理"列入国家文件。[31]2020 年,教育部印发《普通高中课程方案和语文等学科课程标准(2017 年版 2020 年修订)》,[32]2022 年,教育部印发《义务教育课程方案和课程标准（2022 年版）》[33]，均提出教育要在坚定理想信念、厚植爱国主义情怀、加强品德修养、增长知识见识、培养奋斗精神、增强综合素质上下功夫，使学生成为有理想、有本领、有担当，且德智体美劳全面发展的社会主义建设者和接班人。

现义务教育阶段，国家教育主管部门负责制定、颁发指导性的课程计划，规定国家课程主要有道德与法治、语文、数学、外语、历史、地理、科学、物理、化学、生物学、信息科技、体育与健康、艺术、劳动、综合实践活动等，所有学生必须按规定修习；地方教育主管部门根据国家颁布的课程计划，结合本地实际情况，制定本地的课程计划，规定地方课程；而学校则根据上级教育主管部门的要求，对国家课程和地方课程做出具体安排，并制定、实施学校课程。

在这一上下联动的课程计划实施过程中，地方课程和学校课程体现的是地方实际情况和学校特色，而国家课程是党和国家教育方针的具体化，体现了国家对基础教育阶段学生应具备的知识、能力、素养的最基本的要求，同时也是国家意志的体现。国家课程是国家根据经济社会发展的要求、结合学生身心发展的特点和规律，为培养未来的国家建设者而设计的课程，是基础教育课程的主体部分。普通高中阶段的三类课程指必修、选择性必修和选修课程，其中必修和选择性必修都是国家课程，选修课程是学校课程。无论是义务教育阶段还是普通高中阶段，这三类课程虽然在具体的功能定位、主题内容及开发主体上各有差别，但都服从并服务于培养有理想、有本领、有担当的时代新人这一国家对教育的根本要求。

## 一　基于生活的国家课程目标制定（文科）

文科是文学、语言、哲学、历史、地理、经济等学科的总称。文科教育具有重要的价值导向性,且在育人方面具有显著优势。现代"文科"这一词汇首先由西方提出,英文表述为"new liberal art",它模糊地表达了一种教育理念,一种代表整体的发展理念,全面发展学生的语言能力、思维能力、审美能力等,也就是我们今天所提倡的"促进人的全面发展"。

2017年,美国希拉姆学院提出"新文科"的教育理念。新文科建设的提出对专业、课程、知识、教学体系赋予了新的含义。[34]2018年,中国在"六卓越一拔尖"计划中提出全面推进新文科建设,2020年发表了《新文科建设宣言》。[35]基于全球新格局和文科国际化,新文科的内涵,以及新文科新交叉、新功能、新范式、新路径的新文科特征,新文科建设涵盖了人文社会科学领域内多个学科的交叉、融合、渗透或拓展。在学科育人协同方面表现为以文史哲修身铸魂、以经管法治国理政、以教育学培元育才、以艺术学化人美人,其最高目标在于建设一个能匹配国家文明发展高度和文化传承厚度的文科体系。

基于生活的新文科课程,无论是国家课程,还是拓展课程(国学教育课程、学校课程),都应该始终把生活放在课程设计的中心。所有课程设计都立足于学生真实生活的需要,服务于他们未来的真实生活,培养他们未来能够创造幸福生活的能力。

## (一)基于生活的国家语文课程目标制定

以语文课程教学为例。依据语文课程标准,271教育集团对语文学科课程目标的整体定位是:落实立德树人的根本任务,以语言建构和运用、思维的发展与提升、审美鉴赏与创造、文化传承与理解四大学科核心素养在每一位学生身上落地为根本,全面结合学生社会生活实际,在现实生活中,强化语文学科听、说、读、写的语言实践活动,强化以读、写为主线的思维训练,让学生从浩瀚的文学、史学、科学、哲学中汲取生命成长的养分,为每一个孩子打好优秀传统文化的底色,打开国际视野,开拓创新思维,厚植家国情怀,培养逻辑思维能力。

**1. 在情境中形成语感,掌握语理**

把学习活动包裹在学习任务中,通过反复地听、说、读、写,广泛积累、内化吸收、抽象概括、逻辑建构,积累较为丰富的语言材料和语言活动经验,形成良好的语感。以高中为例:至少背诵 62 篇经典,精读 16 部作品,略读 24 部作品,完成读书笔记 20 万字。在已经积累的语言材料间建立起有机的联系,在不断地听、说、读、写的语言实践中,反复自主探究,理解中华文字之美,语言思想之深奥,语言表达之逻辑,掌握祖国语言文字运用的基本规律,形成语理。

**2. 在语言实践中培养得体的表达能力和交流能力**

语文是一门综合性、实践性、生活性的课程。教师要千方百计地提供丰富的语言实践活动,让学生在生活场景中反复运用,自主建构语言经验,发展其在具体语言情境中正确有效地运用祖国语言文字进行沟通交流的能力。如积极参加课前演讲活动,值日班长每天早上的施政演讲和晚上施政总结,参加课堂交流,自主召开班会,自主组织每周六晚上的学习小组评价晋级,参加班级读书交流会、学校辩论赛、"叶圣陶杯"作文大赛等活动,在各种情境中表达自己的观点,输出自己的思想。教师应该把具体的语言文字作品和工作、生活体验置于特定的交际情境和历史文化情境中去输出、理解、分析、应用和评价。

**3. 在梳理整合中将语文经验结构化**

学生凭借个人在言语实践中建构的语文经验,根据生活中的语言情境和不同的交际对象,运用口头语言和书面语言,文明、得体、逻辑、负责任地进行口头和书面的表达与交流。教师把生活放在课程中,让学生站在课堂中,使之在情境交流中不断梳理和整合,将积累的语言材料和习得的语文知识用交流和表达的方式再结构化创造,将自己的语言活动经验逐渐转化为自己特有的具体的学习语言,从而能够灵活地运用语言的方法和策略。

## 4. 重视语言与思维的同步发展

语言是思维的工具,写作是思维的体操。语言发展和思维发展是相互促进、相互影响、协同发展的。语言的发展能够促进人思维的发展,而思维的发展也能够促进人语言的发展,而语言和思维的发展同时在语言运用练习中得以完成。学生认知有了提升,思维就会提升,学生表达有了提升,思维也就有了发展,因而思维提升了,语言能力也就发展了。学生在生活和课堂学习中能够充分地进行语言的学习和使用,在用中学,在学中用,反复用听、说、读、写的方式,理解别人,丰富见识,提升认知,表达自己,通过不断的语言实践应用,持续提高自己的语言表达能力,持续促进自己的思维发展,不断提高思维能力,从而促进自身语言的精进。听、说、读、写的语言活动越充分,学生提升语言和思维能力的效果也就越彰显,语言和思维同步发展的预期培养目标也就越容易实现,只有这样综合提升学生的语文学科素养才能够真正成为现实。

## 5. 增强形象思维能力,发展逻辑思维,提升思维品质

在阅读与鉴赏、表达与交流、梳理与探究活动中,学生应丰富自己对现实生活现象和文学形象的感受与理解,丰富自己的生活经验与语言表达体验,增强形象思维能力,获得对语言和文学形象的直觉体验。教师通过提供不同的学习情境,让学生能够辨识、分析、比较、归纳和概括基本的语言现象和文学现象,并能有理有据地表达自己的观点、

阐述自己的发现;让学生能够运用基本的语言规律和逻辑规则,判别语言运用的正误,准确、生动、有逻辑地表达自己的认知;让学生能够运用批判性的思维审视语言文字作品,结合自己已有的认知和生活经验深入探究语言现象和文学现象,形成自己对语言和文学的独立认识。

学生在语文生活中能够自觉分析和反思自己的语文实践活动经验,提高语言运用能力的同时,养成正确的思维方式,增强思维的深刻性、敏捷性、灵活性、批判性、独创性和结构性。这样,他们在未来生活中面对复杂问题情境时,能够自信、自主、迅速地把自我建构的知识、技能及策略直接迁移应用到新情境当中,能够基于有限的知识经验,借助科学的思维方法,创造性地提出解决问题的方案,并在研究与实践过程中进行试验、反思、调整和完善,最终解决问题。

### 6.增进对祖国语言文字的美感体验

学生在言语实践中,感受和体验文学作品的语言、形象和情感之美,进而进行美的发现、美的表达、美的创造,能够创造出自己特有的美的语言表达方式,优美而准确地表达自己的思想。学校每学期举办两次书法比赛活动,展现语言文字素养,体会汉字魅力;举办四次读书交流会,在欣赏文学作品中感受祖国语言文字的优美和表现力;重视朗诵和写作,感受语言的抑扬顿挫,让学生在听、说、读、写的语言练习中,充分感受祖国的语言文字之美,从而正确地理解和运用祖国的语言文字,实现对语言应用的创造之美,为此,著名诗篇的背诵,中华经典思想文化的阅读和背诵都是学生体验祖国语言美感和思想精髓的方法。这一方法能具备同时欣赏、鉴别和评价不同时代、不同风格文学作品的能力,形成正确的审美意识、健康向上的审美情趣与鉴赏品位。此外,还要求学生能运用祖国语言文字表达自己对相关作品的阅读感受和审美体验,表现和创造自己心中的美好形象,从而逐步掌握发现美、表现美、创造美的方法。

### 7.重视美的表达与创造

通过阅读经典作品，对作品的语言、形象、逻辑、结构和情感之美有直觉感受和亲身体验；对不同时代、不同风格的语言和文学作品之美能够进行鉴别和评价，慢慢提升审美能力；在不同的学习情境中不断鉴赏和表达，阅读者慢慢就会拥有正确的审美价值观、高雅的审美情趣和高尚的审美品位。

面对生活中不同的场景，学生自然能够有感而发，主动运用祖国语言文字，恰当地表达自己的审美体验，准确充分地表达自己的情感、态度和观念，塑造和创造自己心中的美好形象；讲究语言文字表达的效果及美感，具有创新意识和创新能力。为此，学校提供全方位的支持，通过听、说、读、写、诵等方式培养学生自主鉴赏、表达和创造的能力。期待每个学生成为一个积极阅读者、终身阅读者，充满激情而又富有诗意的演讲者，有逻辑的表达者，负责任的创造者。

### 8.理解多元文化

通过学习运用祖国语言文字，体会中华文化的博大精深、源远流长，体会中华文化的思想内核和人文精神，体会中华文化的表现手法和修辞结构，增强文化自信，理解、认同、热爱中华文化，继承、弘扬中华优秀传统文化和革命文化。

文化传承需要学生对中华古今优秀文化进行学习、继承和弘扬。在阅读积累的过程中不断发展自我语言建构能力，深刻理解并传承中华文化思想精神内涵，洞察中华文化思想的根基，接续中国新发展理念，并把自己的发展融进这个新的理念之中。"文化传承与理解"是有机渗透、融入式才能实现的语文核心素养，将"文化"问题的研讨与语言的理解、表达，进行两位甚至三位一体的设计以真正实现语文教育之育人目的。通过学习语言文字作品,懂得尊重和包容,初步理解和借鉴不同民族、不同区域、不同国家的优秀文化,吸收人类文化的精华。广泛阅读书籍,阅读中国经典著作,学习当下的新精神、新思想,古为今用,洋为中用。阅读积累广泛的文化常识,能自主熟练地阅读文学作品;将每日诵读国学经典著作与课前演讲、班级宣言、主题班会、生日会等活动完美地结合在一起,将文化寓于学习生活当中;借助《论语》《大学》《中庸》《孟子》《道德经》《二十四史》等经典作品,常读常新,把当下社会和生活实际、学习实际与历史文化紧密结合起来,用古人的智慧指导当下的生活,用古人的绝学激发当下的创造。

9. 参与当代文化

引导学生关注和参与当代文化生活,学习剖析、评价当代文化现象。学生通过各种传媒关注当代文化生活热点、开展社会调查、观看演出、参与文化公益活动、建设各类语文学习共同体(如文学社团、新闻社、诗社、演讲社、读书会)等形式,丰富语文学习的方式,积极参与并体验社会主义先进文化建设,提高对各种文化现象的认识能力、鉴别能力和阐释自己独立见解的能力。在运用祖国语言文字的过程中,持续强化自己的文化自信,提高社会责任感,增强为中华民族伟大复兴而奋斗的使命感。

10. 弘扬民族精神

通过课堂教学、合理使用教材、拓展课外阅读训练、体验课外生活等方面,培养学生的语文核心素养,赓续民族精神。全方位理解民族文化发展的进程与脉络,深入剖析文化的内在结构与内涵,利用各种中华民族重大节日的庆祝纪念,表达自己对民族文化的理解,抒发自己对民族文化的热爱,将培养民族情感同拓宽国际视野相结合,将爱国主义情感的培养和人类命运共同体意识的培养结合在一起完成。

每堂语文课的课前演讲,学生自己会进行多种形式的创新,他们自己搜索、理解及表达自己思想,以此加深对民族文化、民族精神的感知。积极开展年级和班级的读书交流会等活动,通过活动引导学生大胆地运用所学知识,积极参与,乐于表达,不断延伸课堂外的民族文化与民族精神,在用中学,在学中用,在学用中培育精神。只有字词句的讲解,学生只是听讲,是文字教学,而不是语文教育。

## 11. 建构阅读整本书的经验

鼓励学生以开放的姿态积极接触不同类型、不同风格古今中外的经典著作,学会从作品的创作背景、目录章节、主体与结构、表述方式等多个角度整体把握著作的主要内容、艺术特色等要点。重视学习前人的阅读经验、写作经验、思维方式和格局信念,根据不同的阅读目的和书目特点,综合运用精读、略读与浏览的方法阅读整本书,整体理解作者思想,整体建构文本结构,深刻洞察文本主题,独立想象文本描写场景,把握文本表现手法。

阅读教材推荐的《乡土中国》《红楼梦》《大卫·科波菲尔》《复活》《茶馆》《老人与海》《阿Q正传》整本书阅读书目,能够拓宽阅读视野,积累阅读整本书的方法和经验,能够形成适合自己的阅读方法,提升阅读鉴赏能力和阅读品味。适当阅读较有深度的文字文本,培养阅读长篇著作、专业著作的耐性,丰富个人阅读体验,养成良好的阅读习惯,促进对中外优秀文化的学习与思考、理解与想象,形成正确的世界观、人生观、价值观。

## 12. 提升社会生活实践能力

语文的课程既从生活中来,也最终服务于生活。教师利用校内外语文课程资源,并对其进行的合理构建和整合,创设语文学习环境,引导学生积极而持续地在生活中进行观察、感悟和积累,培养学生语言思维、语言运用的创新精神和实践能力。以教材为依据,把生活中丰富的语文学习资料与教材整合扩容,让学生把阅读思考和表达创造当成语文学习的主旋律,创立开放的语文课堂学习方式,开展有针对性的语文实践活动;丰富课堂听、说、读、写的各种语言学习方式,充分让学生在语言研究中理解语言逻辑,在语言运用中习得语言能力,在自主活动中培养表达实践能力,挖掘足够多的课外资源,让学生多听、多看、多说、多练,利用电影、戏剧、演讲、课本剧表演、口头表达、书面表达等形式,自主体验语言运用的过程,培养语言实践能力通过图书、报纸、杂志、网络等渠道获取大量相关信息,让学生充分吸纳、整合、生成从而变成自己的语言知识。通过阅读与鉴赏、表达与交流、梳理与探究、应用与创造等语文实践,积累语言经验,把握语言运用规律,学会语言运用的方法和技巧,用语言文字的学习和实践达成情感、态度与价值观综合发展的教育目的。

## (二)基于生活的国家其他文科课程目标制定

271 学校基于生活的国家其他文科课程目标制定(见表 4-1)。

表 4-1    271 教育基于生活的其他文科课程目标制定

| 学 科 | 课程目标 |
|---|---|
| 英 语 | 1.语言能力目标:在感知、体验、探究、建构、积累和运用等语言实践活动中,习得一定的语言意识和英语语感,在合适的语境中理解并得体地运用英语进行有意义的沟通和交流,发音清晰,语音、语调规范,表达逻辑连贯。 |
| | 2.文化意识目标:习得文化知识,理解文化内涵,洞察文化异同,汲取文化精华,形成正确的价值观;坚定文化自信,形成自尊、自信、自强的良好品格,习得一定跨文化沟通和传播中华文化的能力,能够理解并运用英语是母语的人的思维特点和表达方法。 |
| | 3.思维品质目标:能够辨析语言和文化中的具体现象,能够梳理、概括信息,构建新概念,分析、推断信息的逻辑关系,正确评判各种思想观点,创造性地表达自己的观点,习得多元思维的意识和创新思维的能力。 |

续表 4-1

| 学 科 | 课程目标 |
|---|---|
| 英 语 | 4.学习能力目标:树立正确的英语学习观,保持对英语的兴趣,具有明确的学习目标,能够多渠道获取学习资源,有效地规划学习时间和学习任务,会自主选择恰当的策略和方法,监控、评价、反思和调整自己的学习内容和过程,逐步提高使用英语学习其他学科知识的意识和能力,学会快速阅读整本英语原著的能力。 |
| 政 治 | 1.展示观点,能比较、鉴别在经济发展、社会进步过程中的价值冲突,认同、坚信、践行社会主义核心价值观,用自己的行动为民族复兴做出贡献。<br><br>办好政治课,就是要开展马克思主义理论教育,用习近平新时代中国特色社会主义思想铸魂育人,引导学生增强中国特色社会主义道路自信、理论自信、制度自信、文化自信,厚植爱国主义情怀,把爱国情、强国志、报国行自觉融入坚持和发展中国特色社会主义事业、全面建成社会主义现代化强国、实现中华民族伟大复兴的奋斗之中。<br><br>2.用自己的话说出马克思主义哲学的世界观和方法论,运用理论观点和哲学思维对个人发展、社会进步、国家发展和人类文明做出正确的价值判断和行为选择。<br><br>立足基本国情,拓展国际视野,不断解放思想、实事求是、与时俱进、求真务实,在实践创新中增强才干,以锐意进取的态度和负责任的行动促进社会和谐。<br><br>3.以案说法,理解法治的本质和价值,在社会主义法治进程中,尊法学法守法用法,自觉参加建设社会主义法治国家。<br><br>为此,青少年需要不断增强法治意识,有助于他们在未来社会主义法治国家建设中依法行使权利、履行义务,严守道德底线,维护公平正义,做社会主义法治的忠实崇尚者、自觉遵守者、坚定捍卫者。<br><br>4.有序参与班级、社区、社会、国家等公共事务,合理合法地表达利益诉求,勇于承担社会责任,积极行使公民的政治权利。<br><br>树立正确的权利义务意识,有序行使知情权、参与权、表达权和监督权;学会合法表达民意;参加公益活动,激发社会活力,有助于提升社会治理水平;了解民主管理的程序、体验民主决策的价值,感受民主监督的作用,增强公德意识和参与能力,追求更高的道德境界。<br><br>5.自主自发成长生命,在真实情境和鲜活的社会生活中处理好个人与自我、个人与家庭、个人与社会、个人与国家、个人与文明之间的关系,用政治理论和观点解释和解决生活中的实际问题。<br><br>基于鲜活的社会生活,青少年需要深刻理解马克思主义中国化时代化的理论成果,理解法律的价值和本质,并能利用这些政治理论和基本观点解释和解决生活中和社会中的实际问题。 |
| 历 史 | 1.能够运用唯物史观的基本观点和方法学习和探究历史,能够正确地认识人类历史发展的总趋势,科学逻辑地解释历史;并将唯物史观作为认识和解决现实问题的指导思想。 |

| 学　科 | 课程目标 |
|---|---|
| 历　史 | 2.能够按照时间顺序和空间要素,建构历史事件、历史人物、历史现象之间的相互关联,且能够在不同的时空框架下对史事给出合理的解释;在认识现实社会时,能够将认识的对象置于具体的时空条件下进行考察、分析,寻找因果关系。 |
| | 3.能够通过多种途径搜集多种类型的史料,且能对史料的真伪与史料的作者意图进行辨析,判断史料价值;坚持论从史出、孤证不立的原则,一份证据说一番话,能够以实证精神对待历史与现实问题。 |
| | 4.能够认知并辨析判断对同一历史事物的不同解释及价值,能够客观地论述历史事件、历史人物和历史现象,有理有据地表达自己的看法;学会透过历史现象看本质,对历史事物之间的因果关系做出合理解释,能够客观评判现实社会生活中的问题。 |
| | 5.能够从历史的角度认识中国的国情,形成对祖国的认同感和正确的国家观,认同中华民族以及优秀传统文化、认同社会主义核心价值观,坚定"四个自信";理解和尊重世界历史发展的多样性,能够确立积极进取的人生态度,树立正确的世界观、人生观和价值观。 |
| | 6.能够汲取历史经验教训,借助历史的"镜子"认清现实问题,找到解决现实问题的钥匙,实现鉴往知今、预判未来,顺应社会发展的趋势。 |
| 地　理 | 1.激发对真实世界的探索兴趣:运用地理工具在真实环境下进行探索,认识自然与社会的脆弱与坚韧,能够客观分析全球出现有关地理问题的现象、原因和本质,正确看待地理环境与人类活动之间的相互影响关系,构建形成科学的地球观,形成现代公民正确的人地协调观和可持续发展的价值观。 |
| | 2.培养空间思维和综合思维:培养学生从空间—区域的角度认识地理环境的意识和能力,基于地理要素之间的相互作用去综合分析,对比不同区域地理环境特征,在一定程度上解释地理事物和现象发生、发展的过程,辩证地看待地理问题;能够具备崇尚真理、独立思考、大胆尝试等科学思维品质。 |
| | 3.培育家国情怀和全球视野:积极关注人类所面临的人口、资源、环境和发展等问题,对推进公民社会、审慎决策、科学规划做出实质性和分析性贡献;能够理解地球上有不同空间尺度、不同类型的区域,每一个区域都有各自的特征,不同区域之间会产生联系;能够用科学的地球观独立观察地理空间,对经济、文化和地理现象做出符合逻辑的解释,创造出解决问题的方法,并运用区域综合分析、区域比较、区域关联等方法认识区域,简要评价区域的现状和发展。 |
| | 4.提升地理实践能力:运用考察、实验和调查等地理实践活动,培养学生的意志品质和实践能力。在对区域的地理环境进行整体分析后,能对地方经济、文化、城市发展等进行可持续发展指导下的规划等。 |

## 二 基于生活的国家课程目标制定（理科）

理科作为自然科学的分支，是研究自然现象和规律的学科，是国家课程的重要组成部分。基础学科有数学、物理学、化学、天文学、生物学等，主要研究自然界的宏观和微观现象，包括天体、物质结构、能量转化、生命活动等，通过实验、观察、分析、推理等方法来研究事物的本质和内在的运动规律，这些学科都有其独特的研究内容和方法。在现代科技和工业发展中，理科的研究成果对人类的生产生活有着极为重要的作用，直接推动了人类文明的进步。通过研究自然规律和应用科学技术，可以推动社会发展和进步，解决人类面临的各种问题。因此，对于国家的理科课程，尤其是课程目标的研究，一直以来都是我们课程研究的重点。

基于生活的课程目标将学科教育和现实生活相结合，并将其运用到理科教学中，不仅有助于教学内容理解难度的降低，还能在培养学生实践运用能力的基础上，不断激发他们的学习兴趣，激发创新思维，积极获得学科核心素养的发展。要实现基于生活的理科课程目标，生活化教学也是使理科课程目标得以落实的一个重要策略。将基于生活的课程目标理念融入理科课程具体的教学实践中，创设情境，立足于生活实际问题的解决，通过自主、合作、探究式的小组学习，让学生沉浸在有趣的科学探究当中，引导学生更全面、更科学、更有效地参与理科课程学习的全过程。

### （一）基于生活的国家生物课程目标制定

生物学作为自然科学的基础学科，是研究生命现象和生命活动规律的科学,也是农业科学、医药科学、生命科学、环境科学及其他科学和技术的基础。当今社会发展非常迅速,生物技术、信息技术与工程技术的结合日益紧密,对社会、经济和人类生活产生的影响也越来越大。现以生物学科为例,我们一起来探讨国家生物学科的课程目标。

1.学科核心素养落地

基于生活的生物学科课程目标以提高学生生物学科核心素养为宗旨,用生活化的学习方式,引导学生通过自主、合作、探究的学习和应用实现学科核心素养培养的落地。在体现生物学科特点的同时,着眼于学生适应未来社会发展和个人生活创造的需要,从生命观念、科学思维、科学探究和社会责任等方面,发展学生的学科核心素养。

树立生命观念,能够运用生命观念认识生活中的生命现象,主动探索生命规律,敬畏生命,热爱生命;培养科学思维,能够运用已有的生物学知识、证据和逻辑对生活当中的生物问题进行思考或展开论证分析;主动科学探究,逐步掌握科学探究的思路和方法,形成主动、严谨的科学探究精神;承担社会责任,生成积极参与生物学实践活动的意愿和社会责任感,主动承担社会责任,为继续学习和走向社会打下坚实基础。

2.生物科学素养培养

在生活中,要求学生能够运用生物学知识理解、研究、解决生活中的实际问题,以此加深对合理运用生物学的理论和技术的理解,形成科学的态度,并对与生物科学技术相关的职业感兴趣,有严肃的科学态度和价值观念。

3.理解并推动人与自然、科技、社会关系的调节

恩格斯说过,人同其他动物的"最后的本质的区别"在于人是"通

过他所做出的改变来使自然界更好、更远地为人类服务"。[36]我们要使自然界更好、更远地为人类服务,就必须正确地协调人、自然、科技、社会之间的关系。生活化生物课程渗透自我与科学、技术、社会相互关系的教育,帮助学生认识到生物学与自我发展、社会发展之间的紧密联系。

学生能够关注到自我与现实生活中的相关问题,积极思考与生物学有关的生活问题和社会问题,并通过查阅相关资料,利用所学生物学的概念和原则,创造解决生活问题的可行方案,能辩证分析、评价生物技术产品在生产和生活中的应用所产生的效益和风险;清楚地了解人类活动对环境产生的影响,能够自主阐释生物多样性对生态系统维持、人类生存和发展的重要意义;形成健康的生活方式,培养强烈的自我社会责任感;形成珍爱生命、热爱自然,人与自然和谐共处以及可持续发展的观念,养成保护环境、维护生态平衡的意识,养成健康文明的生活方式。

4. 理解并内化生物学科与现实世界、生物科技等前沿技术

生物学是研究生命现象的科学,它对于现代社会生活有着重要的影响和作用。生物学的发展不仅为人们提供了关于生命起源、生命进化和生物多样性的科学知识,还为解决现实问题提供了生物学的科学依据和技术手段。生活化生物学科课程目标制定需要聚焦生物学科的主要价值意义。

(1)生物学对于人类的健康和医学的发展起到了重要的推动作用。

通过对人体结构、功能和疾病机制的研究,生物学为医学提供了基础知识和诊断治疗的依据。现代医学借助生物学的成果,不断研发新的治疗方法和治疗药物,大大提高了人们的生活质量。

（2）生物学对于环境保护和可持续发展也具有重要意义。

生物学研究生物多样性、生态系统的结构和功能，为保护和管理自然资源奠定了科学基础。现代社会面临着环境污染、生物灭绝等严峻挑战，生物学的发展使得人们更加深入地了解自然界的运行规律，通过采取合理的措施来保护生态环境，维护人与自然的和谐共生关系。此外，生物技术为农业生产提供了新的手段和途径，提高了农作物的产量和质量。

（3）生物学对于食品安全和生物安全具有重要意义。

随着人口的增长和食品需求的增加，生物学的研究和应用在解决粮食安全问题上发挥了重要作用。通过对农作物的育种改良、病虫害防治等方面的研究，生物学为提高农作物的产量和质量，保障人们的食品安全提供了技术支持。此外，生物学还对于生物安全具有重要意义，可以预防和控制由病原微生物、病毒等引起的传染病。

（4）生物学对于经济发展和科技创新也有着重要的推动作用。

生物技术在医药、农业、环境等领域具有广阔的发展前景，为经济快速增长提供了新动力。例如，基因工程、生物制药、环境治理工程等高新技术的发展，不仅为企业带来了巨大的经济效益，还为社会提供了更多的就业机会。同时，生物学的研究也为科学家们提供了新的思维方式和创新点，推动了科技的不断进步和创新能力的持续提升。

（5）生物学与现代社会生活密不可分。

生物学不仅为人们提供了关于生命的科学知识，还为解决人们面临的现实问题提供了科学依据和技术手段。生物学的发展对于人类的健康、环境保护、食品安全、经济发展和科技创新等方面都具有重要意义，对于推动社会的文明和进步，可持续发展都起到了积极的推动作用。

## （二）基于生活的国家其他理科课程目标制定

271 教育基于生活的国家其他理科课程目标制定（见表 4-2）。

表 4-2　271 教育基于生活的其他理科课程目标制定

| 学　科 | 课程目标 |
| --- | --- |
| 数　学 | 1.能够在熟悉的、关联的以及综合的情境中抽象出数学的研究对象，并用数学语言进行表达，发展数学抽象的素养。 |
| | 2.掌握逻辑推理的基本形式，学会逻辑地思考问题，条理地表达观点，能够合理地运用数学语言和思维进行表达与交流。 |
| | 3.能从数学的视角发现和提出问题，感悟数学与现实之间的关联。学会用数学模型解决实际问题，积累数学实践的经验，提升实践能力。 |
| | 4.能建立数与形的联系，利用几何图形描述问题，借助几何直观理解问题，运用空间想象认识事物并提升数形结合的能力，发展几何直观和空间想象能力。形成数学直观，在具体的情境中感悟事物的本质。 |
| | 5.发展数学运算能力，有效借助运算方法解决实际问题。通过运算促进数学思维的发展，形成规范化思考问题的品质，养成一丝不苟、严谨求实的科学精神。 |
| | 6.能够获取有价值的信息并进行定量分析，增强基于数据表达现实问题的意识，形成通过数据认识事物的思维品质。积累依托数据探索事物本质、关联和规律的活动经验。 |
| 物　理 | 1.形成物理观念：物质观念、运动与相互作用观念、能量观念（时空观、守恒观）等，能用其解释自然现象和解决实际问题。 |
| | 2.具有建构模型的意识和能力；能运用科学思维方法，从定性和定量两个方面对相关问题进行科学推理、找出规律、形成结论；具有使用科学证据的意识和评估科学证据的能力，能运用证据对研究的问题进行描述、解释和预测；具有批判性思维的意识，能基于证据大胆质疑，从不同角度思考问题，追求科技创新。 |
| | 3.具有科学探究意识，能在观察和实验中发现问题、提出合理猜想与假设；具有设计探究方案和获取证据的能力，能正确实施探究方案，使用不同方法和手段分析、处理信息，描述并解释探究结果和变化趋势；具有交流的意愿与能力，能准确表述、评估和反思探究过程与结果。 |
| | 4.能正确认识科学的本质；具有学习和研究物理的好奇心与求知欲，能主动与他人合作，尊重他人，能基于证据和逻辑发表自己的见解，实事求是，不迷信权威；关心国内外科技发展现状与趋势，了解物理研究和物理成果的应用应遵循道德规范，认识科学、技术、社会、环境之间的关系，具有保护环境、节约资源、促进可持续发展的责任感。 |

续表 4-2

| 学　科 | 课程目标 |
|---|---|
| 化　学 | 1.学会从宏观和微观的化学视角，认识客观世界的本质。从整体上理解化学物质变化和规律，从元素和原子、分子水平认识物质的组成、结构、性质和变化，形成"结构决定性质"的观念；利用身边化学物质的变化激发学习化学的兴趣，了解现实生活中与化学相关的诸多知识，为今后走入社会，成为具有科学素养的社会公民打下良好的基础。 |
|  | 2.学会用化学学科的基本思想和方法，解决真实问题。认识物质是不断变化的，通过改变条件，化学反应可以向着人们期望的方向发生变化；能够收集各种证据，对物质的性质及其变化提出可能的假设；能运用多种认知模型来描述和解释物质的结构、性质和变化，预测物质及其变化的可能结果。 |
|  | 3.创新实验设计，习得科学探究能力。能够独立完成实验并在实验中发现和提出有探究价值的化学问题；能够依据探究目的设计并优化实验方案，完成实验操作；能够对观察记录的实验信息进行加工并获得结论；能够和同学交流实验探究的成果，提出进一步探究或改进的设想。 |
|  | 4.认识化学学科价值，承担社会责任。突出学生的实践活动，学习的主体性作用，学生通过观察、调查、资料收集、阅读、讨论、辩论等积极的学习方式认识化学社会生活价值、科技应用价值，理解化学学科学习与自己的生命成长、职业规划的关系，形成自己科学的价值观念，承担社会责任。 |

## 三　基于生活的国家课程目标制定(体育、艺术、劳动、技术课程)

体育是 271 教育中的第一课程。用体育打开学生的身体，只有打开了身体才能有效、可持续地对每一个孩子进行精神和能力的培育。

271 教育课程观认为："天地间、万事万物、一切一切与学生生命成长有关的认知和活动经验的总和都是学生生命成长的课程。"271 教育课程生活论认为，课程要充分联系生活、面向生活、回归生活、服务生活、创造生活，帮助学生用生活的方式学习课程、习得能力，最终使学生获得开拓生活领域、创造生活情趣、享受生活过程、实现生活幸福的能力。

## （一）基于生活的国家体育课程目标制定

271教育中体育与健康课程的目标是在国家体育与健康课程总目标引领下的生活化、校本化再创造的具体目标。我们认为，具体的体育与健康课程学习目标应该体现在学生学习的每一个过程中，即每个单元，每节课都要有具体的学习目标指向。依据体育与健康课程标准，271体育教育的目的是用体育锻炼帮助每个孩子打开自己的身体，成为健康、智慧、勇敢的人，具体目标有以下3个方面。

（1）学生体能达到《国家学生体质健康标准（2014年修订）》的130％，人人掌握3项以上终身锻炼身体的专项运动技能，不断提高自身运动能力。

（2）树立正确的健康观、运动观和坚持"健康第一"的理念，学会运用健康与安全知识和技能，形成健康的生活方式。

（3）自主选择符合自己兴趣与运动专长的体育项目，人人参加体育社团，在校期间每人至少参加一次县区级及以上的正式比赛。有运动天赋的学生可以走向专业化发展之路。

（4）积极参与体育锻炼，敢于对抗，勇于拼搏，学会在竞争中合作，展现出顽强的体育精神。

## （二）基于生活的国家艺术课程目标制定

艺术是离人灵魂之门最近的学问。艺术的最高价值在于引领学生走向真、善、美。国家艺术课程标准中明确指出学生在艺术与生活、艺术与文化、艺术与科学相关联的情境中，参与各艺术门类实践活动，获得审美感知、艺术表现、创意实践、文化理解等艺术学科核心素养。

依据课标中对艺术核心素养的理解，我们制定了基于生活的国家艺术课程目标,主要有以下 4 点。

（1）从灵魂深处深切发现、感受、认识自然世界、社会生活和艺术作品中美的特征及其意义与作用,人人学会发现美、感知美、享受美、创造美。

（2）通过参与、体验各类艺术实践和综合表演活动,人人习得两项艺术技能,增强艺术表达的自信,提高形象思维能力,形成热爱生命和创造生活的向美、向善、向真生命和生活态度。

（3）综合运用多学科知识,联系生活,进行艺术创造,全身心投入创作过程,不断形成运用艺术技能解决生活实践问题的能力。

（4）能够在感知、实践、创造等艺术活动中对中国艺术精神有所理解、有所感悟、有所创造,形成正确的历史观、国家观、文化观、人类观,尊重文化多样性,坚定文化认同和增强文化自信。

## （三）基于生活的国家劳动课程目标制定

劳动创造了人本身。劳动是创造物质财富和精神财富的过程,是人类特有的基本社会实践活动。从根本意义上说,人不会劳动就不会生活。

长期以来,中小学教育普遍存在重视学科学习而忽略劳动教育的意识,忽视生活能力及劳动实践技能培养的现象;社会上,家长对孩子学业的过度期望和对孩子生活的溺爱,不能正确引导孩子劳动,导致很多孩子缺乏基本的劳动习惯和基本的生活技能,甚至失去了热爱生活、创造生活的意识,对自己的未来发展缺少基本的职业规划。

271 教育一直秉承全面育人的理念,落实立德树人教育根本任务。依据国家课程标准要求,围绕劳动素养落地,全面联系社会生活实践和学生生活实际,制定劳动课程目标,系统规划劳动课程体系,让学生在学习与劳动实践过程中形成个人终身发展和社会发展需要的正确价值观、必备知识和关键能力,成为能用劳动创造幸福生活的人。

（1）通过劳动课程学习与实践,认知劳动价值,牢固树立劳动最光荣、劳动最崇高、劳动最伟大、劳动最美丽的正确观念,并以此强化学生的主体意识,培养其正确的劳动观念。

（2）能够基于目标和任务,综合分析劳动资源和条件,制定出具体的劳动方案,具备初步的筹划思维和基本的设计能力。

（3）积极参与力所能及的劳动,在具体劳动项目实践中习得基本的劳动知识和技能,能正确地使用常用工具与基本设备设施,采用必要的技术、工艺流程与方法;能够综合运用多学科知识和生活经验创造性解决劳动中出现的问题,在劳动实践过程中形成必备的劳动能力,并学会自我管理、团队合作。

（4）通过经常性劳动实践形成安全劳动、规范劳动、劳动有始有终、总结反思等良好习惯,并具备自觉自愿参加劳动,在劳动过程中具备认真劳动、吃苦耐劳、团结合作、珍惜劳动成果等优秀品质。

（5）在劳动实践中出力流汗,体验过程,领会"劳动是一切幸福的源泉"的内涵与意义,从而培养劳动精神,投身劳动创造,实现生命成长。

为了使课程目标的实现在劳动实践中操作性更强、更加落地,我们将基于生活的国家劳动课程目标又进一步具体化,主要有以下7点。

① 每名学生每学期在餐厅劳动一天,体验并精通餐厅饭菜加工全部流程。小学毕业会做四菜一汤,初中毕业会做六菜一汤,高中毕业会做八菜一汤。

② 人人会用生活当中的维修工具,校园的所有维修都交由学生自己完成。

③ 学校有关岗位体验一遍,有初步的职业认知。

④ 会种农作物,从播种、管理到收获、销售走完环闭流程。

⑤ 人人学会生活用品的标准收纳。

⑥ 认真学会卫生保洁的标准,较好地为同学、为自己服务。

⑦ 节假日在家按标准完成文明家庭建设的所有规定家务劳动内容。

## (四)基于生活的国家技术课程目标制定

### 1. 基于生活的国家信息科技课程目标制定

国家新课程标准将义务教育阶段"信息技术"更名为"信息科技",主要研究以数字形式表达的信息及其应用中的科学原理、思维方法、处理过程和工程实现。旨在培养学生的信息意识、计算思维、数字化学习与创新和信息社会责任感,让每一个孩子成长为能够从容应对未来社会不确定性,具有较高数字化思维的人才。

为达成国家信息科技课程要求的总目标,271教育经过多年实践探索,充分结合学生已有的经验和社会生活实际,将课程目标细化分解为以下六点。

(1)通过学生动手实践和生活体验,不断增强信息感知能力,准确辨别数据真伪,正确判断和评估所获取数据的价值,善于利用信息技术手段交流和分享信息,开展协同创新。

(2)习得寻找有效数字平台与资源、自主动手解决生活中实际问题的能力。养成较强的数据安全意识,注重保护个人及他人隐私,依据法律法规合理地使用信息。

(3)通过多个项目的完整实施和体验,掌握信息处理的基本过程与方法,体验过程与控制的场景,形成应用信息技术手段解决生活问题的能力。

（4）会用计算机科学领域的思想方法界定问题、分析问题、组织数据、制定问题解决方案，拥有使用简单算法解决问题、有意识对问题解决方法进行归纳、总结、迁移的科学思维。

（5）熟练利用各种数字设备和平台，有效利用数字化学习环境，主动探索新知识和新技能，通过网络检索、数据分析、模拟验证、可视化呈现等方式设计探究路径，开展探究活动，得出探究结果，掌握"技"应用的同时，理解"科"的原理，将习得的知识、方法迁移应用到新问题解决过程中。

（6）正确理解和应对人工智能对社会的影响，认识人工智能对伦理与安全的挑战，自觉遵守信息技术领域的伦理道德规范，自觉践行科技活动中应遵循的价值观念、道德责任和行为准则。

## 2.基于生活的国家通用技术课程目标制定

通用技术是指当代技术体系中较为基础、在日常生活中应用较为广泛、育人价值较为丰富并与专业技术相区别的技术，是学生适应社会生活、高等教育和职业发展所必需的技术。通用技术学科的目标是帮助学生掌握日常生活中所必备的技术知识和技能，提高学生对技术的理解和应用能力，以及在技术应用过程中所必须具备的生活能力，培养学生的工程思维和创新能力，获得技术意识、工程思维、创新设计、图样表达、物化能力等通用技术学科核心素养，使学生成为有意识、有办法、有思路、会交流、能创造的能应对未来未知世界的综合性人才。

依据对国家课标中通用技术学科核心素养的理解，271 教育创新的基于生活的通用技术课程目标主要有以下 4 点。

（1）增强技术意识。学生通过学习体验能够理解技术的发展历程、现状及未来发展趋势，理解技术对社会、经济、文化和环境等方面的影响,能够从技术的角度出发解决生活中的各类问题,能够正确的看待生活中的各项技术,以负责任的态度使用技术,形成正确的技术价值观。

(2)提升交流表达能力。能识读生活中常见的技术图样,理解图样中要表达的各项内容,能够选择恰当的技术语言描述生活中的各类技术现象,能绘制规范的技术图样展示交流自己的设计创意。

(3)习得创新设计能力。面对真实世界的复杂技术问题,学生能够整合各类资源,进行系统分析、结构化思考、科学筹划,运用技术思想、技术原理、技术方法提出具有创意的多种构思方案,并进行比较权衡优化,最终创新建构一个合理的解决问题的系统方案,激发学生的想象力和创造力,形成运用技术解决生活实际问题的能力。

(4)提升技术应用能力。通过参与多种类型实操作品的制作,能了解生活中常见材料的特性,熟练使用常见的木工、金工、电工等各种工具解决生活中的技术问题,提高生活质量,能够合理选择、规范使用各种技术工具和设备完成产品或模型的制作与装配,培养学生精益求精、严谨细致的工匠精神。

# 第三节　基于生活的地方、学校课程目标制定

271教育开发了通识性必修课程和个性化选修课为主要内容的学校活动课程体系——20多门通识性必修校本课程,60余门个性化选修校本课程,为学生提供了多样化的生活课程选择。内容涵盖学生生命成长的方方面面:身心健康类、艺术素养类、人文素养类、科技素养类、生活能力类和自主管理类等,让学生能够自由选择,尽情体验,

快乐实践。例如食育课程、自主管理课程、阅读课程、礼仪与交往课程、职业生涯规划课程、"一带一路"课程等。

其中,食育课程的课程目标是通过饮食教育及与饮食相关的内容进行综合的生命教育,引导学生认识各种食物、认知营养理论、学会食品制作,培养科学的饮食习惯。食育课程包括食之源、食之味、食之礼、食之道,学生在知其源、品其味、习其礼、明其道的自主生活实践过程中,感受天地自然之道,传承祖先的饮食文化,最终形成自食其力、珍惜食物、合理膳食、热爱生活、积极成长生命,健康自主发展的美好品质。

职业生涯规划课程是学生根据自己的兴趣和条件,对学校提供的岗位进行自主申报,每学期参加为期一天的校内岗位体验。学生可以自主选择保安、保洁、餐厅师傅、图书管理员等去体验生活,体验并内化自己对相关职业认知,逐渐完善自己的职业规划。职业生涯规划课程的课程目标是让孩子们走进真实的职业世界,了解岗位现状与工作内容,了解与之有关的知识、技能和流程,感受工作中遭遇困难的苦恼,体验攻克难关后的喜悦,促进自我认知,萌发职业情感。

"一带一路"跨学科主题学习课程的设计是依托"一带一路"倡议以及北京两年一度"一带一路国际高峰论坛"活动,融合历史、地理、政治、语文、艺术、经济、文化等学科课程资源的一种综合性、研究性、实践性的课程。"一带一路"课程,使学生打开国际视野,以未来为坐标,以世界为格局,以寻找自己未来生活和工作的国际定位为目标,开展全方位的研究,一年一个主题,不断递进。通过学生的自主研究,从历史与现实的角度观察国家和世界发展的联系,洞悉国家和世界未来的发展趋势,初步建立起共建人类命运共同体的观念,形成现代公民应具有的家国情怀、国际视野、责任担当(见表4-3)。

表4-3 "一带一路"课程目标制定

| | |
|---|---|
| 全球视野 | 系统梳理古代丝绸之路的开辟及影响,结合当今世界形势的特点,深刻理解"一带一路"倡议对世界各国打造政治互信、经济融合、文化包容的利益共同体、命运共同体和责任共同体的重要作用,建构"一带一路"对国家发展和全球治理策略的思维模型。 |
| 家国情怀 | 研究"一带一路"相关国家的历史与人文、地理与环境、经济与科技、政治与生活等,分析各个国家的共性与个性,结合我国社会发展现实,探究"一带一路"倡议实施的机遇与挑战,明确"一带一路"对实现中华民族伟大复兴的重要意义,树立强烈的民族自信和责任担当意识。 |
| 卓越品质 | 人人主动参与"一带一路"课程研究与实践,通过主题论坛、课题研究、情境模拟等学习方式,提升跨文化沟通、分析和解决问题的能力,清晰自己未来职业生涯中的真实目标,人人具备国际思维、国际视野和国际胸怀,做能够正确理解东西方文化、创造人类幸福、建设世界文明、代表中国与世界对话的未来世界领导者、建设者和享有者。 |

进入21世纪以来,为更好地适应时代发展的需要,提高基础教育的总体水平,我国在课程育人理念的导向下,一共进行了八次课程改革。改革强调课程从过于"学术化"的世界回归于学生生活化的世界,注重课程建设的生活性、实践性,尤其是第八次课程改革的核心素养深化,基于各学科素养培养的要求,强调学科实践,强调以学生为中心,加强了知识学习与学生经验、现实生活、社会实践的紧密联系,即强调学科科学知识与学生生活、技术应用、社会发展的紧密联系。

"新课改"的推行不是单纯的课程内容、课程实施、课程管理、课程评价改革,而是掀起了教育理念变革的大浪潮。它全面关注学生发展,要求学生真正成为学习的主体;它强调教师发展,要求教学相长,实现师生共同成长;它重视"以学定教",学生的表现才是检验教学质量的第一标准。课程改革还在继续,为了实现"让每个孩子都能够享有公平而有质量的教育"这一理想而不懈努力。在课程改革过程中,强调课程目标的重要性,重视对不同学科不同阶段目标的科学设定,强调地方、学校和教师在课程执行中的自主性。

在这个过程中,271教育始终坚持由教学目标设计转变为学习目标设计,以此由注重教师的教转向注重学生的学,坚决把课堂学习过程、研究过程还给学生、还给学习主体本人,此外,学习目标设计更加注重生活化,主要包括以下3个方面。

一是学习目标的设计要符合学生的发展特点。生活化的课堂学习目标设计首先要符合学生的身心发展特点,要从学生的现实生活需求和未来社会需求出发。生活化的学习目标是基于学生的,是为了学生的,也是学生自己的。

二是学习目标的设计符合新课标要求。"生活化"课堂学习目标不是为了"生活化"而生涩地、牵强地为了生活而设定的,而是在符合新课标要求的前提下为了学生的生命自主成长而设定的,是基于学生目前自己的生活而设定的,它是一种课程学习与生活自然而非生硬的搭配。

三是学习目标的设计既要契合学生的生活经验,又高于学生的生活经验。"生活化"课堂学习目标设定要从学生的生活经验出发,又高于学生的现实生活经验,是为了提升学生现在和未来的生活品质而设计的,只有这样才能引领学生走向创新思维,偏离学生经验的"生活化"目标或是对学生生活经验没有再造提高的学习目标都是不科学的。

## 参考文献

[1][2]   拉尔夫·泰勒.课程与教学的基本原理:英汉对照版[M].北京:中国轻工业出版社,2014:3.

[3]   施良方.课程理论:课程的基础、原理与问题[M].北京:教育科学出版社.

[4]   张春兴.教育心理学[M].杭州:浙江教育出版社,1998:343.

[5]   MASLOW A H. A Dynamic Theory of Human Motivation[J]. 1958.

[6] 车文博.当代西方心理学新词典[M].长春:吉林人民出版社,2001.

[7] 加德纳.智能的结构[M].北京:中国人民大学出版社,2008.

[8] 靳玉乐.现代课程论[M].重庆:西南师范大学出版社,1995.

[9] 杨晓萍,朱乃明.多元智力理论与基础教育课程建设[J].课程.教材.教法,2002,(03):19-23.

[10] 孔子.论语译注.第2版[M].北京:中华书局,1980.

[11] 张雷声.马克思主义基本原理概论[M].北京:中国人民大学出版社,2010.

[12] 刘良华.教育哲学[M].上海:华东师范大学出版社,2017.

[13] 阿历克斯·英格尔斯,殷陆君.人的现代化[M].成都:四川人民出版社,1985.

[14] 马尔科姆·沃特斯.现代社会学理论[M].北京:华夏出版社,2000.

[15] 罗杰斯.个人形成论[M].北京:中国人民大学出版社,2004.

[16] 袁爱玲.学前创造教育课程及其理论构建[D].重庆:西南师范大学,2001:34.

[17] 伊姆雷·拉卡托斯,艾兰·马斯格雷夫,周寄中.批判与知识的增长[M].北京:华夏出版社,1987.

[18] 卡尔·波普尔.二十世纪的教训:卡尔·波普尔访谈演讲录[M].桂林:广西师范大学出版社,2004.

[19] 顾野王.原本玉篇残卷[M].北京:中华书局,1985.

[20] 丹尼尔·劳顿,张渭城.课程研究的理论与实践[M].北京:人民教育出版社,1985.

[21][22] 布鲁纳.布鲁纳教育论著选[M].北京:人民教育出版社,1989.

[23] 小威廉姆E.多尔,王红宇.后现代课程观[M].北京:教育科学出

版社,2000.

[24] 多尔.混沌,复杂性,课程与文化[M].北京:教育科学出版社,2014.

[25] 福柯,于奇智.什么是启蒙运动?[J].世界哲学,2005.

[26] FOUCAULT M. Archaeology of knowledge[M]. routledge,2013.

[27] 钟启泉.课程设计基础[M].济南:山东教育出版社,1998.

[28] 靳玉乐.探究教学论[M].重庆:西南师范大学出版社,2001.

[29] 钟启泉.现代教育学基础[M].上海:上海教育出版社,1986.

[30] 钟启泉,张华.为了中华民族的复兴.为了每位学生的发展:基础教育课程改革纲要[M].上海:华东师大出版社,2003.

[31] 中华人民共和国教育部.教育部关于印发《基础教育课程改革纲要（试行）》的通知[J].中华人民共和国国务院公报,2002,(12):28-31.

[32] 中华人民共和国教育部.教育部关于印发普通高中课程方案和语文等学科课程标准(2017年版2020年修订)的通知[J].中华人民共和国教育部公报,2020,(06):25+10-781.

[33] 吴刚平,安桂清,周文叶.新方案 新课标 新征程:《义务教育课程方案和课程标准（2022年版）》研读[M].上海:华东师范大学出版社,2022.

[34] 浦晗.新世纪美国文科教育改革的概念取向与实践路径:基于希拉姆学院"新文科"(NLA)计划实施意见的案例分析[J].黑龙江高教研究,2022,40(01):61-68.

[35] 张明辉.《新文科建设宣言》背景下中国语言文学专业语言学课程建设研究[J].辽东学院学报（社会科学版）,2021,023(005):130-135.

[36] 马克思,恩格斯.资本论[M].北京:人民出版社,2004.

# 第五章

# 基于生活的课程内容

研究一种形态的课程至少有三个维度:课程目标,即"Why(为什么)"的问题;课程内容,即"What(什么)"的问题;课程实施,即"How(怎样)"的问题。在课程目标的价值取向日渐清晰和厘定之后,理论和现实都迫切需要各教育者在实践层面做进一步的理性思考,将研究中心转移到课程内容与课程实施上来。1859 年,斯宾塞提出"什么知识最有价值"的著名命题,这是斯宾塞在课程论发展史上第一次明确提出了课程选择的问题。[1] 1949 年,泰勒在《课程与教学的基本原理》中提出了"怎样选择有助于达到教育目标的学习经验"的问题,选择学习经验成为"泰勒原理"的基本构成。[2]自此,课程内容的选择问题成为课程论的基本问题之一。

基于生活的课程内容建构必须首先研究基于生活的课程内容的

选择、结构以及组织等一系列理论问题，为开展基于生活的课程内容创新提供正确指导。

## 第一节　基于生活的课程内容概述

课程内容的选择简称"课程选择"（curriculum selection），是根据特定的教育价值观及相应的课程目标，从学科知识、当代社会生活经验或学习者的经验中选择课程要素的过程，这些课程要素包括概念、原理、技能、方法、价值等。课程内容是为了促进学生全面发展而精心选择的人类文明的精粹，是经过改造加工适合于教与学活动的材料。

### 一　课程内容的发展

从课程内容自身的发展变化而言，课程内容经历了"科层化"（bureaucratization）课程和"制度化"（institutionalization）课程层面到实践课程层面再到体验课程层面（the experience curriculum）的变化。[3]

#### （一）科层化和制度化的课程内容

科层化和制度化是深深烙上"科学—技术—工业文明"印记的、追求"科技理性"（technical- rationality）的现代教育（18 世纪末至 19 世纪初）的特征，以学科知识为主要内容，以"控制"为核心，以高效为目的。在这种力量支配下，其课程内容的选择和组织的筛选尺度在于官方达到有效控制的目的，教育的期待就是为了迎合社会的需要，或者说，社会意志强加于学校教育，学校教育强加于儿童生命成长，进而实现社会对学校教育的控制。自泰勒以来,课程以开放的姿态奠定了现代课程的崭新理念,令后世难出其右。然而,泰勒的课程原理从一诞生起就打上了工业文明的烙印,其价值取向为科技理性,即易于控制,便于操作,使知识掌握成为目标,成为现代大工业生产在教育领域内的辐射。但是,这种规模效益、精耕细作的课程观抹杀了人存在的意义,将人的培养过程视为生产流水线上的工序,掩埋了人类丰富的情感和不断实现自我、超越自我的价值追求,此外,儿童生命成长的需要被漠视,其课程内容成为培养工业社会中人的有力工具。

## (二) 实践化和体验化的课程内容

20 世纪,教育家杜威的实用主义思想在人类认识发展史上掀起空前的波澜,追求的是"实践理性"(practical rationlity),又称"实践兴趣"(practical interests),即"通过与环境的相互作用而理解环境的人类基本兴趣"。[4]其核心是"理解"——理解环境以便能与环境相互作用。这里的环境是指围绕个人周围的一般自然环境和社会环境。就学校教育而言,主要指教育者们精心设置和整合而成的"情境":把错综复杂的社会生活和浩如烟海的社会文化剔除糟粕,取其精华,分阶段加以安排,并予以调节的一个净化的、简化的、平衡的有利于儿童生活体验学习的环境,这也就是课程内容的来源,里面蕴含着对民主的追求、对生活的体验,是对传统教育中专制制度催生下的"工具理性"的反叛。但是,"实践理性"虽然有"反省思维"作为人与环境相互作用的联结,但重在使二者达成一致,其中的反思和批判精神还不够,与追求主体的自由与解放的"解放兴趣"尚有距离。这里的"解放兴趣"(emancipatory interest)又称"解放理性"(emancipatory rationality),是人类对"解放和权利赋予"的基本兴趣,意味着"从外在于个体的存在中获得独立,对人类社会之社会构建的可靠的、批判性洞察而从事自主的活动。只有通过自我反思的解放才是可能。因此,解放兴趣指向主体的诞生,其核心是对主体进行权利赋予。"[5]

综上所述,作为教学活动要素之一的课程内容是人类文化的沉淀和衍生。但并非所有的人类文化都能成为课程内容,其中要经过去粗取精、去伪存真的过滤,更要求人类文化结构与学习者心理发展性结构的耦合。这种对文化的选择使之符合教学要求、社会意志和学习者身心发展的需要,这便是课程内容选择应当遵循的价值取向。或者说,课程内容的选择受课程价值观的影响和制约。然而,二者并非静态地被选择的结果和被传递的对象。从动态和变革的眼光看,课程内容是一种不断生成建构、不断丰富发展的资源——由于学习者对课程内容的不同解读,如生活阅历、经验水平、兴趣爱好等的不同,他们对课程内容的解读过程和特定情境的运用便会有所差异,这是课程内容作为流动载体的发展变化所具有的内在品质。

## 二 确定课程内容的依据

课程内容作为课程的主体部分,其质量的优劣直接关系着课程目标能否顺利实现,教育质量能否全面提高。课程内容选择要解决的问题是教什么、什么内容最适合学生学习、什么内容最有利于实现课程目标。因此,在对课程内容进行选择之前,首先要明确课程内容包括什么,课程内容的选择需要遵循的原则是什么,不能盲目地进行选择。

### (一)课程内容的层次

课程内容的层次,也可以说是课程设计的文本表现形式,包括课程计划、课程标准、教材,三者相互联系又相互制约。[6]

## 1. 课程计划

在课程内容中,课程计划是最高层次的,包含所有学科的内容。课程计划是课程内容中最宏观的一环,包括:① 学校的培养目标;② 制定课程计划的原则;③ 学科设置和各学科的主要任务;④ 学科开设的顺序和课时分配;⑤ 学年编制;⑥ 学周安排。这 6 个部分都是整个课程内容的统一安排。

## 2. 课程标准

课程标准是课程计划的下位概念。在中国,课程标准一般指的是学科课程标准,又叫教学大纲,即以某一具体学科为对象设置的具体操作内容标准。课程标准虽然是第二层次的概念,但在实际教学中,通常以分学科教学形式授课的学校教育往往最需要重视的是每一学科的课程标准。因为课程标准是国家课程的基本纲领性文件,是国家对基础教育课程的基本规范和质量要求,是教材编写、教学、评估和考试命题的依据,是国家管理和评价课程的基础。课程标准也和课程计划一样,有具体的内容设置:① 前言;② 课程目标;③ 内容标准;④ 实施建议。

从学习的角度来说,课程标准完整地回答了学习的三个重要问题:学什么、怎么学、学到什么程度(学会什么)。从教育角度来说,课程标准回应了教育的三个核心问题:用什么培养人(教育内容)、怎么培养人(教育活动)、培养到什么程度(教育质量)。从"认知加工的视角"来说,内容是输入端,活动是加工端,质量是输出端。三者构成了相对完整的逻辑体系。值得强调的是,它们不是三个或三类标准,而是一个完整标准的三个维度、三个方面。这三个维度、三个方面的标准不是各自独立、各自为政的,而是一个相互关联、有机统一的整体。

### 3.教科书

在生活中,我们往往将教科书与教材混用。但严格来说,教科书与教材是有所不同的。教材不等于教科书,其内容比教科书更宽泛一些,包括了一切能够承载授课内容的载体,如教科书、讲义、讲授提纲、参考书、活动指导书、视听材料等。

传统的课程内容设计往往以教材或者教学大纲为蓝本,遵循"组织教学→复习旧课→讲授新课→巩固新课→布置作业"这样一个流程。这一模式确定了教师的主导地位,由教师预设、规划教学节奏,而忽视了学生的生活经验与背景知识,脱离了学生认知过程的主体实际,让学生难以理解。学生的现实生活充满了丰富教育资源和教育价值的学习内容和生命成长过程,是时代社会精神的体现,是社会意志的表现,是人的活动,也是生命的活动。这就要求我们基于人的需求,基于生命的成长需求,基于学生自己的生活,有目的、有计划、有结构地选择和产生课程内容。

## (二)确定课程内容的原则

针对课程内容选择应遵循的价值取向,不同时期的学者从不同角度进行了探索,做出了不同回答。

泰勒提出课程内容的选择要合乎五个原则:"为了达成某一目标,提供给学生的经验,要使他有机会实践该目标蕴含的行为;所提供的学习经验要使学生从实践该目标所蕴含的行为中获得满足;提供给学生学习经验应该是学生能力范围所及的;许多特别的学习经验可达成相同的教育目标;相同的学习经验通常会产生数种成果。"[7]塔巴从学校在社会的功能、社会的需要、学习者和学习过程、知识和学科的性质等方面,提出:"内容的有效性和重要性;与社会现实的一致性;广度和深度的平衡；提供广泛的学习目标；考虑学生经验的可习性和适应性。"[8]蔡斯综合各家的观点，提出四个原则：重要性、效用性、兴趣、人类的发展。[9]万宁则从人文主义教育角度建议用下列标准选择内容：效用性、普遍性、最大回报、短缺、难度、生存、适切性、文化精髓、学习者的兴趣；[10]普林格提出了以社会效用性、社会责任、共同文化、个人满足感、认知关注、家长及社会压力，精神力量作为选择课程内容的原则。

纵观各学者对课程内容选择的原则可以发现：从20世纪初到20世纪50年代末，课程内容选择经历了从学科课程向生活经验课程的转化；从20世纪50年代末到20世纪70年代末，课程内容选择从生活经验课程向学科课程、结构课程方向发展，注重学生智力、学问等方面的发展；20世纪80年代，课程内容选择从单纯追求智力的发展转向人的个性、情感等多方面的发展……课程内容的选择就如同钟摆一样摆来摆去。[13]然而无论如何变化，课程内容的确定都需要考虑学科知识、学习者和社会三方面的因素，否则，极易造成人在发展中的价值失衡。

## 三　基于生活的课程内容选择

学习是一个追寻意义的过程，一个发展生命的过程。课程内容则是由符合课程目标要求的一系列比较规范的间接经验和直接经验组成的，用以构成学校课程的文化知识系统。[14]课程发展受两个因素影响：一是时代发展提出的新要求、新挑战，二是课程研究的理论与实践的新进展。时代发展的要求和挑战虽然是课程发展的外部因素，但却是一种强硬的力量，要求课程必须给予回应；课程理论与实践的进步则是课程发展的内部因素，是主动变革课程的内在力量，是课程创造性地回应时代要求和挑战的主动因素。

在古今中外的教育发展史上,许多教育家都对生活与教育的关系问题进行过详细的阐述,并分别提出过自己的生活课程设计思路。例如,在西方教育发展史上,探索生活课程的发展脉络可以把源头追溯到古罗马时代追求实用主义的思想家那里。与古希腊哲学家喜爱沉思、注重理论的民族气质不同,古罗马的哲学家们更注重实际,他们认为教育的目的乃是追求生活的幸福。在辛尼加(Seneca)这位古罗马哲学家看来,"幸福生活的要旨也就是教育的主要用意[15]""为生活而学习,非为学校而念书[16]"。他认为学习可以让人获得心灵的宁静,能够自己控制自己,从而避免心灵的幸福状态受到干扰。古罗马另一位教育思想家普鲁塔克(Plutarch)在《儿童教育》一书中,把希腊数学家毕达哥拉斯的禁令转换成了与生活有关的、非常实用的箴言[17]:

(1)勿摸黑尾巴——勿结交坏人。

(2)勿超出平衡点之外——不可违反正义。

(3)勿坐吃山空——未雨应绸缪。

(4)勿伸右手——不轻易结交朋友。

(5)勿用剑挑火——不要激怒他人。

……

这些转换后的警句已成为儿童成长的行为指南。

由此可见,基于生活的课程内容是由符合课程目标要求的、有关学生生活的直接经验和间接经验构成的一整套提升学生认知、引导学生生命成长的学习材料。课程内容是课程的载体。在课程中,内容主要体现在两个方面:一方面是学生的个人认识、直接经验和现实世界作为学科知识的出发点和源泉,通过归纳的思维方式,从现实生活特例和具体问题情景中发现学科知识;另一方面,把学生获得的抽象的学科知识在现实生活中具体化,通过演绎的思维方式,运用学科知识去分析生活现象,解决实际问题,使学科知识获得直观、感性的整体意义。

## (一) 引导学生从生活世界中发现、探究问题的内容

从生命诞生之日起,人就生活在这个世界上,处在自己与世界的交往之中,生活的历程从诞生、生长、成熟、延续一直到死亡,这一过程本身就是生命活动的过程、精神价值实现的过程,也是在生活中不断探索的过程。正如杜威所说,"生活世界中的所有一切都从生命出发来结成一种关系网,因此,感性的个体才在周围的一切中直观到生活和精神的具体表现。生活,个人独特的生活构成了个体的生命的世界。"[18]生活之所以是"活"的,就因为生活是不断变化的、不断更新的一个历程,我们生活着,感受着,经历着,反思着,我们在理解世界的同时,也在理解着自己,我们在发展着自己的同时,也在推动着世界的发展。教育不能离开生活,正如鱼儿不能离开养育它的水一般。生活是教育的根,是溪流的源泉。之所以人要在生活中受教育,是因为受教育才能更好地生活。只有教育有了意义,才能更好地发挥其价值。生活世界这个概念,在 20 世纪 20 年代之前就被胡塞尔零星地提到,到了 20 世纪 20 年代,这个概念获得了中心意义。依据胡塞尔的认识,"生活世界"是一个非课题的世界,这里的"非课题的世界"与"自然态度"有关,将现实世界的存在看成一个毋庸置疑的、不言自明的前提,是所有事情的前提。"生活世界是一个始终在先被给予的,始终在先存在着的有效世界,但这种有效不是出于某个意图,某个课题,不是根据某个普遍的目的。每个目的都以生活世界为前提,就连那种企图在科学真实性中认识生活世界的普遍目的也以生活世界为前提"。[19]生活世界是一个直观的世界,"直观"意味着日常的、非抽象的。

基于生活的课程内容选择要充分考虑让学生置身于自己的生活

世界,从中发现和探究自己感兴趣的问题。生活世界可以分为日常生活领域和非日常生活领域,"一般说来,日常生活代表着个体再生产领域,而非日常生活则构成再生产或类的再生产领域。"[21]非日常生活教育的特征在于创造性、自为性和同质性。生活世界的两个领域中的教育活动在人的发展进程中,各自的意义不尽相同,日常生活是人最基本的生活,一个人由自然人转化为社会人,首先必须面对的就是日常生活,只有在日常生活中接受教育,这种转化才可能成为现实,因此,个体通过日常生活的教育活动达成社会化和个人化,通过非日常生活的教育活动实现专门化和总体化。[22]

教师引导学生在自己的生活世界中发现所要探究的问题,可以从生活世界的一个点出发,延伸到探索、发现生活世界丰富多彩的所有事物。学生会从许许多多的生活视点中学会从不同的角度感受、发现、理解、体验生活,而各种不同领域生活视点的积累、延伸、交汇,就会组成学生生活世界的不同的线,进而构成生活世界的不同的面,形成一个有鲜明个性特色的自己的生活世界的有机整体。最后,学生自己获得的这个生活世界就是立体的、统一的对生活的整体认识。整个在自己的生活世界中建构的过程就是学生体验生活、热爱生活、探索生活,学会健康的、自由的、有创意的生活,谋求与自然、社会、自我的和谐发展的体验过程。如从生活世界中选择"美"这个视点,可以从自然美、环境美、社会美、艺术美、语言美、行为美、心灵美、科学美等不同角度来选择不同的点,组成不同的线,由不同的线组成一个面,进而组成一个完整的生活系统。[23]

## (二)尊重学生兴趣,发展学生个性

基于生活的课程关注:学生对什么感兴趣?哪些内容有利于发展学生的个性,培养学生的创造力?在日常生活中,人们常说,兴趣是最好的老师,兴趣是行动的动力,但什么是兴趣,不同的人有不同的理解。在心理学上,兴趣一词有两层含义:[24]其一是指个体对某人或某事物所表现出的在选择时注意的内在心理倾向。兴趣也可由外在行为去推测,当有多种事物呈现在个体面前时,某事物特别引起个体之注意,即推知它对此感兴趣。其二是兴趣与动机大同小异;两者的相同之处,是两者都可视为引起个体行为的内在原因;两者的相异之处是,动机促动的行为虽趋向某一目标,但因目标未必一定达成,故而动机未必一定会获得满足,但兴趣可视为动机和动机的定向,它是指向目标达成的。学生的兴趣易受外界事物、环境变化的影响,其兴趣表现为直接性,对新异刺激的好奇,随着年龄的增长,表现为对事物的探索,并逐步形成较为稳定的兴趣。兴趣具有教育价值,基于生活的课程就是要顺应学生的兴趣,开发、利用、发展学生的兴趣,实现教育价值。正如教育家杜威所说:"教育的问题就是要抓住学生的活动并给予活动以指导的问题。通过指导,通过有组织的运用,他们就会朝着有价值的结果前进而不致成为散乱的或听任其流于仅仅是冲动性的价值。"[25]杜威还指出了学生的兴趣包括:谈话或沟通的兴趣;质疑或探究事物的兴趣;制造或组织的兴趣;艺术表现的兴趣。[26]

杜威的思想对基于生活的课程内容的创造启示是,内容的选择要尊重学生的兴趣,培养发展学生的兴趣,这样才能激发起学生的学习动机,培养学生的学习兴趣,动机越强烈,兴趣越浓厚,学习的主体性越彰显,学习者的主体能力就会发展得越充分。兴趣的培养有利于课程目标的实现。基于生活的课程以学生的直接兴趣为出发点,通过感知于生活、发现于生活、探究于生活、体验于生活、创造于生活,引发学生从外在兴趣向内在兴趣转化。为此,教师要顺应、支持、鼓励学生提出各种生活问题,在师生交往中关注学生因兴趣而产生的思考和质疑,不能对学生的问题给予讽刺和斥责。有的教师因为怕学生提出来的问题,扰乱自己预设的教学流程和秩序,或者挑战了自己在学生面前的权威,坚守自己是课堂的主宰,压抑学生学习和研究的主体性,因而,在学习过程中不给学生留以兴趣自由发展、成长的空间,或者是对学生的问题表现得无动于衷或对之加以讽刺、斥责等,然而,学生在这样的教育环境中,就会失去对问题的兴趣,抹杀了学生生命成长的主体意识,这不得不说是当今教育的悲哀。

个性是生命个体受社会生活条件制约而形成的独立而稳定的具有调控能力的、具有倾向性、动力性的各种心理特征的总和。良好的个性由独立性、坚持性、自信心、进取心、好奇心、责任感、求知欲、创造力等组成,基于生活的课程内容通过引导学生在环境中与人、与生活、与工作、与事、与物的相互作用,主动去研究、去建构、去发现、去创造,相信每个孩子都能用自己独特的方法去展示自己生命独特的色彩。开放学生的活动空间,解放学生的丰富思考,满足学生的不同需求,挖掘每一名学生的兴趣闪光点,让兴趣引领着每一个孩子都能大胆主动地去体验,独立去创造,自主感受不同的生活体验,收获创造出自己特有的理解和表现,享受那份特有的生命成长之后的荣光。若要相信他们的能力,鼓励并激发他们的创造,课程内容就必须有发展其个性的内容。

## (三) 体现多元文化特色的内容

基于生活的课程应充分挖掘有关学生的生活世界,选择反映学生生活的家庭、学校、社区文化等丰富的活动内容。每一名学生都依附于某一种特定的社会环境和社会关系,每一名学生都以自己特有的风格、速度和程度进行着自己生命个体的社会化再造。这是一个主动的、自由的、有趣的、反复的、螺旋上升的过程。学生在一定的社会条件下,逐渐认知、理解、习得社会规范进行人际交往,学习生活原则的规范和行为能力,并在这个适应的过程中,逐步形成并固化自己的个性特色,成长自己的生活能力、主体能力。基于生活的课程强调学生自觉主动生活于自然、活动于社会、成长于发现、获得对自然、社会、自我和生命主体的真实体验,发现人生的意义,创造生活的价值,实现教育的目的。内容的选择要针对着学生的成长目标,反映学生生活中熟悉的、能操作的、能理解的、有教育意义的内容,从生活中最亲近的家庭、到生活中的学校、社区,在学生自由成长的真实环境中,帮助学生把自己的认知和成长与生活实际紧密联系,培养关心他人、同情他人的同理心,以及与他人合作、奉献团队的责任感,在生活体验中适应生活、创造生活的创造力,全力实现自己目标的生命主体性。

当今世界发展呈现出一种深刻而有趣的现象:一方面,不同民族、不同文化日益交融;另一方面,社会形态和文化表现出多元化。基于生活的课程强调以培养面向 21 世纪德智体美劳全面发展的创新型人才为追求,就必须让学生在了解本民族文化的基础上,培养对不同民族及其文化的理解与尊重。内容来源包括基于生活的课程中的各领域课程,如游戏课程、生活活动课程、自主管理课程、自主发展课程以及班级、学校、社区的潜在生命生活课程等,通过学生的直接经验与间接经验的不断相互作用,让学生不断地、反复地感受、体验、创造多元文化课程。如在语言课程、艺术课程中学生可以选择不同民族的优秀作品进行介绍,有利于学生加强对多民族的文学、艺术和生活文化的了解,也有利于为民族间精神文化的交融奠定基础,促进不同文化在学生精神世界的交汇,在学生心中形成一个丰富而有趣的由各种文化组成的文化图景,以此促进学生创新思维的发展,培养其包容心、同理心,以及天下大同的胸怀,展望世界人类命运共同体的未来。

要基于生活实际,综合应用多学科知识解决实际问题便是最重要的学习方式,打通学科界限,以解决分科过细带来的一系列问题。在课程内容设置上对多元的学科内容进行整合,因为使用知识的人是综合的、生活实际问题也是综合的、解决问题的方法也是综合的,学生核心素养也是综合的,只有这样才能够有效促进综合素养的落地、学生生命的全面成长,而绝对不是简单机械地给学生脑子里灌输一些枯燥的学科知识,简单训练一些题目去应试,拿得考试分数。因此,这就需要我们的课程内容创造综合和分科相结合,知识和生活相结合,多元化和整体化相结合的有教育意义的生活化的课程。

综上所述,基于生活的课程内容选择既以人的兴趣和成长需要为依据,也以社会发展对人的素质的需要为依据,是二者的辩证统一。

## 四　基于生活的课程内容类型

在科技高度发展、知识经济和信息社会加速发展的今天,课程内容必须源自生动的生活本身,满足当代生活的需要,而不是单纯遵循知识结构的逻辑规则,也不是单纯挖掘知识的深度、扩大知识的广度,而应当把学生从"剥洋葱"式的越剥越痛苦、越剥越沉重的教学中解放出来,摆脱认知主义显微镜式的层层剖析的沉重负担,还学生一个广阔的、真实的、宽松的、快乐的、有意义的生活体验空间和生命成长环境。

当然,回归生活并不仅仅意味着课程设计与开发回到生活最初的状态,俯就生活的粗糙与无序、凌乱与庞杂,而应当是拥有一个源于生活、高于生活的开放的胸怀。教育的职责在于激发、在于引导,通过课程的实施引导学生建立有意义的生活方式,培养强烈的批判意识和创造精神,促使学生从书本世界走向与生活世界的交融,在生活中学习,在学习中生活,通过生活学习,为了生活学习。否则,回归生活就会退化为日常的琐碎,为过时的、落后的生活方式所困,失去课程回归生活的高远初衷。

## (一)以日常生活为依托的工具性课程内容

以日常生活为依托的工具性课程内容来源于生活,通常以事件的形式出现在课程内容中。这种课程内容可以是对一种事实的描述,便于学生从中了解到未知的世界;可以是对一种思想的陈述,便于学生从中吸取异样的观念;也可以是对一种意志的表达,便于学生从中树立坚定的决心;甚至可以是对一种情怀的抒发,便于学生从中感悟美好的境界;再或者是一种情感的迸发、一种信息的传递等。这样的生活内容既包含了学生已经经历的生活,也包含了学生没有经历过的生活。[27]

以日常生活为依托的工具性课程内容也是一种实用工具。对于这类课程内容的学习,除了是学生的亲身生活体验外,也是学生社会化过程中的一种工具性需要。通过上述课程内容的表现和传递,学生可以获得社会百态、人生真谛、自然之美、人间真情等全方位的自我认知。更重要的是,这种与生活息息相关的课程内容会对学生的价值观、人生观产生积极的作用,当学生习得这种价值观之后,又会反过来给予学生生活正向的、积极的影响。这种影响力是巨大的,甚至是决定性的。正如《论语》中所说:"读书若水,川流不息,潜移默化,润物无声"[28]。

## (二)以科学世界为依托的推理性课程内容

以科学世界为依托的推理性课程内容来源于科学知识。科学知识是指发现、积累并公认的普遍真理或普遍定理的运用,包括反映现实世界各种现象的客观规律的系统化、公式化的知识体系,即事实与规律。

以科学世界为依托的推理性课程内容首先包括了对基本概念的学习。不管学生处于哪个发展阶段,都要对各类知识的概念进行学习。从新概念的形成到概念通过实践应用创新自己的认知,然后在具体情境中进行使用,并以此来获得发展。概念、原理、公式是经过人类不断探索研究发现的规律性存在。由概念、原理、公式支撑起整个生活化课程内容的学习,并且通过大量的练习来强化这种概念、原理、公式的内化和应用,这些都会成为学生创新生活、创造发现的认知基础,尽管它们不是目的,但是对生命成长有着不可替代的作用。

以科学世界为依托的推理性课程内容目的是培养人的推理能力。一是通过对特殊例子的学习,归纳上升为一般的定律、定理、原理的方法。这种归纳能力的学习是科学内容学习的重要组成部分。二是根据已知的一般的公理、定律、原理,推导出一种特殊的范例性的演绎推理。由一个大前提和一个小前提,经过演绎推理的论证得到一个结论。归纳和演绎都是推理能力的重要组成部分,都是此课程内容时需要进行学习和掌握的重要内容。

## (三)以社会生活为依托的问题性课程内容

我们每个人都需要学习社会的行为规范和行为准则,并内化为自己的行为标准以进行社会交往,完成由自然人到社会人的转化。社会生活的内容是我们课程内容的一部分。以社会生活为依托的问题性课程内容包括对自己的认识、对自然的认识、良好生活习惯的培养、文明生活规则的养成、与人交往的礼貌、承担生命责任和社会责任的意识以及对国家的关心和热爱等。这种对社会的了解是儿童生活中所必需的。

以社会生活为依托的问题性课程内容注重对生活问题的解决。一是解决整合的问题。通过对这种整合问题的解决,学生能够接受不同文化、不同意见,了解进入社会所需要的规则、文化。二是解决导向的问题。社会有一整套行为规范,用以维持正常的社会秩序,调整人们之间的关系,规定和指导人们的思想、行为的方向。导向可以是有形的,比如通过对法律的学习、对政策的学习等;也可以是无形的,即在潜移默化的过程中,影响人们的思维和判断,对正确的价值观进行传递。

## 第二节 基于生活的国家课程内容建构

国家课程是整个国家教育体系中的核心内容,代表了国家教育发展的方向和目标,对于培养学生的基本素质和能力具有至关重要的作用。国家课程的内容通常包括:① 学科知识:国家课程规定了学生在各个学科领域应该掌握的知识和技能,以及应该达到的水平和标准。② 社会生活技能:国家课程注重培养学生的社会生活技能,包括人际交往、团队协作、社会实践等方面的技能。③ 情感、态度、价值观:国家课程关注学生的情感、态度和价值观的培养,要求学生具备积极向上、健康阳光的心态,树立正确的世界观、人生观和价值观。[29]

国家课程方案是课程改革的总纲、课程育人的蓝图,也是教材编制的依据。2021 年 4 月至 12 月,国家教材委及其专家委员会审议核通过了义务教育课程方案和语文等 16 个课程标准。2022 年 4 月 21 日,《义务教育课程方案和课程标准(2022 年版)》(以下简称新课标)正式颁布,从国家层面厘清了育人目标、校准了改革方向、优化了课程内容及其组织呈现形式,是实现义务教育高质量发展再动员再部署的纲领性文件。[30]

新课标强化了"核心素养"学科教育追求,以核心素养为纲进行精选课程内容,选择最具有核心素养成分和价值的学科知识内容并进行结构化组织。新课标指明,要发挥课程培育核心素养的内在功能,需要优化课程内容结构体系:一要鲜明、准确地阐述各门课程内容组织的指导思想和结构方式;二要体现以大观念、大主题、大任务等对课程内容的结构化作用;三要落实减负增效,为学生留出更多探究性学习的空间,保护好奇心,激发兴趣,培育创新精神。[31]

新课标强调了课程内容的结构化,强调了基于学科大观念、大任务、大主题等对学科教学内容进行统整设计,借由大单元的设计实现,以增强学科知识之间、学科与学科之间、学科与生活之间、学生与生活之间有关学生生命成长的内在联系,既有应用于单一学科内,又能应用于跨学科之间。素养时代课程内容的结构化组织不同于以往以学科知识为中心和以教师教学经验为中心的结构化组织方式,而是提高站位,坚持素养立意,在坚持学科育人的基础上观照儿童的生活经验,从而消解了传统的知识中心和学生中心的对立。"[32]

新课标强调"学科实践",指出"变革育人方式,突出实践"作为基本原则,强调"加强课程与生产劳动、社会实践的结合,充分发挥实践的独特育人功能"[33]。学科实践是"具有学科意蕴的典型实践,即学科专业共同体怀着共享的愿景与价值观,运用该学科的概念、思想与工具,整合心理过程与操控技能,解决真实情境中的问题的一套典型做法"[34]。在教育的视域中,学科实践是具有学科立场的学习,强调尊重学科的性质和特点,学习方式和学习活动要体现学科的精气神。课程学习不是简单的、直觉的、常规的日常学习,而是高于或超越生活世界的学科学习。学生作为"形成中的专家"[35],应该像学科专家一样探究和学习学科知识,独立建构学科体系,深入触及学科本质、创造形成学科精神、学科方法等学科深层的意蕴,建构起高于日常观念的"学科大观念"。学科实践又是以实践方式展开的更高级的学习。实践是人对客观世界施加本质力量的变革性行动,是对所学知识的进一步内化、进一步建构、进一步创造,实践面对客观真实的问题,通过躬身入局的行动,追求显性可见的结果,在兴趣的引领下,进行对所学知识的认知和升华。以实践的方式进行学习,具体来说,就是在情境中、在活动中、在操作中、在应用中、在体验中学习,这样的学习是学生真实的、亲身的、有价值的、切实的行动过程和生命成长历程。以实践的方式,学生习得了基于生活世界、回归生活世界,创新应用学科的大概念,改造服务于自己的生活世界,改善和提升自己在生活世界的能力和素养。学科实践是科学世界、生活世界和个体内心世界三个世界的相互砥砺、互构互成的融合学习方式,能够使身体与心理、感性与理性、直接经验与间接经验之间得到有机统一、整体协调的发展,更好地促进学生核心素养的形成。

## 一 基于生活的国家课程内容建构(文科)

文科教育是人类文明历史进程中文化、文明的传承,文科教育对于民族、国家,以及对人类自身的人文与情怀,有着极其重要的作用。从某种意义上来说,文科给人内心深处播种"道"的种子,理科则教会人使用"术"的本领,在"道"和"术"的双重作用下,人们才能够拥有较高水平的改造自然、创造生活的能力,才能算得上是一个生命得到完满发展的人。

课程标准决定着课程内容的设计和课程实施的方向。根据课程标准,文科类学科的课程内容要体现语言的建构与运用、思维的发展与提升、文化传承与理解、审美鉴赏与创造等学科核心素养要求。[36]基于生活的国家课程内容强调将课程与学生的生活经验和实际问题的研究结合起来,即以国家课程标准为目标,以国家教材为基础,植根于学生现实生活,将所有与之有关的学科知识、学科能力、学科逻辑、学科实践和学生的认知规律以及培养目标紧密地结合起来,进行大单元整体自主学习的生活化内容的系统重构,使学生学习内容更加实用、更有整体性、更具结构化、更有意义、更有趣味性。大单元整体学习必须明确以下3个核心概念。

学科大概念。学科大概念是一个围绕抽象核心观念和概念,把相关知识、能力和结构逻辑建构成一个相对独立、整体的概念体系的学术问题。学科大概念的特质是恒定不变的学科思想、学科逻辑、学科体系。学科大概念的本质是学科价值。

课程大概念。课程大概念是基于学科大概念,为育人价值追求整合学科内知识、学科间知识、社会生活实际、教师学生学习生活经验,符合学生认知特点,直指学生核心素养养成的整体学习内容,是有利于学生围绕大概念独立进行整体构建思考、创新应用的生活化学习内容。课程大概念的特质是整体性的、综合性的、生活性的、育人性的、开放性的、生成性的。课程大概念的价值是育人。

大单元整体学习。大单元整体学习是从核心价值出发,紧紧围绕课程大概念,通过整体感知、探究建构、应用迁移、重构拓展四个学习阶段,让学生从整体上认知学科知识与逻辑、结构与本质、应用与生成、价值与意义,培养学生思维能力的一种循环往复地自学、对话、批判、建构、生成的整体的认知过程。大单元整体学习以"任务驱动、情境体验、真实探究、迁移提升"为特点,注重学习过程,注重学生课程大概念建构的过程性、整体性、自主性和创新性,让真实学习发生在每个学生身上。大单元整体学习的价值是生命成长。

## （一）基于生活的国家语文课程内容建构

语文课程内容的编排体例是按照语文要素和人文主题的双线整合编排的学习单元。在单元课程内容上，突出表达人文主题；在语文要素上以某种表达方式为主，综合多种表达方式，理解人文主题，表达人文情怀，在理解和表达人文情怀的同时，训练语文要素。语文学习的实质是人文性和工具性的统一。语文要素的设计是纵向的，贯穿小初高十二年的课程内容，按照学生不同年龄阶段、不同思维层级和认知基础，整体设计语文要素，每个学段都有学生必须习得的语文要素，例如要求学生能够自主表达现实生活当中的问题。人文主题的设计是横向的，从高中十八个学习任务群来看，涵盖了人与自我、人与自然、人与社会的方方面面。

义务教育阶段语文课程注重激发和培育学生热爱祖国语文的思想情感，引导学生丰富自己的语言积累，培养语感，发展创新思维，培养结构化思维，初步掌握学习语文的基本方法，养成良好的学习习惯，使他们具有适应实际需要的识字和写字能力、阅读理解能力、写作表达能力、口语交际能力，正确地理解和运用祖国语言。同时，语文课程还应通过优秀文化的熏陶感染，提高学生的道德修养和审美情趣，规范而又雅趣地使用祖国语言，真实地表达内心情感，使他们逐步形成良好的个性和健全的人格，促进他们德、智、体、美、劳诸方面的全面和谐发展。

语文课程按照内容，整合成不同的学习任务群。"语文学习任务群"以核心素养为总目标导向，以学习任务为基本单元，以学习项目为载体，整合学习情境、学习内容、学习方法、学习资源和学习路径，引导学生在语言运用过程中提升语文素养。根据语文教科书内容，高中三年语文课程整合成十八个学习任务群，任务群与语文学科核心素养相对应,其中"语言积累、梳理与探究""实用性阅读与交流""汉字汉语专题研讨""跨媒介阅读与交流"对应"语言建构与运用""学术论著专题研讨""思辨性阅读与表达"对应"思维发展与提升""文学阅读与写作""整本书阅读与研讨""中国现当代作家作品研习""外国作家作品研习""中国现当代作家作品专题研讨"对应"文化传承与理解""当代文化参与""中国传统文化经典研习""中国革命传统作品研习""科学与文化论著研习""中华传统文化研讨""中国革命传统作品专题研讨""跨文化专题研讨"对应"审美鉴赏与创造"。

课程失去生活元素就会走向呆板和无趣。生活不经课程提炼就没有教育意义。生活是课程设计的"灵感源"和"实践场"。课程与生活是一个不可分割的有机体,在新课标形势下,更要注重课程与生活的融合。课程与生活是天然联系在一起的,学习反映生活,学习基于生活,生活趣味学习,生活意义学习,课程中融入生活化的内容,又反过来服务于生活,课程学习本身就是一种特殊的学习生活。因此,在生活中学习,从学习中体验生活。也就是说,一个人既在课堂上学习语言,也在生活中学习语言,二者是有机统一的。语文课程标准中说,语文课程应"在真实的语言运用情境中,通过积极的语言实践,积累语言经验,体会语言文字的特点和运用规律,培养语言文字运用能力",生活正是学习语言、使用语言、体会语言的最为丰富的语文课堂。

271教育语文课程在充分落实国家课程标准的基础上,注重学生的全面发展和生命成长,立足于家国情怀、全球视野,结合学校实际和学生生活实际,把更广泛的社会生活内容纳入课程体系,涵盖中华优秀传统文化、现代科技、政治理念、地理知识、人文情怀、生活常识等方面,使整个语文课程构建了一个系统而全面的体系。在国家课程的基础上,271语文教育课程还开设了丰富的活动课程,包括读书节、演讲课程、写作课程、阅读课程、专题讲座等,涵盖了语文素养的方方面面,实现了老师和学生的认知经验、生活经验与所学习课程之间的完美融合。

在确保国家课程内容全面落地的基础上，271教育的语文课程着重强化了以下五个方面的特色课程内容设计。

### 1. 拓展阅读范围，整体设计十二年一体化阅读课程体系

体现课标"整本书阅读"任务群要求的阅读课程，结合课标推荐阅读书目，拓宽学生视野，积累整本书阅读经验。271教育在义务教育阶段每周安排八节阅读课，高中阶段每周安排六节阅读课。精选文化传统经典书目以及文学、政治、哲学、科学等著作，作为学生的必读阅读材料，科学设计了小初高12年一体化的系列阅读书目，让学生的阅读体系化、进阶化，符合学生的阅读水平、生活实际，又符合学生的成长规律。系统、完整、科学的阅读课程体系大大拓展了学生的阅读内容，帮助学生培育核心素养，打开视野格局，健全人格品质，为终身阅读奠定基础，为学生终身学习提供动力源泉。

### 2. 关注时政热点，设计与时代同频共振的主题课程

与"思辨性阅读"任务群相结合的新闻热点、时政热评课程，设计《时文半月刊》，在课堂演讲中加入热点评论，引导学生关注社会发展，关注世界变化，从人类社会发展的角度看待生活，丰富学生认知，拓宽学生视野，打开学生格局。开发"一带一路"主题、两会主题课程等跨学科主题课程，与时代发展同频共振，培养271学子的家国情怀、全球视野。

### 3. 传统文化为根，系统设计培根铸魂的"嵌入式"国学课程

271教育将国学课程嵌入国家课程当中，将国学还原到学生的日常探究当中。将中华优秀传统文化作为课堂文化底蕴，内化于语文课

堂学习过程中,综合体现育人立意,完成"立德树人"的根本任务。引导师生在日常生活实践中去体验、发现,建构自身生存的意义,使当代国学的能量信息内化成师生个人的生存智慧、文化底蕴与科学精神,让全体师生能够在自学习、自组织、自适应的过程中涵养成"健全的人"。国学课程包括诵读课程、阅读课程、活动体验课程等。时间安排上,周三下午开展主题化活动体验课程,每天有国学诵读和国学演讲课程。通过对国学的探究,创生出个人的,也是民族的生存、生命智慧来。

国学课程以《中华优秀传统文化》课程为基础,结合学生实际需要,重新整合主题,如将《道德经》具化为"无为而治""辩证思想""老子的领导艺术"等七个主题;将《庄子》整合为"庄子的人生观""庄子的哲学观""庄子的宇宙观"等主题;整合《诗经》《论语》《大学》等经典著作,按照主题具体落实教学,强化优秀传统文化的实际学习效果。与"文化传承与理解"相结合的中华传统文化课程,通过诵读诗词歌赋、国学经典,研读史传作品,话剧表演经典等形式,让学生更加全面地了解传统文化的内涵和发展过程,在"听、说、读、写、演"中更好地深化对中华优秀传统文化的理解,陶冶自己的情操,坚定文化自信,自觉传承中华优秀传统文化。传统节日课程,让学生亲身浸润在节日中,感受传统节日浓厚的氛围,理解其中包含的丰富文化内涵,以及融聚的情感,体会传统文化的魅力,从而增强文化自信。

4.丰富课程资源,设计综合性、实践性强的演讲课程

新课标强调在复杂情境中解决实际问题,体现人才培养的综合性和实践性。271教育立足"四节一会",创设综合性、实践性强的真实情境,让学生在语言实践活动中发展自己的能力,这与新课标的精神是相吻合的。与"语言建构与运用"相结合的演讲与口才课程,每日值日

班长的施政演讲和施政总结,都属于演讲课程的内容,也都注重学生表达能力和思维能力的提升。准备一次演讲的过程,就是一次梳理思想的过程,这个过程可以极大地训练学生的逻辑思考能力,而这个能力不但可以用于演讲,而且在分析问题、决策判断、管理团队、阅读写作等方面,都是必备的基础能力。一个人能够流畅、准确地表达自己的思想,紧紧围绕主题,能够脱稿演讲,以达到某种目的,这既要求表达内容具有明确的指向性,又要求语言准确得体,并且强调演讲的逻辑性,因此,演讲能够促进学生语言运用能力和逻辑思维能力的提升。

5. 汲取艺术价值,创造性落实跨文化专题研讨课程

对应"审美鉴赏与创造"的跨文化专题研讨课程,结合国家教材中的文本内容,引入现实的文学、音乐、电影、戏剧、美术、建筑等欣赏,陶冶情操,提升审美能力和文化修养,能够认知美、鉴赏美,进而创造美。艺术是生活的另样呈现,是人们在生活中获得精神审美的具体表现。在社会历史的发展中,艺术同样起到了推动作用,无论是社会发明还是生活创新,艺术作为社会生活的集大成者始终处在变革的前沿,对社会文明起着引领作用。艺术作为独特的社会意识,其潜在价值对人们认知能力的形成有着极为重要的意义。271 教育语文课程将音乐和美术结合进来,通过音乐来想象意境,用美术绘画来表达情感,通过大开大合的跨学科整合,拉伸了语文教育的外延,合乎语文课程标准中"形成自觉的审美意识,培养高雅的审美情趣,积淀丰厚的文化底蕴,继承和弘扬中华优秀传统文化"的要求,为学生提供高品质的审美鉴赏教育。

## (二)基于生活的国家其他文科课程内容建构

271 教育基于生活的其他国家文科课程内容建构(见表 5-1)。

表 5-1　271 教育基于生活的其他文科课程内容制定

| 学　科 | 课程目标 |
| --- | --- |
| 英　语 | 1.基于生活的英语学科国家课程以促进学生英语学科核心素养发展为目标，由主题语境、语篇内容、语言知识、文化知识、语言技能和学习策略等要素构成。<br>　　主题语境涵盖人与自我、人与社会和人与自然，涉及人文社会科学和自然科学领域等内容，为学科育人提供话题和语境；语篇类型包括口头和书面语篇以及不同的文体形式，如记叙文、说明文、议论文、应用文、访谈、对话等连续性文本，以及图表、图示、网页、广告、漫画等非连续性文本，为语言学习提供文体素材；语言知识涵盖语音知识、词汇知识、语法知识、语篇知识和语用知识，是构成语言能力的重要基础；语言技能分为理解性技能和表达性技能，具体包括听、说、读、看（viewing）、写等，学生基于语篇所开展的学习活动即是基于这些语言技能，理解语篇和对语篇做出回应的活动；文化知识是指中外优秀人文和科学知识，既包含物质文明知识，也包含精神文明知识，是学生形成跨文化意识、涵养人文和科学精神、坚定文化自信的知识源泉；学习策略包括元认知策略、认知策略、交际策略、情感策略等，有效选择和使用策略是帮助理解和表达、提高学习效率的手段，是学生形成自主学习和终身学习能力的必备条件。<br>　　课程内容的六个要素是一个相互关联的有机整体。小学、初中、高中三个学段国家课程内容均围绕人与自我、人与社会、人与自然三大主题语境，围绕国际理解、生活应用、文化比较等模块一体化设计，话题反复呈现，语言能力、文化意识、思维品质、学习能力的要求循序渐进、螺旋上升。 |
| | 2.基于生活的 271 教育英语拓展课程是为了适应和满足学生个性化发展需求，开发的系列拓展课程，如英语整本书阅读课程、英文名著阅读赏析课程、英语戏剧与表演课程、英语影视欣赏课程、英文报刊阅读课程、英语歌曲演唱课程、英语演讲课程、模拟联合国课程等以及《东阿文化之旅：英语视角下的阿胶与洛神湖》等地方课程，全方位覆盖学生的兴趣点，力求最大限度满足学生成长所需。为弘扬和传承中华优秀传统文化、革命文化和社会主义先进文化，加深对中华优秀传统文化、革命文化和社会主义先进文化的理解和认同，培育文化意识，英语学科特别开发了"用英语讲好中国故事"系列校本课程，坚定文化自信，增强课程思想性。 |
| 政　治 | 1.义教低学段 1～2 年级设置入学教育、道德教育、生命安全与健康教育、法治教育、中华优秀传统文化与革命传统教育等五个主题，旨在以正确的价值观、道德和法律规范对学生进行道德和法治启蒙。 |
| | 2.3～4 年级设置道德教育、生命安全与健康教育、法治教育、中华优秀传统文化与革命传统教育、国情教育等五个主题，旨在引导学生养成健康的生活习惯、良好的道德品质和健全人格，形成集体荣誉感和责任意识。 |
| | 3.5～6 年级设置道德教育、生命安全与健康教育、法治教育、中华优秀传统文化与革命传统教育、国情教育等五个主题，旨在培养学生的道德情感、责任意识，引导学生遵守公共规则，形成深厚的爱国情感。 |

续表 5-1

| 学　科 | 课程目标 |
| --- | --- |
| 政　治 | 4.高中思想政治以发展中国特色社会主义为主线,设计必修课程的整体框架,包括四个模块。模块1"中国特色社会主义",依循历史进程,讲述为何开创和发展中国特色社会主义;模块2"经济与社会"、模块3"政治与法治"、模块4"哲学与文化",依托模块1的基本原理,讲述如何坚持和发展中国特色社会主义。比如,中国特色社会主义,着眼于人类社会的发展历程,立足于中国特色社会主义的伟大实践,明确中国特色社会主义是科学社会主义理论逻辑与中国社会发展历史逻辑的辩证统一,中国特色社会主义已进入新时代,帮助学生树立为共产主义远大理想和中国特色社会主义共同理想而奋斗的信念。 |
| | 5.模块3"政治与法治"以坚持党的领导、人民当家作主、依法治国有机统一为主线,讲述党的领导是人民当家作主和依法治国的根本保证,人民当家作主是社会主义民主政治的本质特征,依法治国是党领导人民治理国家的基本方式,奠定学生政治立场与法治思维的基础。基于选择性必修课程和选修课程是必修课程延展的需要,确定选择性必修模块和选修模块与必修模块的关系。选择性必修课程设置"当代国际政治与经济""法律与生活""逻辑与思维"三个模块,与必修课程的实施相互配合、相互补充。选修课程设置"财经与生活""法官与律师""历史上的哲学家"三个模块,是对相关必修课程和选择性必修课程的进一步拓展。 |
| 历　史 | 1.国家课程通识性课程:以唯物主义史观为指导,通过中外重大历史事件、历史人物及历史现象的叙述,展现人类发展进程中丰富的历史文化遗产,以及人类社会自古至今、从分散到整体、社会形态从低级到高级的发展历程。包括中国史(中国古代史、中国近代史、中国现代史)与世界史(世界古代史、世界近代史、世界现代史)。中国古代史以描述中华独特文明、传承中华优秀传统文化以及历代基本特征为核心,注重统一多民族国家的形成与发展过程,以及中国与世界的交往;中国近现代史以中华民族对外反抗帝国主义侵略,对内反对专制独裁统治的救亡图存为主线,突出中国共产党领导的革命斗争,进而突出反映中国人民在中国共产党的领导下进行社会主义建设的成就和社会主义核心价值观,以及中国国际地位的不断提高。世界古代史注重反映世界范围内多元文明的发展特点以及它们之间的区域性交往,反映世界历史发展的多样性;世界近代史揭示在资本主义世界体系形成的过程中世界各地区的发展状况,以及世界逐渐形成一个整体;世界现代史注重社会主义、资本主义和第三世界的历史发展进程,以及国际格局与国际秩序的发展和世界日益成为一个密不可分的整体。 |

| 学　科 | 课程目标 |
|---|---|
| 历　史 | 　　2.国家课程选择性必修课程:在必修课程基础上的递进与拓展,包含三个模块——《国家制度与社会治理》《经济与社会生活》《文化交流与传播》,分别从三个主要领域呈现更为丰富多彩的历史内容,提高学生的学习兴趣,引领学生从多角度认识历史的发展与变迁。《国家制度与社会治理》是通过国家制度和社会治理的相关内容,揭示人类政治生活的发展;学习这些内容,有助于学生加深运用唯物史观的阶级分析方法,对上层建筑的各领域的实质进行深入分析,认识国家治理体系和治理能力现代化的重要性。《经济与社会生活》是从经济与社会生活的角度,揭示人类社会的发展历程;学习该部分内容有利于学生认识经济与社会、经济与生活的互动关系,深化对人类社会发展历程的认识。《文化交流与传播》是从人类历史上文化交流与传播的主要方式、途径和载体切入,展现中外历史上重要的文化产品和文化成就交流传播的过程,以及对不同文化发展变化所产生的重要影响;学习该部分内容,有助于学生尊重世界文明多样性,以文明交流超越文明隔阂、文明互鉴超越文明冲突、文明共存超越文明优越。<br><br>　　3.基于生活的 271 教育历史学科拓展课程包括系列主题课程、历史阅读课程和影视中的历史课程。系列主题课程包括《民族复兴 我的责任》爱国主义教育课程(如《学习两会,我能做什么》的两会课程、《缅怀英烈 激发斗志》的清明节课程、《青春心向党 建功新时代》的五四青年节课程、《铭记历史　勿忘国耻》的九一八课程、《我和我的祖国》的国庆节课程等)和《泰山曲阜文化寻根游》历史文化活动课程。历史阅读课程主要包括历史专业书籍的整本书阅读(如阅读《中国通史》《人类简史》等)和师生共同创编《历史阅读小报》。影视中的历史课程主要通过观看影像资料(如观看《足迹》《国宝档案》《建党伟业》等),感悟其中历史。271 教育生活化课程通过引入这些丰富多彩的生活内容及活动,开阔学生视野,拉近历史与现实的距离,增强学生人文素养。 |
| 地　理 | 　　1.国家课程义务教育阶段地理课程:主要是从空间视角介绍地球环境与人类社会的关系,以区域地理为主,主要是区域地理特征的相关内容,旨在初步培育学生的区域认知和综合思维,分为"认识全球"和"认识区域"两大部分。前者从整体的角度,认识地球所处的宇宙环境、地球的自转和公转运动、地球表层的自然和人文环境。后者从区域的角度,认识世界大洲、地区、国家等不同尺度区域的地理事物和现象;认识中国的整体面貌,以及不同地区和家乡的地理事物和现象。这两大部分内容贯穿着地图、地理信息技术等地理工具的应用和地理实践活动,侧重展示地理的价值观和方法论。 |

续表 5-1

| 学　科 | 课程目标 |
| --- | --- |
| 地理 | 2.国家高中地理课程分为必修、选择性必修和选修三类课程：<br><br>必修课程包括 2 个模块，一是地球科学基础、自然地理实践、自然环境与人类活动的关系。二是人口、城镇和乡村、产业区位选择、环境与发展。必修课程旨在帮助学生了解基本的地球科学知识和基本社会经济活动的空间特点，树立尊重自然、顺应自然、保护自然、人地协调发展的观念。选择性必修课程包括 3 个模块，自然地理基础，区域发展和资源、环境与国家安全。自然地理基础主要包括地球运动、自然环境中的物质运动与能量交换、自然环境的整体性和差异性三部分；区域发展主要包括区域的概念和类型、区域发展、区域协调三部分；资源、环境与国家安全主要包括自然资源开发利用、环境保护、资源和环境对国家安全的重要意义三部分。选择性必修课程旨在帮助学生了解人类生存的自然环境特征及区域发展路径，树立因地制宜、人地和谐的区域协调发展观。帮助学生了解资源、环境与国家安全的关系，增强保护资源与环境的意识，树立维护国家安全、发展利益的观念。<br><br>选修课程包括 9 个模块，即天文学基础，海洋地理，自然灾害与防治，环境保护，旅游地理，城乡规划，政治地理，地理信息技术应用，地理野外实习。<br><br>对比初高中的课程内容不难发现，它们既重叠交叉又逐步深化、螺旋上升。同一内容在不同学习阶段的侧重点也是不同的：初中学段是以不同尺度的区域为案例，重在认知区域特征，建构区域认知的一般方法；而高中学段也是以区域作为研究对象，但更侧重用原理、规律和方法分析区域特征与人类活动的关系，进而探讨区域如何实现可持续发展。<br><br>3.基于生活的 271 教育地理拓展课程：地方课程和地理实践课程。<br><br>地方课程的研究对象是学校所在的区域。依托野外考察、分析利用图文资料等方式，运用国家课程中建构起来的区域分析与区域可持续发展的一般方法，归纳家乡地理环境的特点并分析形成过程及原因；说明家乡环境及生产发展给当地居民生活带来的影响和变化，并尝试用绿色发展理念，对家乡的发展规划提出合理建议，增强热爱家乡、建设家乡的意识。<br><br>为丰富研究内容、激发研究兴趣，271 教育地理课程还包括系列地理实践类课程。这类课程主要通过在真实的地理环境中调研、考察、分析地理环境特征来支持、完善学生在国家课程和地方课程中的建构。目前已经开设的课程有：昌乐火山口与岩石、植被关系的研究性学习课程、峡山湖与环境、水文的关系分析课程、云南多样生物与环境的适应性分析、规划旅行线路、制作地貌模型、土壤观测等系列课程。 |

## 二 基于生活的国家课程内容建构(理科)

理科教育在学生生命发展的启蒙和社会文明发展进程中发挥着重要作用,同时,理科课程对提高学生的科学素养、培养学生的创新精神、思维能力和实践能力都具有重要价值。然而,很多研究结论表明,学生对理科学习没有足够的兴趣和动机,这既源于教学方法的单一性和知识传授的碎片化,缺乏学生自主建构和拓展的认知过程,也在于课程内容与学生生活和社会脱节。随着全球化社会的迅猛发展,当今社会正面临着人口压力、自然资源短缺和环境恶化等文化冲突所引起的一系列后果。这些社会发展挑战和学校教育现状促使我们重新审视理科教育——理科课程在全球化进程中肩负着重要使命,培养学生成为有责任心、有创造力、有科学精神,并且有能力解决社会危机问题的未来公民是全球化危机对理科教育提出的重大挑战,展开来说,理科课程内容创造过程中,对适切性的要求提高了,对适切性的内容、适切对象、内容维度、基本特点、价值定位等提出了生活化、结构化的要求。

### (一) 基于生活的国家数学课程内容建构

课程内容是学习的载体。数学课程内容主要包括结构化的国家课程,校本化的拓展课程,例如数学建模课程,以及融入中华优秀文化的特色课程等。国家课程为学生发展提供共同基础和多样化的选择,拓展课程提升学生应用数学思维解决实际问题的能力,融入中华优秀传统文化培养学生的民族自豪感。

## 1. 国家课程

根据国家课程标准,义务教育阶段的课程内容主要包括:数与代数、图形与几何、统计与概率、综合与实践,重点培养数学直观与抽象能力、计算能力、逻辑推理能力,以及数学意识、观念,让学生触及数学语言,理解数学语言,能用数学语言初步思考生活中的数学问题;因此,课程内容侧重于具体的、与生活紧密相连的、简单的、静态的问题研究,数学抽象化、符号化、数学语言应用程度较低。

高中阶段的课程内容主要包括:预备知识(集合、逻辑、相等关系与不等关系、函数观点看一元二次方程和一元二次不等式)、函数、几何与代数、统计与概率、数学建模活动和数学探究活动。重点培养学生数学抽象、逻辑推理、数学建模等素养,学生自主对每一个大单元整体学习的内容进行知识体系、能力体系、逻辑体系、价值意义体系建构,积极应用四大数学思想方法,创新解决生活当中的数学问题,形成自己内心深处对数学本质的理解,进而逐渐形成自己独立的特有的数学学科思想,独立建立起来一整套数学理论实践逻辑体系,最后通过不断学习、不断建构、不断应用,形成自己对数学语言的理解,最终形成自己的数学语言体系。通过生活中应用生成的对数学语言的理解和创造,应用数学语言的能力会螺旋上升、不断完善,为未来的生活创造打好基础,为未来数学科学研究奠基。课程内容侧重抽象的、动态问题的研究,数学抽象化、符号化程度更高。

## 2. 基于生活的271教育数学学科拓展课程

拓展课程包括数学建模课程,以及融入中华优秀文化的特色课程等。数学建模课程不仅能让学生感悟数学概念中的结构和逻辑,更能让学生体悟到自然界和生活中的数学,用数学语言理解自然、思考生活、解决问题、成长生命,人人不断经历从数学的视角发现问题、提出问题、分析问题,解决问题的过程,从内心体悟数学建模思想的本质和价值。积累数学活动经验,感受数学的科学价值和生活价值。

将数学学科、数学史、优秀传统文化中的数学元素创新整合到数学学科教育当中。学科内容融入中华优秀传统文化,助推中华优秀传统文化的传承发展,增强文化自信。

## (二)基于生活的国家其他理科课程内容建构

271教育基于生活的国家其他理科课程内容建构(见表5-2)。

表5-2　271教育基于生活的其他理科课程内容制定

| 学 科 | 课程目标 |
|---|---|
| 物　理 | 　　1.国家必修性课程:物理必修性课程是全体学生必须学习的课程,是中学生物理学科核心素养发展的共同基础,由必修1、必修2、必修3三个模块构成,其中必修1主要涉及的是机械运动与物理模型、相互作用与运动定律;必修2主要阐述的是机械能及其守恒定律、曲线运动与万有引力定律,牛顿力学的局限性与相对论初步;必修3是静电场、电路及其应用、电磁场与电磁波初步、能源与可持续发展。<br>　　"机械运动与物理模型、相互作用与运动定律"模块注重在机械运动情境下培养学生的运动与相互作用观念和模型建构等物理学科素养。通过对该模块的学习,学生能够用匀变速直线运动的规律来解释或解决生活中的具体问题,能对物体的受力和运动情况进行分析得出结论,能从物理学的运动与相互作用的视角来分析自然与生活中的有关简单的问题,通过直线运动和牛顿运动定律的学习,认识物理学是自然现象的描述与解释,具有学习物理学的兴趣。<br>　　"机械能及其守恒定律、曲线运动与万有引力定律,牛顿力学的局限性与相对论初步"模块通过实验及推理论证等方法,让学生理解重力势能与重力做功的关系,理解动能定理和机械能守恒定律,学会从机械能转化和守恒的视角分析物理问题,形成初步的能量观念。通过对该模块的学习,学生能够对常见的机械运动进行分类,会用运动与相互作用的知识分析曲线运动问题,能用万有引力定律分析简单的天体运动问题,初步了解相对论时空观,能用能量的观点分析和解释常见的有关机械运动的问题。并且通过对行星运动规律和相对论的学习认识到科学研究包含大胆的想象和创新,科学理论既有相对稳定性,又是不断发展的,人类对自然的探索永无止境。<br>　　"静电场、电路及其应用、电磁场与电磁波初步、能源与可持续发展"模块通过对电场强度、电势、磁感应强度等物理量的描述,学生能够了解场的物质性,知道光是一种电磁波、光的能量是不连续的,初步了解微观世界的量子化特征,培养学生的物质观念,运动与相互作用观念,能量观念。并且学生通过对电磁学及能源相关内容的学习,认识科学对技术的推动作用,体会科技进步对人类生活和社会发展的影响,认识科学·技术·社会·环境的关系,知道保护环境、节约能源,促进可持续性发展的重要意义。 |

| 学　科 | 课程目标 |
|---|---|
| 物　理 | 2.国家课程选择性必修课程:选修课程是学生自主选择学习的课程,由选择性必修 1、选择性必修 2 和选择性必修 3 三个模块构成。其中选择性必修 1 主要是动量与动量守恒定律、机械振动与机械波、光及其应用;选择性必修 2 主要是磁场、电磁感应及其应用、电磁振荡与电磁波、传感器;选择性必修 3 主要是固体、液体和气体、热力学定律、原子与原子核、波粒二象性。<br><br>"动量与动量守恒定律、机械振动与机械波、光及其应用"模块在学生初步形成的运动与相互作用观念和能量观念的基础上,通过研究碰撞现象,机械振动和机械波,光的干涉和衍射等现象,拓展对物理世界的认识和理解。通过对动量守恒定律等内容的学习,认识到物理规律的内在一致性和适用范围,认识到物理研究是建立在观察和实验基础上的一项创新工作,在研究中必须坚持实事求是的态度。"磁场、电磁感应及其应用、电磁振荡与电磁波、传感器"模块进一步培养学生关于电磁场的物质观念,运动与相互作用观念和能量观念。学生了解电磁感应定律、楞次定律等电磁学的基本规律在生产生活中的应用,了解电磁振荡的过程,交变电流的产生原理和方式及高压输电、变压器等的原理,深入认识物理学对现代生活和科技社会发展的促进作用。"固体、液体和气体、热力学定律、原子与原子核、波粒二象性"模块进一步促进学生的物质观念,运动与相互作用观念、能量观念和物理模型建构等物理学科核心素养的形成。通过关于热学、原子与原子核以及波粒二象性等相关内容的学习,让学生意识到所有物理结论都必须接受实践的检验,在学习与研究中做到实事求是,不迷信权威,能与他人合作,认识到人与自然是生命共同体,人类必须尊重自然,遵循自然规律。<br><br>3.基于生活的 271 教育物理学科拓展课程:物理学科研发的活动课程主要包括"物理拓展课程"和"实验活动类课程"。物理拓展课程内容注重初中、高中物理和大学普通物理的学习内容的整合,旨在为一些有志向、有兴趣、有天赋的初高中学生提供个性化的、高阶的发展空间,激发学生个性潜能,学生自学、社团合作和教师指导相结合,让学生张扬个性、自主独立发展成为现实。实验活动类课程主要是实验小制作、创新实验等。<br><br>开展物理学科阅读,开阔学生视野。全科阅读视域下的物理学科阅读,在重视中华民族优秀的传统文化基础上,结合物理学科自身的特点,选择适合中学生阅读的经典学术著作、科普作品,《物理学史》《物理学的进化》《物理学家传记》等。从初二到高三,根据学生的不同认知水平,有计划有目的地精选体系化的阅读书目,比如适合初中阅读的《趣味物理学》《伪科学与超自然现象》《爱因斯坦传》等,适合高中阅读的《时空之舞:中学生能懂的相对论》《果壳里的宇宙》《时间简史》等。同时,及时推送现代科技前沿知识,开阔学生视野,拓展思维空间,提高学生的科学素养和人文素养。<br><br>另外,每月出版两期适合中学生阅读的报纸《墨子半月谈》,旨在激发物理研究兴趣,孕育物理学习学术文化、提高物理科学素养。给有创造力和对物理学感兴趣的学生提供一个展示、交流、创造的平台,让学生像科学家一样思考。 |

续表 5-2

| 学　科 | 课程目标 |
|---|---|
| 化　学 | 1.初中化学国家课程:主要包括基本概念、基本原理、元素及其化合物和化学计算。课程目标侧重于培养学生的科学素养和综合能力,强调实践能力和创新精神的培养。课程设置 5 个主题,包括物质性质与变化、身边的化学物质、物质构成的奥秘、化学与社会的发展、科学探究与实验技能,这些是为高中学习化学做好基础。<br><br>2.高中化学国家课程:围绕培养学生的科学素养和综合素质而设计的。旨在提高学生的化学知识水平、实验技能和创新能力,使其更好地适应未来社会的发展需求。国家课程分为必修课程、选择性必修课程、选修课程。必修课程是高中化学学习的基础,主要包括 5 个主题:化学科学与实验探究;常见的无机物及其应用;物质结构基础与反应规律;简单的有机化合物及其应用;化学与社会发展;选择性必修课程是在必修课程基础上,为学生提供更深入、更专业的化学知识学习,是必修课程的延伸,在学习必修内容的基础上深入学习:化学反应原理;物质结构与性质;有机化学基础;选修课程不做学业要求,为了拓展学生的视野而开设,主要包括:化学实验;化学与生活;化学与技术。<br><br>3.基于生活的 271 教育化学学科拓展课程内容<br>　271 教育集团以国家化学课程为主材,结合学生学习过程和生活实际,针对核心素养形成,对国家课程进行整合,形成自己的校本化、师本化、生本化的课程体系;在完成国家课程的基础上,创新实验课程,增加拓展课程。<br>　(1)化学实验课程:把课本 18 个学生必做实验全部变成分组实验,所有学生到实验室,分组合作,动手实验,借助数据平台分析实验结果,增加了实验的育人功能;老师们又开发出很多源于生活的家庭实验如:自制酸碱指示剂、生活中常见溶液 pH 值的测定、巧妙除水垢、自制酿酒等,增强学习化学的兴趣,实验开出率150%。<br>　(2)基于生活的化学拓展课程:我们开设了《水资源的开发与利用》《生活中的化学》《趣味化学》《化妆品与化学》等拓展课程,认识到化学与人类衣、食、住、行的密切相关,认识化学科学领域出现的新成果、新进展以及与现代文明进步的关系,发展"科学态度与社会责任"的化学学科核心素养。 |
| 生　物 | 1.义务教育阶段国家生物学课程内容<br>　义务教育阶段生物学课程内容包括七个学习主题:"生物体的结构层次""生物的多样性""生物与环境""植物的生活""人体生理与健康""遗传与进化""生物学与社会·跨学科实践"。学生能够从微观和宏观两个尺度认识生物体的结构层次,以及不同的生物在形态和结构上既有相似之处,又有差别。学生能够运用系统与整体的思维方式认识生物与环境的相互关系,确立生态文明观念;通过理解植物生命活动的基本过程和原理,从系统、器官等不同的结构层次认识人体的结构与功能,说明遗传信息与生物性状的关系,科学、技术、工程学、数学等学科的相互关系。 |

| 学　科 | 课程目标 |
|---|---|
| 生　物 | 2.普通高中阶段国家生物学课程内容<br>　　普通高中阶段生物学课程内容包括五个学习主题："分子与细胞""遗传与进化""稳态与调节""生物与环境""生物技术与工程"。学生能够从微观层面上了解细胞生命活动中物质、能量和信息变化的统一,细胞结构与功能的统一。通过理解生命的延续和发展,形成生物进化的观点;通过探究高等生物个体生命活动的规律,从系统分析的角度,认识个体生命系统的稳态;认识生命系统与环境的关系,树立人与自然和谐共处的观念,学生能够意识到生物工程应在法律和伦理的约束下,以人类需求为目标进行产品的开发,进而推动生物学的不断进步,提高人类生活质量。 |
|  | 3.基于生活的 271 教育生物学科拓展课程内容<br>　　(1)创新实验课程:"创新实验课程"是指教师组织学生在生物学实验室和校园内外开展的教学活动,既可以是动手、观察类的实践活动,也可以是以问题解决为特点的探究活动。学生能够从生物学现象中发现和提出问题、收集和分析证据、得出结论。综合运用生物学和其他学科的知识、方法与实验操作技能,采用工程技术手段,通过设计、制作和改进,形成物化成果,将解决问题的想法或创意付诸实践,逐步形成团队合作意识、实践创新意识、不懈的探索精神和创造实践能力。<br>　　(2)动植物科普课程:动植物环境是生态环境中最基本的环境元素。动植物科普课程依托自然环境,着眼于学生的兴趣爱好,因地制宜开展丰富多彩的活动,让学生养成关注身边事物的习惯,激发学生在生活中学科学、用科学的兴趣。动植物科普内容可以包括调查动植物资源,动植物分类的过程与一般方法,学会使用动植物分类表,学习编制简单的检索表,介绍校园动植物有关的科、属、种的特征及识别方法,动植物标本采集及制作,建立动植物资源管理数据库以及了解动植物与环境的适应关系等。 |

## 三　基于生活的国家课程内容建构(体育、艺术、劳动、技术课程)

　　长期以来,学校普遍重视学生智育发展,而忽视学生的运动、艺术、技术这些有利于学生生命潜能和创造力培养的实践性学科教育。当前,时代发展对教育提出了更高要求,国家对教育高质量发展的要求就是全面关注人的生命自由、充分、和谐的发展,课程的主要目的不再是为学生提供学科学习的碎片化知识和题目训练,教学的主要任务不再仅仅是帮助学生积累学科知识,而是发展学生体能、心理和生命的主体性,培养学生的多元智能、创新能力、实践精神,强化学生生命主体意识、释放生命活力和激发生命潜能。在学校教育中,体育、艺术、劳动、技术等课程的学习极其有益于学生这些能力的激发和培育,这类实践性课程是对社会文化生活的形象概括是与学生校园生活和学生生命成长需要的高效融合。基于此,271教育根据国家核心素养要求和课程目标,在体育、艺术、劳动、技术课程的内容制定上也紧紧贴合课标要求和学生的生活实际需要,在课程内容的丰富性、趣味性、有效性和活动内容的教育性上用足功夫,引领每个孩子生命健康成长。

## (一)基于生活的国家体育课程内容建构

271教育极其重视体育与健康课程学习,喊出了"体育是第一课程"的口号。271教育体育课程依据国家课程标准,结合学校和学生实际,充分考虑学生的年龄特点、学习基础、兴趣爱好和发展需求,整合一切贴近学生生活的生命成长体育课程内容,强调课程内容的基础性、健身性、实践性和综合性,突出学生学习的可选择性、趣味性、适宜性和有效性,全面提高学生体育与健康学科核心素养。

### 1.严格落实国家课程标准规定的课程内容

271体育教育严格落实国家课程标准规定的课程内容,以核心素养为导向,依据学生身心发展规律和运动技能形成规律,遵循目标引领内容的原则,系统构建十二年一体化体育与健康课程内容。主要包括基本运动技能、体能、健康教育、专项运动技能和跨学科主题学习五类课程内容,每一类课程分别设计水平计划、学年计划、学期计划和大单元/模块学习计划,每一类计划都包含学习目标、学习内容、学习重难点、学习活动设计、学习过程组织与实施、学习评价、教学反思七部分。并根据国家课程方案要求,严格落实各水平段相应课程内容及课时要求,具体课程内容结构与课时分配(见表5-3)。

表5-3 具体课程内容结构与课时分配

| 课程类型 | 水平 | 主要内容 | 学期课时 | 总课时数 |
|---|---|---|---|---|
| 基本运动技能 | 水平一 | 移动性技能、非移动性技能、操控性技能 | 54/学期 | 216 |
| 体能 | 水平二至水平五 | 速度、力量、心肺耐力、柔韧、灵敏、协调等 | 水平一:8节/学期 水平二至四:6节/学期 水平五:体能模块18课时 | 102 |
| 健康教育 | 水平一至水平五 | 体育文化、安全教育、运动与营养、健康行为、运动损伤预防与处理、青春期教育等 | 水平一:8节/学期 水平二至四:6节/学期 水平五:健康教育模块18课时 | 134 |
| 专项运动技能 | 水平二至水平五 | 田径类、球类、武术及民族民间传统体育类、水上运动类、冰雪类、体操类 | 水平二、三:18课时/单元 水平四:7、8年级36课时/单元 9年级72课时/单元 水平五:10个模块,18课时/模块 | 306 |
| 跨学科主题学习 | 水平一至水平四 | 钢铁战士、劳动最光荣、身心共成长、破解运动密码、人与自然和谐美 | 水平一:8节/学期 水平二至四:6节/学期 | 116 |

(1)基本运动能力:设计以"移动技能能力、非移动技能能力、操作技能能力"为主线的体育游戏,在趣味性游戏和游戏化的项目学习中发展孩子走跑跳投、攀爬腾跃等基本活动能力。

（2）专项运动技能：根据学生学习需求和学校实际，设置篮球、排球、足球、武术、健美操、游泳、田径、乒乓球等多个运动项目供学生选择学习，在长时间连续学习中，学会常练勤赛，帮助学生逐渐掌握3项以上运动技能。

（3）体能课程：注重体能发展。依据体能发展敏感期和运动技能提升窗口期，强化一般体能和专项体能综合发展，掌握多种针对不同体能的学习方法并养成自觉锻炼的习惯。

（4）健康教育：设计体育文化专题、安全教育专题、运动与营养专题、健康行为专题、运动损伤专题和青春期教育专题共6个专题。学会健康知识和技能，形成健康的生活方式。

（5）跨学科主题学习：主要为"钢铁战士、劳动最光荣、身心共成长、破解运动的'密码'、人与自然和谐美"五大主题课程内容。强调主题与本学期所学的其他学科内容有机融合。

## 2. 基于生活的271教育体育学科拓展课程

在落实好国家规定的体育与健康课程基础上，271体育教育围绕"教会、勤练、常赛"，整合校内外体育教育资源，根据学校实际和学生需求，创造出丰富多彩的体育拓展课程，满足学生多样化发展需求。其主要包括271体育特色课程、271体育节课程、271体育课外锻炼课程和271体育社团活动课程，这些都是基于生活的学校体育课程的重构，是对国家课程进行校本化、师本化、生本化落地实施的研究创造，也是对体育学科育人目标的坚定落地。

（1）271教育体育特色课程。

271体育特色课程包括舞蹈与礼仪课程和远足拉练课程。舞蹈与礼仪课程内容以国标舞、伦巴、恰恰为主，通过舞蹈与礼仪课程学习，帮助学生在学会体育舞蹈技能的同时养成良好的身体姿态，学会健康与异性交往,懂得文明礼仪。远足拉练以徒步行走为主,高中徒步距离为65千米;初中徒步距离为55千米;小学高段徒步距离为45千米;小学中段徒步距离为20千米;小学低段徒步距离为10千米。在远足徒步过程中,互帮互助、互相鼓励,用意志挑战极限,培养顽强拼搏、吃苦耐劳、永不服输、勇于进取的体育精神。

(2)271教育体育节课程。

271教育体育节课程主要包括学校运动会和校园吉尼斯挑战赛。运动会主要以竞技体育为主;校园吉尼斯挑战赛主要以篮排足三大球班级联赛和飞人大战、腕力王挑战赛、俯卧撑挑战赛、单杠挑战赛等单项比赛为主。所有比赛由学生自己组织和裁判。鼓励人人参加,激发学生的运动兴趣,营造校园体育运动文化氛围。

(3)271教育课外锻炼课程。

271教育课外锻炼课程主要包括阳光大课间锻炼课程和文明家庭体育锻炼课程。阳光大课间体育活动主要内容包括韵律操和跑步两项课程。每天上、下午大课间体育锻炼增强体质,愉悦身心,营造积极向上、健康文明的校园文化。文明家庭体育锻炼课程是学校体育课程的补充和完善,是落实国家"每天锻炼两个小时"要求的重要课程。课程内容主要涉及家庭、社区环境下,简单易行的亲子游戏、体能操、俯卧撑、仰卧起坐等锻炼方式。

(4)271教育体育社团活动课程。

271教育体育社团活动课程主要是学校体育竞技社团课程。学校体育社团课程是实现学生个性化培养,形成运动专长的有利途径,是结合校内外资源,为学生提供可选择的多种体育运动项目。它面向全体学生,要求全员参加,是学生发展运动兴趣、享受运动快乐、增强体质健康、愉悦身心的最受欢迎的体育活动课程。

## （二）基于生活的国家艺术课程内容建构

基于生活的国家艺术课程要联系生活,面向生活,回归生活,最终使学生通过艺术学习获得技能、理解生活、开拓生活领域、创造生活情趣、享受生活过程、实现生活幸福的能力。基于此,271教育立足学生生活,建构了以国家课程为核心,以校本实践课程为拓展,以校园文化活动课程为依托的一整套艺术课程内容体系(见表5-4)。

**表5-4　271教育艺术课程内容体系**

| 结构 | 学　段 | | |
|---|---|---|---|
| | 小　学 | 初　中 | 高　中 |
| 国家课程 | 义务教育阶段严格落实国家课程标准,艺术学科课程内容,以国家音乐、美术统编教材为落脚点,涵盖欣赏、表现、创造、联系四个领域,紧紧围绕艺术学科核心素养,夯实每位学生的基础知识学习,强化基础技能训练,注重学生艺术素质能力培养,落实每位学生的艺术核心素养。 | 必修模块课+选择性必修模块 | 高中学段艺术学科严格落实国家统编教材,开足各类必修及选择性必修课程,各模块均由既相对独立、完整,又相互关联、适度渐进的18学时加18学时两部分内容组成,全体学生根据自身兴趣爱好和发展需求从中选择修习。丰富的课程选择及课时保障为学生提供艺术实践的表现空间和基础知识与基础技能的支撑,为培育艺术学科核心素养奠定坚实基础。 |
| 校本实践课程 | 必修课程—乐器课程 | 让学生能够终身学习音乐、用音乐丰富自己的人生。学校设置在义务教育阶段,让每个孩子都能至少熟练掌握一种乐器演奏技能,帮助孩子掌握一项愉悦终生的艺术爱好。在小学1～2年级低学段开设口风琴课程,小学3～6年级、初中7～9年级开设二胡、古筝、琵琶等民族乐器演奏课程;小号、小提琴、长笛、黑管、萨克斯等西洋乐器演奏课程,每周至少开设1课时,另加课外活动的自主练习。在各学段末组织"将生命奏响"乐器汇报演出,建立常演、常赛机制,为学生提供艺术实践平台。 | | |
| | 选修课程—精品社团 | 各学段每周集中半天进行校本活动,让学生充分自主选择、学习自己喜欢的艺术课程,参加高水平艺术团。音乐学科建设"五个一工程":即合唱团、乐团(民族管弦乐团、西洋管弦乐团)、舞蹈团、戏剧社(戏曲或话剧),并建设艺术学业方向的特长生培养艺术团,帮助学生搭建丰富的艺术实践平台。美术学科开设素描、中国书画、陶艺、设计基础、创意绘画、装饰画、剪纸、手工、蜡染、风筝制作、色彩、速写等课程,活动课程既满足有专业需求的学生也兼顾兴趣爱好者的兴趣培养。 | | |

续表 5-4

| 结构 | 学 段 | | | |
|---|---|---|---|---|
| | | 小 学 | 初 中 | 高 中 |
| 校园文化活动课程 | 节庆课程 | | | 1.面向全体学生,结合中国传统文化中的节日,开设开学典礼、元旦晚会、艺术节等校园文化活动课程,建立常态化学生艺术展演机制,以晚会、展演、绘画主题创作等形式进行展示,为学生提供丰富多彩的艺术实践平台。<br>2.面向精品社团艺术专业方向的学生,每学期组织一次"五个一"精品社团展演,给学生提供展示交流的平台。<br>3.高水平学生艺术团体每学期积极参与国家重大演出活动及省市级各类音乐比赛、书法绘画比赛等。 |
| | 社会实践课程 | | | 组织学生走出校园,以志愿者、交流者等形式进行校外演出、民间采风,以及到美术馆、博物馆、文化交流中心参加志愿服务活动,做到校级之间、校社之间的文化交流,帮助学生更好地参与社会实践活动,认知、理解生活当中的艺术之美。拓宽视野,尊重和理解世界多元文化,认同中华优秀传统文化,形成价值认同和使命感。 |

## （三）基于生活的国家劳动课程内容建构

2022 年 4 月,教育部颁布《义务教育劳动课程标准》,明确了劳动教育的独立学科地位,劳动课程以培养学生的劳动核心素养为目标,围绕日常生活劳动、生产劳动和服务性劳动建构课程内容。

271 教育在落实国家课程标准的基础上,结合劳动课程多年实践经验,本着课程从学生生活中来,到学生生活中去这一基本课程原则,全面联系学生校园生活、家庭生活、社会生活,全力创新拓展课程资源,建构起涵盖日常生活劳动、生产劳动、社会服务性劳动三大领域十三大任务群课程内容,每个任务群由若干具体劳动项目组成,系统形成了自己独特的劳动课程内容体系。

### 1.广泛涉猎生活、生产、服务性劳动

课程内容设置强调体力劳动为主,强化出力流汗、手脑并用、体验过程;传统劳动与新型劳动结合,在注重技术学习和职业体验的基础

上,培养学生的劳动兴趣和劳动能力,同时关注学生意志磨炼、奉献创造等劳动精神的培养。

(1)日常生活劳动:立足于学生个人生活事务的处理,涉及衣、食、住、行、用等方面。注重培养学生自理能力,增强自立、自强意识以及形成良好的卫生习惯。包括校园保洁与卫生、洗手间清洁与卫生、生活用品整理与收纳、烹饪与营养、家政服务、家用器具使用与维护、家庭文明建设七个任务群。

(2)生产劳动:让学生直接经历工农业生产物质财富的创造过程,体会物质产品的来之不易,认识劳动与自然界的基本关系。共有农业生产劳动、工业生产劳动、传统手工艺制作、新技术体验与应用四个任务群。

(3)社会服务性劳动:让学生用已掌握的知识、技能为他人和社会提供服务,在劳动服务中认识社会,树立服务意识,体悟人与人、人与自然、人与社会的关系,加强社会交流,强化社会责任感。包括现代服务业劳动、公益劳动与志愿服务两大任务群。

2. 因时、因地制宜,将课程内容细化为具体劳动课程项目

271教育打通校内校外,融合班级、校园、家庭、社会劳动场所,拓宽劳动课程实践领域,形成了认知与制作、校园劳动实践、家庭劳动体验及社会劳动参与四大课程模块。

(1)认知与制作:主要包含劳动认知课程(劳动基本认知、劳动模范与英雄人物报告、劳动技能专家培训)、家政服务课程、手工艺制作课程及木工、金工、电工等课程。

(2)校园劳动实践:主要包含内务班务劳动课程、校园卫生保洁课程、洗手间保洁课程、校园岗位劳动体验课程、校园美化创新课程、餐厅帮厨课程及校内农场种植课程。

（3）家庭劳动体验：主要是双休日和寒暑假的"文明家庭建设"课程。旨在通过双休日和寒暑假，充分利用家庭生活的阵地，让学生承担家务劳动（卫生整理、洗衣做饭、收纳和搬运等），进而学会承担家庭责任，文明家庭，成长自己。

（4）社会劳动参与：利用暑假一周的时间，通过社区志愿者服务课程、现代企业岗位体验课程以及新农村劳动体验课程，组织学生进城下乡参与各类劳动。让学生在劳动中感悟生活，关注民生社会，体悟劳动创造，成长生命。

**3. 基于学生身心发展规律和行为能力，不同学段合理设置课程内容**

（1）小、初、高三个学段均涉及的统一课程：劳动认知课程、家政服务课程、内务班务劳动课程、校园卫生保洁课程、洗手间课程、整理与收纳课程、校园岗位劳动体验课程、餐厅帮厨课程、校内农场种植课程、寒暑假周末"文明家庭建设"课程；

（2）仅小学、初中涉及的课程：传统手工艺术制作课程、整理与收纳课程、社区志愿者服务课程、动植物养殖课程；

（3）仅初高中涉及的课程：木工、金工、电工等技术课程及新农村劳动体验课程。

（4）仅高中涉及的课程：校园美化创新课程、现代企业岗位体验课程。

## （四）基于生活的国家技术课程内容制定

**1. 基于生活的国家信息科技课程内容建构**

（1）国家信息科技课程内容。

为达成国家信息科技课程目标，我们在落实国家课程要求内容的同时,也结合学校的活动、学生的生活实际来进一步补充完善,形成了一整套结构化的内容体系。从内容上按照新课标提出的数据、算法、网络、信息处理、信息社会和人工智能六条逻辑主线,以项目的形式设计学科内容模块,组织课程内容。按照学生认知特点,采用循序渐进、螺旋提升的方式不断深化课程内容。同时通过研读课标,研究学科大概念,逐一分析每个大概念所对应的课标内容要求和学业质量要求,然后进一步明确课程大概念,通过课程大概念实现学科大概念和学生现实生活的链接,从而真正实现学科育人功能。

数据:数据来源的可靠性——数据的组织与呈现——数据对现代社会的重要意义。

算法:问题的步骤分解——算法的描述、执行与效率——解决问题的策略或方法。

网络:网络搜索与辅助写作学习——数字化成果分享——万物互联的途径、原理和意义。

信息处理:文字、图片、音频和视频等信息处理——使用编码建立数据间内在联系的原则与方法——基于物联网生成、处理数据的流程和特点。

信息安全:文明礼仪、行为规范、依法依规、个人隐私保护——规避风险原则、安全观——防范措施、风险评估。

人工智能:应用系统体验——机器计算与人工计算的异同——伦理与安全挑战。

(2)基于生活的 271 教育信息科技学科拓展课程内容。

基于生活的 271 教育信息科技学科拓展课程内容是对国家课程内容创新性的、校本化的实践,是为国家信息科技课程内容服务的。271 教育学校拓展课程内容重点包含三部分,一是学校每年会组织一次科技节,包含专家报告、前沿科技设备体验、实验、科技项目竞赛等内容。二是开展丰富多彩的技术社团课程,包括机器人社团、无人机社团、编程社团、航模社团和物联网社团等等,让学生更多自主动手体验,满足学生成长需要。

**2. 基于生活的国家通用技术课程内容建构**

通用技术课程是离学生生活最近的一门课程,也是学生普遍感兴趣的一门动手操作课程。271教育通用技术课程以《通用技术课程标准》为指导纲要,聚焦学科大概念、大观念、大过程。依据大概念和大观念形成基本问题,依据基本问题结合生活实际寻找现实任务,以现实生活中真实任务的解决过程为模型,遵循真实任务解决的逻辑,对应建构了以国家课程为核心,以半天活动课程为拓展的课程内容体系。

模块一:走进技术,体验设计。基础性技术设计学习,深化对技术的基本认识,体验钻木取火,经历收纳盒、风筝等简单技术产品的设计制作过程,掌握技术设计的一般知识和技能,形成基本的技术设计思想和经验以及情感态度与价值观。

模块二:设计实践,物化展示。实践性技术设计学习,经历孔明锁、金属瓶起子等典型技术产品设计制作全过程。通过熟悉基本材料、工艺和工具,规划合理、高效的加工流程,实现设计方案的物化。

模块三:探究技术,成长思维。围绕结构、系统、控制等开展"桥梁工程、动力小车、植物生长环境控制系统、水面垃圾清理装置"等实操项目,领悟技术原理的丰富内涵和广泛应用,提高运用技术原理分析和解决实际问题的能力,形成解决技术问题的系统思想,成长工程思维。

模块四:技术与生活,激发创造力。借助集团、学校统一设计的半天活动课程,满足学生学习需求,让学生长时间在工作室参与制作,围绕工具使用与维修、服装设计、传统工艺、模型制作、3D打印等内容设计活动课程,提升学生生活质量和幸福感,激发学生创造力。

## 第三节　基于生活的地方、校本课程内容建构

校本课程、地方课程作为学校义务教育课程的学校生活补充性课程有其特有的必要性和实践性,能够进一步促进课程目标的"本土化"实施,也能较好地促进国家课程的校本化落地,润物无声地促进学生的生命成长。该课程较好地帮助学生体验生活、感受生活,随时随地在学校生活过程中得到学习、受到教育,积累丰富的生活经验,为学习生活、创造生活打下坚实基础,给学生生命成长提供一个良好生态环境;可以充分挖掘本地区的教育资源,如自然风光、文化遗产、风俗民情等,创造性地开展各类活动,增强学生在不同场景下进行学习、思考、实践、体验的生命成长主动性和创造性,通过多种途径提高学生综合素养,全方位增强学生生命成长。

271教育在地方、校本课程内容的创新整合上,会结合不同年龄阶段学生已有的认知和生活经验去建构课程,让他们从熟悉的生活、事物、情境中去学习、体验和理解。例如,食育课程包括食之源、食之味、食之礼、食之道,学生在知其源、品其味、习其礼、明其道的过程中,感受天地自然之道,传承祖先饮食文化,最终形成珍惜食物、热爱生活、合理膳食、健康管理等美好生活品质。职业生涯规划课程,学生可以自主选择保安、保洁、餐厅师傅、图书管理员等岗位去体验,服务他人,体验生活,感知生命,发现兴趣,完善自己职业规划。

以"一带一路"课程展开来说:"一带一路"是2013年我国为促进

沿线各国经济繁荣与区域经济合作、促进国际和平与共同发展提出的伟大倡议,遵循共商、共建、共享原则,旨在造福沿线国家和人民,推动构建人类命运共同体。研究其倡议提出的背景、内涵、价值意义等有助于拓宽学生的国际视野,鉴古知今,关注现实,以未来为坐标,以世界为格局引领学生,成长为未来美好世界的建构者,人类幸福生活的创造者。

"一带一路"倡议之名称源于古代的"丝绸之路",公元前2世纪张骞"凿空"后,丝绸之路开始在世界版图上延伸,横贯东西,连接欧亚非,它不仅是一条通商易货之道,更是一条文化交流之路。常规历史教学中经常引导学生梳理古代丝绸之路上中外经济、文化交流的典型事例,以展现丰富多样的古代中外文化和商贸交流对各国发展的影响,认识古代中国对世界文明发展的贡献。除陆上丝绸之路外古代还有海上丝绸之路,在宋末至元代迅速发展,至明代郑和下西洋时发展到顶峰,清朝闭关锁国后才走向衰落。梳理古代陆上、海上丝绸之路的发展,结合时代背景,探究古代"丝绸之路"兴衰原因及历史启示,探究中西文化联系的纽带与渊源,探究处于多变的世界,学生对未来综合创造性思考与展望,有助于培养学生敢于冒险、不畏艰难、敢为天下先的人格品质。

"一带一路"倡议东连亚太经济圈,西牵欧洲经济圈,覆盖65个国家或地区,被认为是世界上最长、最具有发展潜力的经济大走廊。沿线诸多枢纽性区域是地理学科中的重要内容,隐含着丰富的自然环境、人文风貌等信息,为跨学科主题学习提供了丰富的生活内容和客观的实证材料。主要有三个模块:

### 第一部分:认知内化模块

从两个方面,设计课程内容。一是历史上的丝绸之路,重点对从秦汉、隋唐、到明清时期丝绸之路的兴盛、转变、衰落的背景、意义、影响进行系统分析。二是新时代"一带一路"的复兴,重点是"一带一路"的现代背景、内涵、意义、主要事件分析。通过引导学生对"一带一路"的前世今生有一个系统的认知,清晰学习"一带一路"课程的价值意义。

## 第二部分:课题研究模块

从"一带一路"与世界、"一带一路"与中国、"一带一路"与自己三个主题,设计系列课题研究活动,针对"一带一路"国家的政治、经济、文化开展研究性学习,从而找到与我们国家、家乡和个人的关系,站在"一带一路"未来发展格局下,清晰自己未来职业规划。

## 第三部分:活动体验模块

设计系列主题体验活动,主要包括:"一带一路"国家研学、"一带一路"国家文化周、"一带一路"国际合作高峰论坛模拟、"一带一路"国家特色展、"一带一路"中国企业推介会等系列活动,学生通过研究、实践、论坛、展示等多维度体验"一带一路"学习内容,打开视野格局,开拓创新思维,提升国际理解。

基于此,教师从宏观上整合不同学科学习资源,供学生来学习研究,有关内容如下:

历史学科:用思维导图建构汉唐、宋元、明清"丝绸之路"发展历程,探究历史上中华文明对世界发展做出的贡献,探究古代丝绸之路的兴衰原因及历史启示;讲述张骞、班固、郑和等历史人物对丝绸之路做出的贡献及背后的人文价值和时代意义,学习他们敢于冒险、不畏艰难、敢为天下先的优秀人格品质;梳理古代"丝绸之路"上的文化、经贸交流的典型事例,说明中国对世界文明发展的贡献;对比古代丝绸之路、近代新航路的影响,认识各民族间的交流、互动对世界历史发展的重要意义,给沿路国家人民带来的福祉。

地理学科:画出"一带一路"路线图,找出陆上"丝绸之路经济带"和"21世纪海上丝绸之路"上重要国家,设计出"一带一路"的研学攻略,探究"一带一路"沿线国家地理特色,发展区域认知及地理实践能力,找出地理学中古代一带一路历史必然和现代一带一路时代价值,展望在科学的地球观基础上的人类发展共同体美好愿景。

政治学科:通过为"一带一路"倡议撰写解说词,概述"一带一路"提出的背景及发展过程,总结"一带一路"的基本内涵、原则、意义,加深对中国梦与世界梦的理解,加深对国际政治、各国优势互补、共同发展的认识,加深对不同民族、不同文化、不同宗教在融合发展中的根据和前景的理解,加深世界命运共同体、发展共同体、责任共同体内涵和机遇的理解,研究"一带一路"给不确定的未来世界,给"一带一路"国家和人民带来什么样的发展机遇,在关心民族复兴的时候,同时关注世界发展。通过认知、研究、体验和研学考察,不断深入认知、体验、探究、生成,认识当今世界发展的趋势和中国作为负责任大国的担当。

语文学科:搜集古代中国、印度、阿拉伯、希腊、罗马的文学作品,艺术创造,研究沿线国家哲学家及相关的哲学思想及对世界文明进程的影响,了解不同区域的文化特点;能用小论文等语文学科的表达方式撰写研究报告,锻炼逻辑思维和语言表达能力。

艺术学科:"一带一路"沿线特色音乐、舞蹈、绘画等。

推荐书籍:《世界是通的——"一带一路"的逻辑》《"一带一路"引领中国》《外国媒体看"一带一路"》。

推荐纪录片:《一带一路》《河西走廊》等。

"一带一路"跨学科主题学习的内容选择,注重展现人类优秀文明成果和"一带一路"发展大趋势,揭示中外交流发展的基本脉络和价值趋向,以每一个孩子生命的完满发展为清晰目标,展现人类社会的变迁,以利于学生拓宽视野,增强洞察力,突出责任感和担当意识,打开视野格局,胸怀祖国,放眼世界,开辟未来。

271 教育以二十年的教育实践为基础,深度整合国家课程、地方课程、校本课程内容,以学生为中心,以学生动脑思考、实践应用为主攻方向,以学生的学习过程为重点,充分融入学生个人生活、社会生活,创造完善基于生活的课程内容,创造各个学科、各方面学习内容落地的生活实践路径,从学生生活需要出发,为学生生命成长服务,帮助学生描摹出自己未来的事业生活的前景,国家民族复兴的前景,世界人民大团结共同发展的前景,最终为每一个孩子的生命成长奠基。

# 参考文献

[1] 斯宾塞.教育论:智育,德育和体育[M].北京:人民文学出版社,1962.

[2][7] 拉尔夫·泰勒.课程与教学的基本原理[M].北京:人民教育出版社,1994.

[3][4][5] 张华.课程与教学论[M].上海:上海教育出版社,2000.

[6] 钟启泉.课程设计基础[M].济南:山东教育出版社,1998.

[8] TABA H, Spalding W B. Curriculum development: Theory and practice[M]. New York: Harcourt, Brace & World, 1962.

[9] ZAIS R S. Curriculum principles and foundations[J]. American Journal of Education, 1978(4).

[10][11][12] 李子健,黄显华.课程、范式、取向和设计[M].香港:香港中文大学出版社,1996.

[13] S.拉塞克,G.维迪努.联合国教科文组织丛书:从现在到 2000 年

教育内容发展的全球展望[M].北京:教育科学出版社,1996.

[14] 靳玉乐.现代课程论[M].重庆:西南师范大学出版社,1995.

[15] 林玉体.西洋教育史专题研究论文集[M].上海:文景出版社,1984.

[16] MONROE P A. Text-Book in the History of Education[J]. 1970.

[17] PLUTARCH P. Plutarch's Morals[M]. BoD-Books on Demand, 2019.

[18] 约翰·杜威.民主主义与教育[M].北京:中国轻工业出版社,2014.

[19][20] 埃德蒙德·胡塞尔.欧洲科学危机和超验现象学[M].上海: 上海译文出版社,1988.

[21] 衣俊卿.回归生活世界的文化哲学[M].哈尔滨:黑龙江人民出版社,2000.

[22] 阿格妮丝·赫勒.日常生活[M].重庆:重庆出版社,1990.

[23] 项贤明.泛教育论:广义教育学的初步探索[M].太原:山西教育出版社,2000.13.

[24] 张春兴.教育心理学:三化取向的理论与实践[M].杭州:浙江教育出版社,1998.

[25][26] 约翰·杜威著,赵祥麟,任钟印,等.学校与社会·明日之学校[M].北京:人民教育出版社,2005.

[27] 常元.课程内容与学习经验的转化机制[D].上海:华东师范大学,2012.

[28] 孔子.论语译注.2版[M].北京:中华书局,1980.

[29] 吕立杰.国家课程设计过程研究:以我国基础教育"新课程"设计为个案[M].北京:教育科学出版社,2008.

[30] 中华人民共和国教育部.介绍义务教育课程方案和课程标准修订情况[EB/OL].(2022-04-21)[2024-04-08]. http://www. moe. gov. cn/fbh/live/2022/54382/.

[31][33] 中华人民共和国教育部.义务教育课程方案和课程标准(2022年版)[S].北京:北京师范大学出版社,2022:04.

[32] 崔允漷,郭洪瑞.试论我国学科课程标准在新课程时期的发展[J].全球教育展望,2021,50(09):3-14.

[34] 崔允漷,张紫红,郭洪瑞.溯源与解读:学科实践即学习方式变革的新方向[J].教育研究,2021,42(12):55-63.

[35] TSANG A K L. The Evolving Professional (EP) Concept as a Framework for the Scholarship of Teaching and Learning[J]. International Journal for the Scholarship of Teaching & Learning, 2010,4(1).

[36][42] 崔允漷,郭华,吕立杰等.义务教育课程改革的目标、标准与实践向度(笔谈):《义务教育课程方案和课程标准(2022年版)》解读[J].现代教育管理,2022,(09):6-19.

[37] 甘琼,杨威.深刻领会新课标的核心要求聚焦核心素养的教学实践——《义务教育体育与健康课程标准(2022年版)》指向性分析与思考[J].体育教学,2022,42(6):4.

[38] 恩斯特·卡西尔.人论[M].上海:上海译文出版社,1985.

[39] 中华人民共和国教育部.教育部共青团中央全国少工委关于加强中小学劳动教育的意见[J].中华人民共和国教育部公报,2015,(09):31-33.

[40] 中华人民共和国中央人民政府.中共中央、国务院关于全面加强新时代大中小学劳动教育的意见[J].中华人民共和国国务院公报,2020,(10):7-11.

[41] 中华人民共和国教育部.教育部关于印发《大中小学劳动教育指导纲要(试行)》的通知[J].中华人民共和国教育部公报,2020,(Z2):2-11.

# 第六章

# 基于生活的课程实施

课程设计所产生的各种课程文件,只能看作是预期的或理想的课程。然而,要实现这些预期的课程所包含的课程目标,只有把它们付诸具体的实践,即课程实施,[1]课程实施是一个动态的、序列化的、具有创造性的实践过程,有一定的运行结构和程序,是有目的、有计划、有步骤的。课程实施是否合理?是不是能在实施中取得预期的效果?这涉及课程评价的问题,对此我们在后续的章节中会谈到。

## 第一节　基于生活的课程实施概述

没有课程的教育就是无源之水。有课程但不能实施或是实施不好的教育就是无序或是低效的。当课程生活化创造整合完成之后,用生活化的方式,以学生为中心,以学生综合素养提升为主攻方向,全过程通过学生主动、独立的生活体验去感受知识,自主建构课程结构,创新应用知识去解决生活问题。只有这样,教育才能真正走向以人为本,让学生能够自由、全面、充分、和谐发展,真正为党育人,为国育才。

## 一 影响课程实施的因素

影响基于生活的课程实施主要有两大因素:其一是人的因素,基于生活的课程,体现了学生在课程中的主体地位和作用。其二是物的因素,主要是基于生活的课程环境创设、材料准备等方面的因素。

### (一) 学生与基于生活的课程实施

基于生活的课程实施能不能达到预期的教育目标,学生是最关键的要素。学生是基于生活的课程的学习主体,基于生活的课程价值是为了实现学生的生命成长,以学生的发展为指向。基于生活的课程核心价值就是学生发展的价值:最大限度满足学生生命成长的需要,促进学生生命完满发展。"发展是由一种新结构的获得或一种旧结构向一种新结构的转化组成的过程。"[2]可见,发展是一个持续不断朝向具体目标演化且稳定变化的过程,这种变化是在主体的个体内部自主进行的。任何事物的发展都是一个由小到大,由简到繁,由低级到高级,由不全面到全面,由旧质到新质的运动变化过程,人的发展也是这样一个变化过程,不同学者对人的发展过程从不同的视角做出了回答。如:成熟论的代表人物,美国心理学家格塞尔认为,人的发展是一个顺序模式的过程,这个模式是由机体成熟预先决定和表现的,成熟是一个由遗传因素控制的有顺序的过程,是机体固有的过程;[3]行为主义者把人的发展看成人的行为稳定的变化过程,正如经典行为主义的代表人物华生所认为的那样,环境对塑造学生行为起着决定性作用;认知学派将人的发展看成人的认知结构的不断重组,在皮亚杰看来,学生的发展如有关客体、空间、时间和因果性的发展,并不是学生对现实的"发现",而是学生对现实的"建构"。而发展是个体的同化、顺应两种功能同时作用的结果。学生的认知发展是通过认知结构的不断建构和转化而实现的。建构主义是行为主义发展到认知主义以后的进一步发展,在皮亚杰和早期布鲁纳的思想中已经有了建构主义的思想。自 20 世纪 70 年代末以来,以布鲁纳为首的美国教育心理学家将维果茨基的教育心理学思想介绍到美国后,对建构主义的发展有着很大的影响。建构主义认为人们是以自己的经验来建构对现实的解释的,但是对于世界的理解和赋予的意义是由每一个人自己决定的,因而,就必须要强调人在发展中自身的主动性、社会性、主体性。[4]虽然不同学者对问题的回答不同,但他们都认定发展就是一种变化,就是一个过程。基于生活的课程将认知心理学、人本主义心理学、建构主义心理学等思想作为学生发展的指导思想,认为学生的发展是主体与客体相互作用的结果。而自主活动是学生发展的动力与源泉,是实现基于生活的课程价值的根本途径,只有追求以学生发展为教育的根本目的,才能有效地实施基于生活的课程,实现其课程目标。

## (二)教师与基于生活的课程实施

教师是基于生活的课程有效实施的重要保障,但教师不是课程实施的主体,学生才是基于生活的课程实施的主体,教师是帮助学生这个主体实施课程要求、实现课程目标不可或缺的设计者、帮助者和领导者。教师的课程理论水平与实践水平直接影响着学生基于生活的课程学习效果。很多教师将学生课程学习的困难主要归咎于缺乏一套很好的课程体系,缺乏一系列课程理论的指导。这一方面反映了教师已经认识到课程建设需要理论作指导;另一方面,也说明教师更多的是希望坐享其成。

大多数教师认为课程设计是教学专家、课程专家、学校领导的事情,教师就是将已经被编制好的课程方案加以实施。实际上,教师要做好一个教育者,首先应该是一个学习者、一个研究者,一个课程的创造者,以及学生认知过程和生命成长过程的一个理解者。因此要想课程方案能够更好地实施,就要发挥教师在课程实施中教的主体作用,全程激发调动学生学的主体作用,全程领导学生主动建构、提出观点、积极创造,并同学生一起在课程实施中共建课程,共创路径方法,一起主动创造生成对学生发展有价值的课程和课程实施方法。转变教师的教育观念是实现从预成性课程向生成性课程转变的关键。要使每一个教师从习惯性简单机械地预设课程取向转变为放手让学生独立的缔造取向,即从简单机械地反映课程设计者的意图,按照课程设计者建立起的一套程序和方法将课程计划付诸实践,指导教师是课程知识认知过程的创造者、课程实施方案的创造者、学生学习过程的引领者、学生学习主体性的启发者,充分发挥教师和学生在课程实施过程中的自主性、能动性和创造性。教师们必须认识到自己不仅仅是课程的实施者和组织者,还是课程实施的设计者、研究者和创作者。思想对了头,一步一层楼,理念打不通,处处走不通。教师的课程理论水平与实践创造能力对学校的高质量发展起着举足轻重的作用,它关系到能不能有效地落实课程方案、实现课程目标,关系到学生生命是否得到自由、全面、充分、和谐的发展。

笔者经过大量相关文献研究发现,当前的课程实施主要存在以下问题:第一,以教师为中心,以教师的教为中心,而不是以学生为中心,以学生的学为中心,强调学生整齐划一的集体行动,课程实施的主体发生了严重的错位;第二,学习目标不是关注学生的生命发展,而是全程关注碎片化知识的传授、强化记忆、强化训练,而不关注学生的感受和学生认知过程的研究;第三,将课程实施理解为一丝不苟地将预定的课程方案付诸实施,简单机械,模仿落实,不顾学生的学习实际,很少考虑学生这个学习主体在课程中的积极性、主动性、创造性和主体性;第四,课程实施缺乏弹性,杂乱无章,缺少了一种丰富多彩的生活化课程实施的应有的生动、应有的自主和自由,教师与学生处于不平等的两极。

实施基于生活的课程,应当首先关注教师的成长与发展,提高教师的文化素质与理论素养并增强学生学习过程的理解能力、研究能力、自主发展能力,彻底打破来自教师本身的阻碍学生认知能力提升、生命成长的认知天花板和行为天花板。只有这样,才能将课程实施真正落实到学生自主学习的学习生活当中,真正促进学生的全面发展。

### 1.教师角色的重新定位

角色是个体在特定的社会生活中的身份,以及由此而规定的行为规范和模式的总和。在传统教育中,教师是教育活动的中心,扮演着知识的拥有者、知识的传授者,教育教学的管理者,单一学习结果的评价者等多种角色,教学过程一切都由教师主宰。这种忽视学生是课程学习过程的主体的价值观,让课程目标实现成了教师一个人的简单的追求,学生只是随从、服从、盲从,一切都是被动,主体性得不到一个顶点的发挥。这是对教育的扭曲,这是对学生的极大不公平,也是教育教学低效的根本原因,基于生活的课程呼唤着教师角色的重新定位。

(1) 由文化知识的传授者转变为学生自主习得知识的指导者。

教师应从学科文化知识传授者的传统角色束缚中把自己彻底解

放出来,转变为学生学习过程的指导者、帮助者、陪伴者,教学方法由传统的、霸道的单向灌输转变为启发学生自主建构,突出学生认知主体在建构过程中的主体作用,给予学生建构知识充足的空间,突出能满足学生生活化学习的小组合作的作用,把学习过程的自主体验、自主生成的机会全部放给学生。为适应这种以人为本、成长生命的教育本应有的教学方式、方法的变革,教师应该成为学生学习兴趣的激发者,全方位支持他们自主构建知识,教师的角色将由"教"转变为"导",由研究自己如何教转变为研究学生如何学,推动他们不断督促学生探索知识、内化知识、建构知识、应用知识、发现知识,而全过程推动学生动脑思考,发展自己。

由教师变导师,引导学生积极自主成长。

(2)由课程教材的忠实执行者转变为课程教材的研究者。

在传统的教学中,课程是由课程专家和学科专家设计的,教材也是由国家统一编订的,但这些课程和教材是国家要求的,是相对固定的,是针对全国学生的,是不可改变的。而自己所教学生的学习情况与落实国家课程教材的要求,中间要靠教师这个桥梁来连接,教师不能只是课程的、教材的、简单的执行者。教材仅仅是个例子。教材不是学生生命成长课程的全部,一味执行就严重割裂了课程和学生生活的关系,教学就会走向呆板和无趣。现代教育要求教师充分研究学生学习的主体性,教师是一个教育教学研究者,是学生课程教材、学习方法、学习过程的设计者,也是学生学习过程的参与者,一句话,教师应该是一个教育者。积极的教师应该有以下三种能力。第一,运用现代教育技术的能力。现代科学技术的发展推动了教育技术的进步,课程教材呈现多样化趋势,教师必须从方便学生的学习认知过程开始研究现代教育技术和相关学科知识,如教学软件的编制设计和开拓多媒体教学空间,还要注重为学生创设鲜活的学习情境,根据他们的不同特点和需求,方便学生学习,方便学生合作,激发学生创新,从而最大限度地发挥现代教育技术的作用。第二,课程开发的能力,基于课标核心素养要求和学生的学习认知发展要求,向学生学习,研究学生的认知心理、认知过程和认知方法,以学生的学习为中心,积极主动地投身到课程开发中去。第三,在把课程整合成一个又一个大概念,让学生自主探究的同时,要与学生社会生活实际结合,让课程变得更有趣味性、更有生活化,以激发学生学习兴趣、激发学习创造。

(3) 由教学活动的权威转变为融洽师生关系的协调者、合作者。

在学校里,和谐的人际关系是学生生命成长的第一生产力,特别是师生关系尤为重要。人是在交往中学习与生活的,师生交往、互动是学校教育生活与学习生活的基本方式,教师的一言、一举、一行、一动都对学生起着重要的作用,教师要放弃封建社会固有的师道尊严,放下身段,与学生公平交流,平等交朋友,平等做事情,向学生学习,学习他们的性格特点和认知特点,了解研究他们的学习过程,研究有利于学生自身发展的内容,用学生喜欢的方法帮助学生自主学习,促进学生全面发展。第一,教师应树立新的师生关系观,即转变传统教育中"唯师是从"的专制型师生观,构建教学双重主体之间的相互尊重、相互理解、相互信任的新型的平等、民主、合作的师生关系。把受教育者看成一个既有历史性的,又具有开放性的自我生命成长的主体,尊重不同学生的不同生命存在,更要敬畏目前我们还看不到的每一名学生不一样的光彩照人的美好未来。第二,教师应具备调控教师与学生沟通、交往的职业能力。教师要有与学生共情的能力。共情能力就是教育能力,教师在学生心目当中的形象是温暖的、相信的、安全的、激励的、陪伴的形象,这种形象一直给学生提供跃跃欲试、积极进取的情绪价值。课程目标一直引领着师生、学生之间的平等对话,人与人之间有效沟通、交流、理解,保证学生自主学习过程始终向着正确的方向用相对正确的方法持续前进,促进每一名学生在一种安全温馨的氛围中全面发展。第三,反思能力。一个教师的反思能力既是他的学习能力,也是他的教育能力。反思是教师着眼于自己的教学活动过程,分析自己做出某种行为的动机、决策以及行为过程和所产生的结果的一种综合思维过程。是教师的一种通过提高自我觉察水平来促进自我发展能力的手段。教师的反思包含:对于活动的反思,这是个体在行为完成之后对自己的行动、想法、做法和结果的反思;活动中的反思,即个体在做出行为的过程中对自己行动中的表现、想法、目标一致性等进行反思;活动后的反思,它是以上述两种反思为基础,总结经验来指导以后的活动。反思有助于教师专业能力的发展,职业精神的锻造。

（4）从只重视知识传授到对学生身心发展的全面关注。

组织指导学生自主学习是手段、是过程,课程实施是内容,学生生命成长才是课程实施的根本目的。

学生正处于身心发展的重要人生阶段,教育不仅仅为人的发展提供知识、发展人的认知,在发展认知的过程中,提升认知能力和认知水平,教育更应成为关注人的生存、引导人生、成长内在、打开生命、释放潜能、使人成为人的生命的伟大活动。雅斯贝尔斯在《教育是什么》一书中说:"当代教育已出现下列危机征兆:非常努力于教育工作,却缺少统一的观念;每年出版不计其数的文章书籍,教学方法和技巧也不断花样翻新。每一个教师为教育花出的心血是前所未有的多,但因缺乏一个整体,却给人一种无力之感。此外,就是教育一再出现的特有现象:放弃本质的教育,却去从事没完没了的教学试验,只在学术上打转转,作一些不关痛痒的调查分析,把不可以言说之事用不真实的话直接说出来,并不断地更换内容和方法作种种试验。"[5]由于各方面因素的影响,学生在发展过程中难免出现一些心理问题和心理障碍。教师应在日常教育、在生活中引领学生积极向上,明确目标,主动成长,在孩子心中播种希望,引领孩子积极面对遇到的困难,主动自主独立解决困难。同时,在教学活动中渗透心理健康教育,关照他们的内心需要,让他们内心更纯粹、更圣洁、更无私、更高尚,促进学生生命的健康成长。教师应该是一个宽容的人,让学生无顾虑地把困难和苦闷倾吐出来,缓解其紧张、焦虑等情绪,深入了解学生产生心理问题和心理障碍的原因,针对性选择适当方式,对症下药,教师应该是学生遇到学习、成长一切困难的依靠和信心源泉,为此,教师的角色从单纯的知识传授者转向对学生全面发展、高质量实施课程学习的组织者、陪伴者和领导者。

关照学生的内在成长才是一位教师应有的纯粹和高尚。

(5)教师即终身学习之学习者。

终身学习是指人的一生通过持续不断地学习活动来求得思想、意识和行为的不断向好变化和发展,不断提高人的思想觉悟、理论水平、文化修养、社会经验和从业能力的过程。终身学习是当今社会发展的必然趋势,在进入信息社会以后,职前教育将转型为终身教育,社会对在职人员的岗位培训要求也随之提高。而在教育领域,随着教育不断发展,要求教师必须重新树立崭新的学习观念,即终身学习的学习观,不断更新知识结构,不断优化自己的思维方式,不断创新改变自己的教育行为,不断建构形成自己的教育思想,持续提高自己的专业水准和教育能力,以适应新的育人目标、育人方式、育人过程的变化。为此,教师应不断地向社会学习,向圣贤学习,向规律学习,向生活学习,向学生学习,向自己学习,全力找到自己持续学习的动力源泉,真正把学习活动视为个人发展、学生发展和社会发展的共同需要,自觉把学习与工作有机地结合在一起,具有自由思想和独立精神、持续精进、不断创造。可以说,一个教师的不断学习,就是他职业生命活力的存在,一个不学习的人是无论如何也不能胜任做教师的。从某种意义上来说,教师的劳动是一种创造性的劳动,不学习、不思考、不改变,是无论如何也不会走向创造的。学习能力是一位教师胜任的看家本领。

① 教育改革需要教师具有自由思想、独立精神和创新思维的坚定意识和实践能力。教师唯有在教育思想和方法上持续探索创新,摒弃旧弊,方能与时俱进。其次,新的教育环境、新的教育情境也需要教师面对新情况有独立思考和创造的能力,在教育过程中,完全相同的教育情境是根本不存在的,教师不可能完全照搬别人和自己以往的经验;面对每一个生动鲜活的教育对象,需要教师独立思考、随时创造。教育对象的千差万别,要求教师用开放的心态,采取不同的方式,因材施教,走向对学生学习过程的全面理解,由刻板、预定、机械的一味灌输,走向放手给学生自主、合作、探究的全程自主,激发学习自主性和创造性。根据不同的教育对象,因时因地制宜,既有教无类,又因材施教,快慢相伴,高低相随,优劣相倚,黑白相间;能够对教育规律有自己正确的判断,有分析地对待自己和他人的教育经验,既不盲从迷信,也不一意孤行;不断吸取新知识,总结新经验,研究新情况,洞察新趋势,不断有所发现,不断有所创造,持续改变完善,向着更完善的目标不断努力。随着网络技术的发展,整个社会生产方式、生活方式都在发生着深刻的变革,教育也被赋予了新的使命,具有新的特征。面临网络和 AI 智能时代的挑战,教师还应该具有整合资源,适应线上线下融合教育教学创新的能力。如,快速查阅和提取信息、网络学习、资源创造、沟通交流、及时有效引入和使用助学 APP 等。互联网、各种学习平台、便捷的信息辅助、技术应用乃至借助 AI 技术帮助设计教育教学资源、发布和开展网络讨论等,都能扩容生活化课程学习的时空和思维层级,特别有利于当下线上线下教学环境融合的更新。尤其是,目前的学生都是"数字土著",是枕着互联网、握着智能手机长大的一代,他们擅长从网络上学习知识,习得技能。教师优秀的数字化素养,能

拉近师生距离、提升课程学习的生活性、时代性,更好地吐故纳新,激发创造,更重要的是能够真正实现基于生活的课程实施的互动性、参与性、主动性、创造性。所以,教师应通过学习不断改变自己的教育观念,创新更加适合学生学习的有效教学方式,以适应新时代对学校教育的要求。

② 教学效能感。

教学效能感(the sense of efficacy)是指教师对于自己影响学生学习活动和学习结果的能力的一种主观判断。教师的教学效能感包括:一般教学效能感和个人教学效能感。研究表明,个人教学效能感对教学监控能力具有预测作用。教师教学效能感不同,在教学监控能力的各个方面有不同的表现;有的教师只关注个别点,不关注面上整体局面,有的教师只关注面上整体局面,而缺少对点的关注。有的教师只关注开端,不关注结果目标的实现,有的教师则对开端、过程、结果三者一起关注,确保好的教学效果的实现。最优秀的教师既关注到面上的效率,又关注到个别点上的需要,这样的学习过程才富有生机和活力,个人教学效能感的高低对教师的教学监控能力具有直接的决定作用。教师的教学效能感对学生的自我效能感有很大的影响,教师的思维方式时刻影响着学生的思维方式,学生的思维方式时刻影响着学生的学习能力和学习成绩。

③ 教师的教育机智。

教育机智是教师对学生活动的敏感性以及根据学生新的,特别是突发事件,快速地做出应急反应,及时采取恰当措施的能力。它所依赖的主要心理品质、高度的责任感和教育的智慧,以及对学生的尊重和公正的态度,冷静沉着的性格等。教师的教育机智具体表现在以下方面:

善于因势利导。教师的教育机智表现为能根据学生自身的特点和兴趣循循善诱,在教育过程中创造性整合,利用一切条件放大教育价值,持续充分调动学生的积极性,不断消除其消极因素的影响。

善于随机应变。由于学生的千差万别和教育情境的复杂多变,每一名学生的学习过程不一样,并且每一名学生的学习过程会随时发生一些意想不到的事情,教师的教育机智表现为能根据现实情况及时地分析和判断,灵活果断地处理突发事件,及时解决矛盾并将学习过程出现的问题创新成教育资源加以利用,从而有效地向着既定的学习目标组织教学。

善于"对症下药"。学生在学习交往过程中发生的问题,其原因是多种多样的,而学生的个性也是千差万别的。教师的教育机智表现为能正确分析问题的起因,考虑学生的个性特点,相信每名学生都能学好,每个问题背后都有其独特的原因,在尊重、相信的基础上,采取灵活多样的方式和方法,引导学生自己解决问题,有的放矢地进行教育。教育机智是不允许教师伤害学生的。

善于掌握教育分寸。任何教育方式的作用都有一定限度,一旦超过这个"度"就会欲速则不达。教师的教育机智表现为讲究教育的科学性、有效性和艺术性,在对待学生和处理问题时心存善意,无条件相信学生,尊重学生,包容学生,实事求是,说话有分寸,分析中肯,方式适宜,引领疏导学生充分发挥自己的主体性生活能力,积极主动地培养自己解决问题的创造意识。

一位教师的学习能力就是他的教育能力。

## (三) 环境与基于生活的课程的实施

环境的教育作用是潜在的、持续的。近年来,教育生态学、学生发展心理学等理论提出学生是在与环境相互作用的过程中获得发展的,创设何种环境与学生的发展有着极大关系。这些理论也是我们271教育生态论的理论基础。教育生态学(Educational Ecology)是由美国哥伦比亚师范学院院长劳伦斯·克雷明（Lawrence Cremin）于 1976 年在《公关教育》（Public Education）一书中最早提出来的，它是教育学和生态学相互渗透的成果。[6]教育生态学是依据生态学原理特别是生态系统、生态平衡、协同进化等原理与机制，研究各种教育现象及其成因，进而掌握教育发展的规律，揭示教育的发展趋势和方向，概括地说，教育生态学是研究教育与其周围生态环境（包括自然的、社会的、规范的、生理的、心理的）之间相互作用的规律和机理的科学。[7]而 271 教育生态论是在对自然生态理论理解的基础上，在一所学校内部建构的物质的、文化的、环境的、课程的、课堂的、管理的、教师的、学生的、学习与生活的、人际关系的一种有利于不同个性的生命共同和谐成长的类似自然生态的一种生命成长的环境系统。271 教育生态论把所有元素都整合到学校内部这个育人系统当中，为每一个孩子的生命自由、快乐、健康成长提供一个和谐氛围和良好环境。

教育生态学将整个社会的各种机构和要素看成一个相互联系、相互制约的生态系统，它认为探索各种社会机构的教育功能和作用以及这些机构之间的相互关系及相互作用，建立一个平衡的社会层面的大的教育生态系统，有益于提高教育效益。学生是教育活动的主体，而教育的发展离不开教育赖以生存的生态环境。教育的生态环境把受教育者（学生），既看作是社会的人，又看作是生物的人，还看作是发展中的人，以学生的个体发展为线索，影响学生发展的生态学界域包括教育在内的外部环境组成的整体的大的社会系统。

以生态学的观点来看待基于生活的课程实施，意味着将学生放入到一个大的、整体的生态环境中，对学生自身发展，内外和谐，从心理、生理和人际关系及与周围环境的相互关系及其相互作用上对学生发展的影响进行研究。我国自 20 世纪 80 年代末、90 年代初，开始注重研究学校中潜在课程对学生发展的价值，认识到潜在课程是一种独立的课程形式,是一种教育性经验,其层次结构为:表层是物质—空间类;中间层是组织—制度类;内层是文化—心理类。[8]

### 1. 物质—空间类

物质环境作为学校文化的一个重要组成部分,是潜在课程的一个重要来源,只有对它进行合理的设计和应用,才能发挥其积极的教育作用。它包括学校的建筑、道路、绿化美化、教室设置等诸多方面。其建筑风格、装饰、空间大小、绿化美化的特点都会无形地影响学生的审美意识和情趣,甚至影响学生的自尊心、自信心、性格等,这种"物质性文化"是物化的思想观念,代表着一定的精神与灵魂,是一种教育价值观可视的体现。

### 2. 组织—制度类

包括教育内容与活动安排、教育评价、教育管理等。教育内容与安排体现了课程设计者的学生观、知识观与教育观,影响到对知识学习的安排、教育教学的方式,直接或间接地影响学生的发展,还有师生关系观,影响到教师教的态度,学生学的态度,影响着师生关系的建构。教育评价的内容与方式客观上给学生传递着一种价值倾向,使学生形成相应的行为倾向性。不同的教育管理方式就会有不同的管理内容和管理方法,与学生的日常思想、行为、过程和追求的目标息息相关,对学生整体行为与心理都将产生长远的影响,甚至是一生的影响。

### 3. 文化—心理类

与物质环境相比,社会文化心理环境属于一种无形的"软环境",它主要是以社会心理气氛和人际关系表现出来,在评价过程中难以确定一套精确的量化标准,常常是对其进行描述,具有主观性和易变性。在学校中,文化心理类的潜在课程的核心是学校的价值观,在价值观引领下,涉及全校师生员工的行为方式、思维方式、生活态度、人际关系、舆论氛围,还有正规课程教师所表现出来的学习精神、职业精神和为学生提供的榜样示范等。

积极的、奋进的学习生态营造,教师起着举足轻重的作用。

教师对学生抱有积极的期望。教师在了解每个学生的基础上,会对每个学生未来发展的潜力有所推测,这被称为教师对学生的期待。教师的期待效应(又名皮格马利翁效应)即教师根据学生的性别、身体特征、智力特征、社会经济地位、兄弟姐妹情况等各种信息形成对某个学生的期望。[9]期望形成后又通过各种方式如目标激励、分组、强化、提问、提供有利于其目标实现的成长平台等对被期望的学生不断施加影响,使学生形成并巩固自己对自己的期望,最后又表现在学生的行动中,学生的积极行为表现又进一步影响教师的期望。期望效应是教育中的一种重要的人际关系效应,既影响了教师的教育,又影响着学生的发展,主要表现在学生的自信心上:受到低期待的学生会感到自己无能或品行不好,产生无力感;对学生的各种行为和学业成就的影响,受到低期待的学生会放弃努力或继续表现出一些不良行为,导致学业成绩下降;师生关系受到低期待的学生与教师的关系逐渐疏远。[10]

教师是学生发展的积极归因。一般来说,教师对学生的发展都持有一定归因倾向。有教师倾向于外部归因,即将学生的发展归因为学生能力、学习材料、客观条件等,教师无法控制和把握;有的教师则倾向于内部归因,他们往往认为,自身对学生的成功和失败更有责任感。研究表明,教师对学生发展的归因倾向对教育活动和学生发展影响明显。倾向于内部归因的教师会更主动地调整自己的教育行为,积极地影响学生的学习活动,通过调整自身的教育行为来促进学生的发展;倾向于外部归因的教师则更可能怨天尤人、听之任之。实践表明,优秀教师一般不是单方面的归因,倾向于内部与外部相结合的归因方式。

271教育注重教师培养,注重教师专业能力提升和职业精神打造。引领每一位教师向内求,向内寻找激发学生创新进取的动力源泉,通过职业精神锻造,深耕教师对专业的追求、对教育的热爱,激发教师相信每一个孩子、帮助每一个孩子都对未来充满美好的期待,启动每一个孩子的自我系统,强化生命成长的主体意识,让孩子在一个和谐的生态环境里开心成长。

教师应具备善于倾听以及良好的语言表达能力。课程实施中教师与学生双方的思想交流是通过语言进行的,其中倾听和口头表达具有特别重要的作用。教师要学会倾听学生的想法,并能准确而流畅地表达自己的意见和观点,只有这样,才能顺利地进行教育活动。有经验的教师都非常重视自己教学语言艺术的修养,包括语音、语调和肢体语言,努力使自己的语言准确、简洁、幽默、生动形象、扣住主题不游离、表述清楚不模糊、有激励性、鼓舞性,做到科学性、直观性和启发性相结合,增强表达力、感染力和教育力。

教师有对学生行为的观察、领悟能力。教师对学生行为的观察、领悟能力的根本在于对学生的热爱和对学生生命、个性及认知过程的深刻理解,只有这种无私的热爱和深刻的理解才能观察到学生的某一个独立行为,更要结合学生的个性特征及其所处的场景对他们的行为做出全面的、逻辑的、符合其本质的认识。这种理解是一种设身处地、感情共振的介入性理解,是对学生行为目的的合理性(手段或规范性理性、传统或习惯合理性、价值合理性以及情绪情感合理性)的综合性理解。教师应具有接纳、热爱每一个不同生命的不同形态,坚信每一个不同生命都会有不同美好的大爱之心,需要具有一种开放的心态,充分了解学生外显的以及内在的行为线索和生命逻辑,尽可能弄明白学生行为现象的背后理由,以保证对学生的行为做出及时的、合适的反馈,或者给学生提出及时的、恰当的要求。如果教师对学生行为的领悟能力过低,只根据表面现象去判断学生的行为,就很可能造成某种误解,在误解的基础上行使教育者的职责,不可能真正帮助学生成长,相反,会给学生的学习与发展带来伤害,甚至是毁灭性的打击。

## 二 课程实施的途径

### (一)沟通学生直接经验与间接经验、直接认知与间接认知之间的联系

直接认知和间接认知是学生在认知过程中的两种基本认知方式,前者以学生为主体,以活动为中心,以学生的过程体验为重点;后者以教师为中心,以书本知识为中心。长期以来,由于我们对教学过程的本质和学生认知过程的真实的理解上出现了偏差,教学活动中学生的认知活动主要是一种间接认知。学生的间接认知虽然有利于学生快速地、系统地学习和记住书本知识,却在一定程度上将学习过程中学生作为一个人的完整认知活动人为地割裂开来,过度强调了间接认知的重要性,忽视了学生的直接经验和生活经验,忽视了学生的认知主体地位,剥夺了学生独立思考和主动探究的机会,制约了学生的认知广度,剥夺了学生的认知体验机会,从而把学生限制在僵化枯燥的书本世界之中,割裂了学生书本知识世界与学生直接经验及生活经验世界之间的有机联系。

事实上,学生的直接经验和生活经验对于丰富和深化他们的间接

认知乃至促进他们掌握系统的书本知识,以及分析问题和解决问题能力的培养都具有重要的基础性作用和目的性引领。正因为以往教学对学生直接经验和生活经验的忽视,学生所获得的书本知识成为一堆没有活力的死知识,也导致了课堂的枯燥乏味而失去了生命活力。因此,基于生活的课堂教学,一方面就是要正确处理直接经验与间接经验之间的关系,以学生的现实生活经验作为基础,用学生的直接经验和生活经验来丰富和扩展他们的认知,引领学生自主积极建构新知识,突出学生认知学习的主体作用,让学生在认知过程中学会认知,在思维过程中学会思维。倘若一种教学活动忽视了学生的直接经验和生活经验,只是在听从老师那里得来的间接经验,只是在记忆教科书上已有的间接经验,学生不仅难以顺利地学习和掌握系统、全面的书本知识,充分发展自身的才智,形成良好的品德和完满的人格,也不可能体验、领悟到自己的生活意义和生命价值,学生的兴趣不会得到应有的培养,思维也不会得到应有的开拓,学习体验没有得到应有的丰富,这种脱离学生本身直接经验和生活经验的认知,其实是把学生当成了主动认知、自主建构的局外人。另一方面,教师必须引导学生实现学习方式的转变,全力引导学生从以往不动脑注重间接认知书本知识和间接经验等简单不深刻的学习方式转变为适当运用直接自主认知书本知识和直接经验的方式来进行自主学习,体现生命成长的主体性,从而沟通书本世界与学生现实生活世界之间的联系,把生活世界中的教育资源与书本中的知识世界融会贯通,也只有把书本知识灵活运用到现实生活当中,才能体会到学习的意义和知识的价值,从而激发学生学习兴趣。唯有这样,学生才可能真正感受和体验到学习书本知识的重要作用,才能真正理解并学会书本知识,创新应用书本知识,激发学习动机,深刻认识到自己学习的责任和价值,积极成长自己生命的主体能力。

## （二）以真实生活体验为基础，增强课堂学习的生命和活力

体验式学习是学生在课堂学习中的一种重要学习方式，学习活动只有以学生的真实生活体验为基础，充分发展其认知主体性，才能够真正触及学生的内心世界和精神生活，才能真正启动学生学习探究的自我系统，从而改变他们的生存方式，提升他们的生活意义和生命价值，帮助学生真正成为学习的主人、生命成长的主人，最后真正实现教育的根本价值。可以说，人生的价值和意义源自个体的真实生活，来自个体的生活体验，也来自个体的主体意识、主体能力，这种真实的生活体验超越了知识的获得和认知能力的养成，深入了个体的精神世界和内心灵魂的深处，直接影响着个体对自己的生活意义和生命价值的深刻理解与领悟[11]。与此相反，传统课堂教学只是局限于书本知识的传递和认知能力的培养，忽视了学生的生活体验和真实感受，导致教学活动远离了学生的现实生活，丧失了应有的生命活力，无法与学生的精神生活的完整性、生活体验的个体性和独特性有机地联系起来，在一定程度上影响了学生的全面发展和创造生成。因此，教师在教学过程中，应该以学生的真实生活体验为基础努力建设自主、活跃和积极向上的课堂文化，带给学生"欢乐、幸福、一直被期待以及对世界的乐观感受"，为他们将来"诗意"地生存与发展提供良好的精神基础，从而激发课堂的生命活力。如果课堂积淀的是一种脱离了学生真实生活体验的压抑、消极、被动、灌输的课堂文化，它带给学生的则是一种负面的体验，对学生生命成长是一种极大的伤害，也是对学生原本生命的一种禁锢和压抑，在这种场域中，学生的生命是无论如何也不会被打开的。

其次，在某种意义上，课堂文化是一种由教师和学生的知识结构、情感态度、人生信仰、价值观念、思维方式和行为方式等因素构成的一

个复杂整体,它具有多元性、独特性、差异性等基础特征;教学过程实际上是一个教师和学生以各自的既有文化视角为基础,通过相互理解和平等对话而对多元的课堂文化进行整合进而实现共享的过程,从而建构一种更加有教育意义、更加丰富多彩、更加有利于个体发展的课堂文化。这就需要在教学过程中通过教和学两个主体之间的相互理解、平等对话和相互沟通,对多元的课堂文化不断地进行整合、创造和发展,从而实现课堂文化的共享。

最后,传统的课堂教学往往以既定文化的传承与认同为主要目标,缺乏创造性人才的生存和发展空间。教师注重的是学生在教学活动中接受现成的知识和结论,缺乏创新意识和批判性思维的培养,导致学生只是习惯于接受而不善于独立思考,直觉、想象、虚构和"不切实际"的幻想被排除在课堂之外。其结果是,学生不知道如何学习,就只知道听老师讲,注重死记硬背,没有足够的批判性分析问题和独立思考解决问题的能力。显然,这种课堂积淀的是这样一种课堂文化:学生没有进行独立思考、大胆想象和批判性思考的空间,学生的独特见解、另类思维和创造性观点往往受到压制和歧视,造成了教学过程的单调、枯燥和乏味,从而丧失了课堂应有的活力和乐趣。因此,课堂文化的重建要回归学生课堂学习生活的本义和价值,把思考的权利、创新的权利、自主的权利全部归还给学生,让学生过上一种应有的有价值的学习生活。教师要积极建设一种依靠学生,为了学生,以培养学生独立自主的创新精神和创造能力为核心的新的学习过程体验式课堂文化,实现从守成性、维持性、封闭性的课堂文化转化成自主性、创造性、开放性的课堂文化,从注重课堂的文化传承功能到注重课堂的文化创造功能的转变,在教学过程中要求学生不能满足于已有的认知和结论,不迷信权威,积极鼓励学生的奇思妙想,敢于批判质疑,允许学生对"文本"进行不同的解读,允许学生对知识用于生活的方法的不同的创新，为培养学生的创造精神和创新能力营造良好的环境和氛围。

## （三）着眼于师生之间的合作、交流与对话，促进学习生活共同体的建立

在生活世界中，人不管是对自己还是对自然，始终是一个主体性的存在，是一个具有独立意识和独特个性的自我存在。主体性是人的根本特性。同时，人又是一个社会性的存在，人的价值和目的是在社会生活中完成的，他必须以生活的方式存在于这个社会之中，生活在他所在的共同体之中。教育是面对一个又一个走向不同未来的未成年人的学生，教育应该培养学生在学校学习生活中学会与他人打交道、与社会打交道。不幸的是，以往的教学由于重集体轻个体、重竞争轻合作，重统一轻自主，这种"集体"实际上成为一种凌驾于个体之上、忽视个体的主体性和独特性、与个体对立的实体化的"虚假的集体"，它只是"由一些同名数相加形成的，好像一袋马铃薯是由袋中的一个个马铃薯所集成的那样。"[12] 因此，课堂只有成为一个真正意义上的学习生活共同体，才能够有效地促进学生的自由、全面、充分、和谐的发展，也只有这样，才能较好地完成学生个性由自然人到社会人的教育改造，实现生命个体的完满发展。

作为一个班级，学生在课堂上是一个生存联合体。学习生活共同体不是对个体自由的压制，而是与传统课堂中的"虚假的集体"有着本质的区别。首先，学习生活共同体是由一个又一个实实在在的人组成的，共同体理应注重学生个体的自由和权利，尊重学生个体的独特性和差异性，努力以学生的自主活动和自由探索来促进学生个体的身心得到自由、独特的发展。其次，学习生活共同体又积极倡导学生个体主动参与小组合作学习、班级集体生活当中，建立一种"人人为我，我

为人人"的休戚相关的密切关系、团队合作关系,从而使课堂成为一个既有班级集体统一意志的集体生活,又有个人自由独立的发展空间,既有相互合作又有个人自主探究。为此,课堂中学习生活共同体的建立,首先必须确立学生的主体地位,弘扬学生的主体性,尊重他们应有的自由和权利,努力增强他们的主体意识,发展他们的主体能力,培养他们的独立人格,把他们的自我教育、自我管理、自我发展和自我完善逐渐变成个人生活的主格调;其次,在弘扬学生个体主体性的基础上,倡导教与学两个主体之间的交往、合作与对话,积极引导学生实现从个体性存在和发展方式向更高层次的共生性生存和发展方式的转变,逐渐从"独存"走向"共生""共在",努力培养学生的合作精神和合作能力,把他们培养成为有责任感的生命主体、自然主体和社会主体。

这也是学校教育生态论对班级文化建设的意义。

## 第二节　基于生活的国家课程实施

用学生熟悉的社会、学校和家庭生活的场景和内容,作为学校课程校本化、师本化、生本化落地的土壤和背景,激发学生的学习兴趣和能动性。

### 一　基于生活的国家课程实施(文科)

《义务教育课程方案和课程标准(2022年版)》的颁布,预示着我国基础教育课程改革全面迈入核心素养时代。[13]各学科将改变长期以来碎片化和模式化的浅层的单纯书本知识的讲述、记忆式的学习,取而代之的是体现整合性、关联性、主体性和发展性的学生自主建构、创造意义的深度学习,将培养学生的核心素养作为学科课程实施的核心价值追求,并协同其他课程共同为学生奠定未来发展所需要的深厚的人文底蕴、科学精神和生活能力,促进学生自主发展能力的提升和社会参与责任意识的增强,为党育人、为国育才。新课程标准对课程改革的目标进行了明确规定,为实现这些目标也提供了丰富内容。目标和内容确定后,课程实施就成了目标落地的关键,课程改革必须获得课堂教学方式、考试评价内容和方式、教材研发、资源利用以及教学研究与教师培训等全方位的支持,只有这样才能实现其既定目标。在这些因素当中,最重要的就是课堂教学的改革,即是学生学习方式的变革,通过变革,确保学生课堂学习方式与课程标准和课程内容的要求相适应。课堂教学只有真正把学生当作学习主体,课堂学习都要围绕学生学习主体的活动展开,教师教学才能真正得到改变,新课改的理念才能真正落地,学生才能够享受学习过程,自主成长,素质教育的价值才能够最终指向学生的生命发展。

基于生活的课程外延等于生活的外延。生活化的文科课程应通过生活的体验实现对学生情感、态度与价值观的正确引导。注意教学内容的价值取向、生活意义,发挥文科课程的熏陶感染作用。在这个过程中,尊重学生独特的学习体验和生活经验,引导学生在课程学习中接受优秀文化的熏陶,获得丰富的审美体验,形成良好的人文素养,树立正确的世界观、人生观和价值观。

## (一) 基于生活的国家语文课程实施

基于生活的语文课程实施应该关注学生学习方式的转变,做好学生语文学习活动的设计、引导和组织,学生全过程积极主动参与到学习当中来,这样才能保证课堂学习效果。根据学生的发展需求,围绕语文课程学习任务群,创造引导学生广泛、积极、深度参与的学习情境。可通过多样的语文实践活动,融合听、说、读、写的各种语言习练活动,打通语文学习世界和学生的生活世界的连接,运用优质的素材和范例,激发学生的学习兴趣和动力,提高语言建构能力和文字运用能力。加强课程内容的整合,将国家课程、生活内容通过主题阅读、比较阅读、专题学习、项目式学习、写作表达、口语表达等方式,实现知识与能力,过程与方法,情感、态度与价值观的整合,整体提升学生的语文学科素养。

鼓励学生根据个人兴趣、能力和特长,自主选择学习内容和学习方式,在体验中学会学习过程、学习目标的自主管理,学习态度的自我调控,并且积极主动与小组成员交流心得,分享创造,解决疑难问题,共同提高,全力提高个人自我学习领导力,努力探索个性化的学习方法。学生学习过程的自主性、独立性、创造性和合作性全程得到老师仔细保护和用心引领,从不被教师打断,更不被老师替代,整个学习过程全部由学生自己用心去体验,教师重点保护学生的好奇心、求知欲和勇于探究、主动合作的学习精神,鼓励学生主动观察生活、思考生活、自主阅读、自由表达,激发学生发现问题,独立创造解决问题。教师引导学生在自主学习、深度思维的基础上,十分注意班级学习文化的营造,以真实目标为核心的积极动脑思考、独立创造学习与团队合作相互融合的班级学习文化一旦形成,学生就会在这种文化中被不断引领、不断被推动,推动学生积极创造、学会倾听和分享、沟通和协作,掌握探究学习的方法,提高实践和创新能力。

同时,在网络终端的支持下,改变因循守旧的语文教学习惯,把握好技术与生活语文的关系,合理利用信息技术,将更多的现实生活场景引进课堂。积极创设运用语言文字的真实情境,创造有意义的互动学习环境,帮助学生有效投入语文实践;借助网络终端整合课堂教学,引导学生经历多样化的学习过程,极大丰富语文课堂学习的生活,促进学生在更广阔的语言环境中自主学习、广泛涉猎、主动运用、积极交流,努力实现语言知识的迁移与运用。积极探索基于网络的教学改革,利用具有交互功能的网络学习空间,创设线上线下一体化的"混合式"学习生态,为课堂教学和课外学习提供更加便捷的服务。在信息化环境下,需要进一步探索教学流程、资源支持、学习支持、组织管理、学习评估等影响学生学习的各种要素所发生的新变化,积极探索信息化环境下的语文教学新模式。

为了让大单元整体学习有一个整体而稳定的质量,减少因教学环境变化、教师个人因素不同造成的误差,在反复研究多轮实验的基础上,我们凝练出语文大单元整体学习设计流程、单元学习活动组织流程和课堂教学流程等,这些流程不同的指向和功能为大单元整体学习高效实用提供了支撑。

## 1.大单元整体学习框架设计

大单元整体学习的结构框架是关于一个大单元整体学习设计的内容、步骤以及要求的整体设想。这个结构框架可以融入社会生活,重构单元学习内容,制定单元目标,分析单元学习策略,形成单元学习基本路线图,以及选择适应的课堂学习方式和学习策略(见图6-1)。我们开发的大单元整体学习的结构框架由基本流程和设计要点两列组成,这两列又形成一个统一的循环结构。可以说,它是大单元整体学习教学设计与实施的总纲。

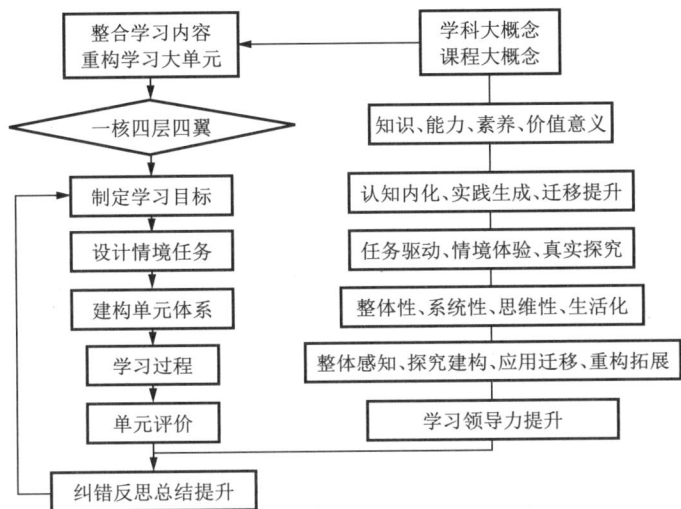

图 6-1  大单元设计整体框架

## 2. 大单元整体学习过程设计

学习过程设计是大单元整体学习课堂实施的基础,它以语言实践活动为主线,分为四个学习阶段(见图 6-2)。

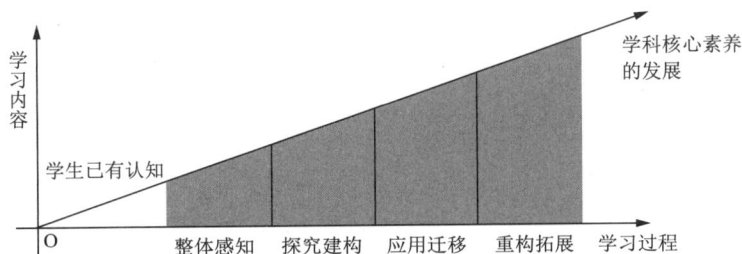

图 6-2  大单元整体学习过程示意图

第一阶段:整体感知。在一个大单元整体学习总目标引领下,一次性完成一个大单元整体感知。围绕大概念,引导学生通过反复阅读教材、学习计划和补充资源,初步感知单篇主题、内涵、写作特色,大概了解篇与篇之间的关系、篇与整个单元的关系,单元与任务群之下其他单元的关系,与之前学习内容和已有认知经验的关系等。在核心价值统领下初步建构单元体系,形成对本单元整体框架的大概认知,整体感知本单元写了什么,初步确定文章的主题,初步画出本单元的结构化思维导图,以促进学生从整体上理解一个完整的单元。

第二阶段:探究建构。按照单元学习主线,完成相较于第一个学习阶段整体感知的进阶性学习活动。单元设计中,教师需要明确两点,一是每一个学习活动支撑的是对教材的重点内容的探究,通过该活动要建构的重点是什么,并完成相关的探究,文章主题的探究、写作特点的探究、逻辑的探究和相关知识的探究。在探究阶段学习结果的基础上继续进一步自主建构;二是这个学习活动与其他活动的关系,以便引领学生在文本间同中求异,异中求同,对比分析,归纳比较,继续整体理解、整体建构文本体系,将第一阶段整体感知到的单元内容与学生已有的语文学习经验、语文学习能力、个人的生活经验建立起更加紧密的联系,进而提升独立自主提出问题、分析问题、解决问题的能力和思维品质。

第三个阶段:应用迁移。以前两个学习阶段为基础,引导关联应用于生活,解决实际问题,强调迁移中的理解,引导迁移中的创造,引领在迁移的过程中进行继续建构,不断探究,激发生成,在迁移中不断重构、不断螺旋提升。在实践中,教师引领学生独立自主尝试用已知的知识经验解决新的陌生语言环境中的复杂问题,强化言语实践中的知识与生活、新知与旧知、未知与已知相"链接",培养学生创造性运用习得的言语实践经验和形成的关键能力,进行陌生情境中的阅读、写作、演讲等生活活动,也就是,我也学着这样想,我也学着这样写,我也学着这样说,在高品质的言语实践中落实核心素养。

第四个阶段:重构拓展。补充学习资源,促进个性化学习与建构的总结与概括,引导学生自主完成本单元内容的整体性建构,整理好知识,理顺好技能。引导学生在一、二、三阶段整体建构的基础上再进行更高级别的重构,完善前三个学习阶段的建构成果,进一步创造发现语文学科本质的东西,结合补充的学习资源,从语言、思维、审美、文化四个方面从更高层级上完成清晰的重新建构,拓展创新,检测评价,知识技能过关,完成自我达标。

例如:以初二年级第一单元大单元整体学习为例

《明辨新闻立场,做负责任的表达者》是新闻单元,我们希望同学们在学习单元内容的同时,关注校园生活,抓住校园热点,能够策划组织新闻采访,撰写出优秀的新闻作品,并在校内广播。期望同学们通过这个学习项目,在真实的生活中亲身体验采访,养成关心时事、自主思考的习惯;形成求真求实、冷静客观的思维方式;学会准确、负责任、言必有据地表达思想。

本单元学习的时间恰逢金秋入学季,271教育集团学校的初一、高一新生即将开始军训生活,初三的学哥、学姐们即将开始校园华尔兹课程的学习,各校校园广播站正在举办"校园十佳新闻"创作大赛,面向全体学生征集优质新闻稿,大赛一般由班级选拔赛、年级挑战赛、校级争霸赛组成,每个班级将推选十篇最佳新闻稿参与评选。教师们抓住时机,让同学们认真学习本单元新闻类文章,体验新闻采编、新闻写作、新闻编辑,积极参与本次"校园十佳新闻"创作大赛。

首先,创造情境与驱动问题:

秋日,校园风景美如画,初一、高一的军训,各位教官、同学洒下了拼搏的汗水;操场上,初三的华尔兹课程正有序开展,他们在金风中翩翩起舞。可是学校生活是繁忙的,有的老师和同学看不到这一幅幅美好的画面。为了让军训课程和华尔兹课程深入人心,你能不能选择其中一个场景,去进行实地采访,写出新闻稿让大家都近距离了解精彩呢?怎样策划效果更好呢?可以借助什么资源?最终提出了探究性问题"请你们为本单元设计出一份可行性高的学习方案,完成采访,写出新闻稿"。

经过班级大讨论,最终确定如下方案。

1课时:到图书馆、阅览室阅读《人民日报》《参考消息》等报纸,对比阅读《消息二则》等不同体裁的新闻作品,了解不同新闻的内容,总结新闻的特点,用思维导图表现新闻六要素和新闻结构;模仿播音员播报新闻。

2~4课时,学习本单元的新闻语篇,理出新闻要点,用自己的话概括出新闻体现的态度与倾向;辨析新闻立场,说出作者是如何选择新闻事实来表明自己的观点和立场的,借助不同媒介表达特点,总结明辨新闻立场对自己成长的影响。

4~5课时,借助网络终端观看采访视频,总结采访的一般方法和步骤。根据报道题材,制定军训课程、华尔兹课程具体的采访方案,草拟采访提纲,分小组进行采访实践。根据采访整理的新闻素材,创作一则新闻(消息、新闻特写、通讯)并借鉴本单元新闻写作的优点修改升格。最后评选优秀作品,制作简报。

**【活动一】新闻阅读**

(1)课前阅读:采访首先要了解新闻的特点,请到图书馆、阅览室阅读《人民日报》《参考消息》等相关报纸,阅读新闻,查阅资料,理清新闻的要素、结构,总结常见新闻题材的特点。

(2)整体感知:新闻是"麻雀虽小,五脏俱全"。请整体阅读《中国人民解放军横渡长江》《首届诺贝尔奖颁发》《"飞天"凌空》及《一着惊海天》等新闻,分析新闻的六要素,梳理新闻结构,对比三种不同新闻体裁的特点,用图表或思维导图形式呈现出来。

(3)探究建构:深入探究四篇新闻,建构出作者是如何选择新闻事实来表明自己的观点和立场的,借助不同媒介比较不同的表达效果,总结明辨新闻立场对自己成长的影响。

**【活动二】新闻采访**

所谓"脚底板下出新闻",一则优秀的新闻热点,不仅展现了新闻记者发现新闻线索的敏感性,也考察了其对新闻事件采访的能力。请同学们以小记者的身份走进军训和华尔兹课程现场,采访教官、老师和同学们。

活动步骤:

新闻采访包括现场访谈、观察、调查、材料搜集、笔录、摄影等方式。

(1)以小组为单位召开新闻采访选题会,确定报道题材,关注校园热点,制定小组采访方案。

(2)草拟新闻采访提纲。采访提纲一般包括采访的时间、地点、对象、目的和方式等,请以表格的形式列出采访提纲,并注明采访需要的器材用具和注意事项。

(3)采访过程中,要注意采访礼仪,尊重采访对象,注意言行得体。写一段开场白,以小组为单位进行模拟采访。

(4)以小组为单位合理分工,进行现场采访,并写好采访记录,留存采访过程资料。

**【活动三】新闻写作**

应用迁移:新闻采访之后,请同学们按照要求,借鉴习得的经验,创作校园新闻。

(1)根据自己采访及整理的新闻素材,例如照片、文字、音频等,写作一则新闻(消息、新闻特写、通讯),注意要素齐全,结构合理,表达自己的新闻立场。

(2)借鉴本单元的学习经验将作品修改升格,评选出优秀的作品参赛。

## 3.实践性学习作业设计

深刻理解并内化 271 教育语文学科的教育信仰和教育价值观。

用实践落实"以文字传承文化、以文化化育心灵"的学科信仰内涵的基本要求,具体明确"帮助每一个孩子拥有深厚的语文素养和人文情怀"的学科教育价值观,以及该价值观对教师、对语文教育教学的基本要求,学生按照该价值观、对语文学习的基本要求,进一步理解"学语文就是学生活"的学科特点。作为综合性、实践性很强的语文学科需要训练,但绝不能机械地重复、无限加码地记忆知识、做练习题,因为语文是与人的生命、生活接触最密切的学科,语文学习应该走出语文学科知识的狭小天地,树立大语文观,让生活走进语文,让语文走向生活,在听、说、读、写的体验过程中表达自己、表达生活,在应用和表达的过程中,培养学生的逻辑思维能力和有批判精神的思辨能力,让学生崇尚人文精神、习得人文精神,在生活中活用,在活用中创造,让学生全过程体味语文学习的快乐。引导学生开展丰富多彩的语言实践活动,拓展语文学习的内容、形式和方法,帮助学生在广阔的生活空间里学习语文,使用语文,这应该是语文学科学习的牛鼻子,也是271教育思想在语文学科教学中的最直接体现。

"深刻的教育来自学生自己内心深处自己深刻的体验",语文作业要让学生先有经历,再有体验,进而产生感受和共鸣,然后运用所学知识把自己的生活感受逻辑表达出来,让语文真正走向生活,切切实实表现生活,以此成长学生的内在,生活化的语文学习真正实现了学科育人的价值追求。

例如:潍坊实验中学的春节语文学习活动:

**活动一:做传统文化的宣传家——向三位陌生人或家人讲解一种传统文化。**

要求:

(1)明确介绍的文化对象,上网搜索基本知识,明确主题,建构框架,形成讲稿。

（2）设计好台词来应对各种情况，然后物色听讲对象，尝试对他（她）进行讲解，如果第一次不行，就再用别的讲法，即使对方最后还是不明白也没有关系，就把它当成一次有趣的经历。

（3）在讲解后要写出一份报告，用叙述、描写的语言记录讲解的过程，特别是过程中遇到的趣事以及听讲者的评价和改进意见。

**活动二：做有文化的美食家——学做一道荤菜，最好是红烧肉或者糖醋鱼。**

要求：

（1）亲自下厨学做一道菜，最好是红烧肉或者糖醋鱼。

（2）用说明性的文字详细说明做本道菜的食材、流程及做法，记录好家人给予的评价和自己的感受。

**活动三：做有审美能力的鉴赏家——学唱汪峰版和平安版《我爱你中国》，并写出一篇探讨两者之间异同的文章。**

要求：

（1）跟着视频先学会唱两首歌。

（2）感受两首歌的不同唱法及两位歌手的演唱风格。

（3）写出一篇探讨两者之间异同的文学评论（述、评、感）。

**活动四：做记录时代发展的史学家——采访一位70岁以上的老人，用编年体的形式记录他的一生。**

要求：

（1）采访的对象在70岁以上。

（2）按照时间顺序，用编年体形式记录。

（3）故事凸显时代特色，让时代成为人物故事的背景：挖掘光阴的故事，形成人物传记（记叙、描写、抒情、议论）。

附：学生的活动成果

## "战场"争锋与凯旋

高一三班　刘彤阳

啪！我用右手擎起那块一斤多的五花肉，将它重重地摔在了案板上。"你个毛头小贼！"我说，"竟敢与我西北刀侠对抗！"言罢，我猛地拔出雪白的切肉刀，大喝一声："呔！"然后右手用尽全力劈了下去。

肉块就像遭受冲车碰撞的大门，极为猛烈地震动了一下，却又很快地恢复了平静。我的刀只不过切进去了一公分左右。

嗯，好吧，还是放正常点吧。我不再冒充什么英雄，而是用刀在肉里慢慢磨。肉还没完全化冻，切肉时会时不时地发出一种沙沙声。想到这块生肉一会儿便会成为香喷喷的红烧肉，心中那是一个兴奋，以至握刀的手都有些颤动。

肉切好后，加水焯过，接着便连同调料被我一股脑儿倒进锅里。现在到了战争中最为紧要的时刻：点火开煮！

敌人的反抗十分激烈。才交火不一会儿，敌人便出动了惊天地泣鬼神的生化部队，厨房的空气中很快便充满了一股奇怪的气味。这毒气也好生了得，我方很快便招架不住了。怎么办？别怕，还有我在。我随手抄起一个大碗，将其中注满了水，大喝一声："你这妖物，看我杀手锏！"便倾斜碗沿使出了"水遁水龙弹"之术，敌人的嚣张气焰便被我扑灭了。

可事实上，经过我的一轮迫击炮炮击之后，敌人是消停了许多，可未免也太过消停了。他们硬是蜷缩在城墙的阴影里不出来啦。以至于煮了好长好长的时间都没有一点变化。我先是有点生气，便加大火力开始猛攻，可毫无作用。于是很快地，生气变为无奈，奋进变为倦怠了。我的目光也开始变得散漫。

煮着煮着,太阳也被煮下了山,哈欠也被煮上了我的嘴边,可红烧肉却还是个纹丝不动。我只得眯缝着双眼,头耷拉到一边,只有口中还在喃喃道:"再跟俺大战三百回合……"

不知过了多久,似乎是"一年"了吧,我终修得正果,端着红烧肉走出了厨房。我仿佛看见了攒动的人群和鲜花,听见了热烈的掌声与欢呼。"万岁!我的战斗英雄!"——我终于取得胜利了!

可我此时却好像满不在乎似的,我装作毫不值得大惊小怪的样子说:

"只是小菜一碟嘛!"

## 天堂炊烟

高一九班　张　萌

缕缕炊烟在天空中飘转,盘旋,再盘旋,飘进,我心灵深处的地方。

当我得知寒假作业有做饭这个实践活动时,妈妈就带我来到了这个地方——老家的瓦屋。当我看到炒菜的大锅和烧火的木柴时,便十分不解为何要来到这个地方做饭,正当我要开口问时,妈妈在我身后轻声说道:"这里做菜香。"还不等我说话,妈便转身去屋里拿凳子了。我站在那里,妈妈略带沙哑的嗓音和不经意间抬起的双手如一个小木棒敲打着我心中柔软的地方,仿佛让我明白,来这里的目的,并不仅仅是做菜而已。

湛蓝的天空不时飘过几缕云彩,如人生的过客,来过,又走去。气温已经回暖了,门前的梧桐树也已抽出了新芽。当我还在感叹这里的风景美好时,妈妈已经拿了食材出来,果然,是鱼,妈妈最喜欢吃的就是鱼,所以我在前几天便上网查了做红烧鱼的方法。

妈妈拿着凳子坐到了旁边,一边看我一边指导我做。葱切段,香菜切段,鱼切块,当做起这些时都是得心应手的,"小心点。"当我拿起生姜和刀,温和的声音在我耳边回响,心中那块柔软的地方又被触动了,我知道妈妈以前切姜时被刀切到过手,因此十分担心我。"嗯,我知道了。"嘴上答应着,手下也同样小心,我知道,在我身边一直会有一双充满母爱的眸子关心着我,担忧着我。

待麻雀飞过枝头,枯叶飘零落地,鱼已经炒好了,剩下的就只有让它慢慢炖了。我拿了凳子坐在妈妈身旁,听妈妈讲起她小时候的故事。

妈妈告诉我,她之所以喜欢吃鱼,是因为我姥姥。还记得她以前家里穷,她第一次吃鱼,就是姥姥给她做的,姥姥把最大的一块鱼肉分给了几个兄妹之中年龄最小的妈妈,当时看到肉便高兴不已的妈妈并没有注意到姥姥没有吃饭,当孩子们都出去玩,妈妈去厨房找水喝时,却发现姥姥拿着一个干馒头和几个带着肉末的鱼骨头在充饥。

风过处,无声无息。听到妈妈的讲述,一个年迈的背影在我心中久久挥洒不去,我抬头看向妈妈,妈妈却在抬头看着天空,尽管如此,但她湿润的眼角依旧掩饰不了她此时怀念姥姥的心情。

鱼香已经从竹盖里散发出来,飘散在这个院子中,温暖充满我的心怀。其实,妈妈对我不也是这样么,什么好的东西先给我和姐姐,自己却在一旁笑着看我们吃,什么有危险的事情尽量不让我们接触,这就是母爱啊!

"妈,我们一起吃鱼吧,还有,天上的姥姥。"我依偎在妈妈的怀里,看天上的炊烟飘向远方,仿佛带着我们的思念,飞向天堂……

## 做传统文化的宣传家

### 高一三班  唐志宏

寒假语文学习活动中有一项,要做传统文化的宣传家。看到此活动,我立刻想到了老家的"马宋饼"。对于马宋饼的做法,老家这边的人是早已知透的,于是我想不妨去调查一下,关于活动中说要讲解给陌生人听,我认为还是一笑而过吧,最后还是决定讲给我妈听了。

"妈,你擀饼擀得那么好,知道马宋饼的老历史吗?"我坏坏地一笑,"要不然我给你讲讲啊,你肯定不知道。"

于是我开始把从村志上找到的,网络上查到的开始讲述给我妈听。

相传马宋饼起源于西周时期,周初期姜太公因佐文王伐商有功,得首封于齐,都营丘,太公治国修改,因其俗,简其礼,通商工之业,便渔翁之利,尊贤赏功,人民多归齐,齐于是繁荣昌盛为大国,人民生活富裕安定,老百姓也很快接受了姜太公顺其自然、天人合一,圆融和谐的早期的道家思想。有人为了感谢姜太公给老百姓带来的福祉便别出心裁,创造制作了一种圆而薄的、分上中下三层、中间涂油称之为"饼"的面食上供给姜太公,姜太公品尝后,大加赞赏,观其寓意深刻,遂称其为"天下第一饼"。

而关于这种饼的起源,一般认为,一是源于人们对姜太公文治武功的赞赏,对姜太公智慧、圣德的赞美;二是源于人们祈求团圆、美满、和谐、安定的愿望和理想,这种面食之所以称为"饼",是"并"的意思,就是"合并、安定、和平",体现了齐人初期的大一统思想。此外,饼是圆的,像日月一样,则象征着"团圆、团结、美满和光明",三层,是天、地、人三者合一与和谐相处的表征;在层与层之间加油,则代表着柔顺、祥和、富有的愿望和幸福的理念。

讲完后,妈妈忙补了一句:"关于马宋饼的老历史,妈妈不是特别清楚,可这姜太公还知道一点,关于这古都营丘有两种说法,一呢,是说咱营丘;可二呢又是说这营丘指的是临淄的营丘,不过还有人说这两个地方都不是齐国的初封地,所以呀关于你说的这个呀也不一定是真的。"

我点点头说了句"好吧",但我想关于"营丘",应该总有一天会有一个答案吧。

下午我又上网查了一下"营丘"这一古地名。

在《昌乐县志》中记载:"营丘故城,类今燕都制度,原有外城广袤二十余里。"城墙已塌无迹。而营丘故城,原分"外城""内城""皇城"三廓,在嘉庆版《昌乐县志》中记载:"古营丘城,岂太公之所筑,仰汉时,因太公之旧,而筑之欤。"今古城村即古皇城。原有太公祠、唐朝长寿年间建,另有八角琉璃井乃皇井遗迹,皇城北门外原有汉朝隐士蓬萌道碑,今徙置古城村东南角处,皇城北门外,原有唐朝嗣圣十八年(684年)北海县今窦炎凿渠遗址和窦公渠碑。

营丘故城,在齐鲁境内,属古老地区之一,唐杜佑《通典》中记载:"少昊时爽鸠氏已居营丘。"《太平寰宇记》中记载:"昌乐东南五十里有营丘,本夏邑,商以前故国。当少昊时,有爽鸠氏,虞夏时,有季萴,汤时,有逢伯陵,周以封太公为营丘。"

范文澜《中国简史简编》中记载:"成王封外祖父太公做齐侯,吕尚都营丘,山东省昌乐县。"《青州府志》中记载:"商末太公起鱼钩,为周文武师,号师尚父,佐武王以平殷乱,封于齐都营丘。齐始封昌乐,再徙博兴,又迁临淄。"

关于昌乐营丘与临淄营丘之争论,原错误出自魏朝郦道元《水经注》误定安丘为临淄,后清朝全祖望在《全校水经注》中给予反驳:"淄水出其前左营丘,误也,临淄城中虽然有丘,淄水径南而北,非萦绕之意。"

对临淄营丘因事附会,遗谬误于千载,唐朝颜师古今早已考称:"昌乐营丘是旧营丘。"若有新营丘,临淄城不过是沿袭老营丘名而已,在清朝乾隆年间,据传又一次营丘之争的大辩论,最后乾隆御批昌乐县为"尚父初封地",作为昌乐城中"保障坊"的匾额,至今残坊尚存,从太公封营丘至齐桓公改称缘陵,营丘名称历时又三百年,加之周朝前一千五百年,营丘的名称历时一千八百余年。

华都丽邑,昔日辉煌,已隐没在历史长河中,但营丘古迹,历史之文明,却给齐鲁文明之邦,留下了光辉的石碑。

## (二)基于生活的国家其他文科课程实施

### 1.基于生活的国家英语课程实施

基于生活的英语学科课程实施通过精心设计的课程学习活动,让学生能够在实践中学习,在探索中成长,培养逻辑思维、创新思维、批判性思维和解决问题的能力。基于生活的英语学科课程实施既是传承文化,又是帮助学生树立正确的世界观、人生观和价值观的有效载体,同时也是满足学生个性发展需求、满足社会发展需求,满足学生生命成长的主要路径。

(1)基于生活的英语学科国家课程实施。

基于对课程标准的学习和任课教师的反复研究,271教育英语采用大单元整体学习的形式落地国家课程的要求,以两个大概念统领,以主题意义探究生成为主线,整体设计课程内容,结构化设计学习目标和评价方式,以大任务驱动,体系化设计学习活动和学习过程,让学生在完整的探究过程中,整体认知单元内容,整体理解单元内在逻辑,整体建构单元主题意义,发展综合语言运用能力,培育文化意识,提升思维品质,提高学习能力,实现学科核心素养的落地。

以高中英语 2019 版人教版必修三 Unit 3 Diverse Cultures(不同文化/文化多样性)这一单元为例,从学科本质、课程内容、课程实施三个视角阐释如何以大概念为统领进行大单元整体学习设计与实施。

① 阐明大单元整体学习的指导思想和设计理念。

基于核心素养的大单元整体学习首先要基于学科大概念和课程大概念，从学科本质和学科育人的视角阐明大单元整体学习的指导思想和设计理念。例如，我们围绕 Diverse Cultures 这一单元的学习设计确立了如下指导思想：

单元学习设计围绕 Diverse Cultures 这一主题展开，采用"3W"学习方法，What、Why、How 分别对应大单元整体学习前三个阶段：整体感知是什么，探究构建为什么，怎样应用迁移新的情境、解决新的问题。基于上述逻辑从而更好地去理解内容、训练思维，关注单元内各文本之间关联，在主题引领下设计层层递进、螺旋上升的学习活动，使学生在对主题意义的建构中形成对 Diverse Cultures 的深层认知，在听、说、读、写、看的过程中理解英语作为母语人的思维方式和表达逻辑，做到能用英语思考问题、解决问题、表达观点，促进学科核心素养的课堂落地。

基于以上指导思想，教师深入研究课程标准，研读教材内容，提炼学科大概念和课程大概念：用旅行日记和旅游宣传的语篇结构、语言特点，全面、准确、有条理地介绍某个地方的城市风貌、人文历史、文化特色等。了解世界各地多元文化，感悟多元文化特征及其成因，形成文化自信和正确的文化观。课程设计与课程实施的整个过程以学生为中心，以大概念为统领，围绕主题意义探究和生成的主线，整合学习内容，设计学习活动，过程中不断反思调整，确保学生学习活动一直围绕着主题意义探究和生成展开。

② 搭建单元内容逻辑框架并确定单元学习目标。

首先，教师应从课程内容视角，研读单元全部内容，分析并整合组成单元各部分内容所传递的意义，发现其关联，从育人视角考虑课程价值，即分析单元内容对学生成长的价值和意义，明确整个单元课程价值及其体现的主题意义,提炼单元大、小概念并建立结构化的关联体系,搭建单元内容总体逻辑框架图,以大概念为锚点,以学科核心素养培养为导向,直指立德树人核心价值。

其次,教师围绕单元主题,基于学生的认知基础和发展需要,在尊重语言习得规律的基础上,从横向拓展和纵向深化的角度对教学内容进行整合和重构,突出学习内容的整体性、过程性、增值性、挑战性,将知识理解、应用、创造和学科本质、教育本质、教育价值意义逻辑结合到一起进行重构。打破了原来的思维定势,突破了原有知识学习的束缚,按照事物本质和学生学习实际重新整合,引领学生不断进行结构化思维训练,并与学生的学习经验、已有认知、生活场景、螺旋上升的认知过程紧密连接在一起进行重构。使学生能够用听、说、读、写的学习方式,循序渐进、螺旋上升地不断拓展思维,深化对本单元主题的认识,体现主题意义建构的过程。

最后,教师以发展学生英语学科核心素养为宗旨,围绕主题意义的探究和建构设计可达成,可操作,可检测的单元整体学习目标,使目标具有整体性、层次性、螺旋性、育人性,体现学习的过程和方法,且涵盖对学生语言能力、文化意识、思维品质和学习能力四个方面的培养。教师以推动学生持久地听、说、读、写的学习方式,深入思考和理解、综合而灵活地运用为目标,超越对零散知识的关注,有效依托多种类型语篇,从不同角度和深度围绕同一主题进行多元化理解,在意义探究和问题解决过程中建构整合的、系统的、完整的单元知识体系、能力体系、逻辑体系和价值意义体系,促进其核心素养的发展。

Diverse Cultures 这一单元围绕"多元文化"主题展开。多元文化是指在一个社会、国家或民族中存在的、多种不同特质文化的总称。本单元主要涉及多元文化在美国和中国社会各个领域的体现。美国是个典型的移民国家,来自世界不同地域的移民带着各自的母语、风俗习惯、历史文化背景、价值观念和行为方式,共同创造了美国丰富的多元文化。人们常用"大熔炉"来形容美国的文化。中国是一个统一的多民族国家,56个民族共同组成了中华民族大家庭,同时各民族又具有各自独特的文化传统,各民族文化和谐共生,交相辉映。文化的多样性是中国文化的一个特色。本单元旨在帮助学生认识世界上多元文化共存的现象,加深对文化异同的理解和尊重,形成开放、包容的性格,并鼓励他们积极促进多元文化的和谐发展。

Diverse Cultures 这一单元属于人与社会主题语境中的历史、社会与文化。在本单元教学设计中,基于单元主题,教师首先对本单元各语篇进行文本解读,分析主题意义,生成小概念,然后探究小概念之间的逻辑意义关联,生成大概念。依据大单元整体学习的指导思想和设计理念,大胆打破教材的正常编排顺序,按照"感受多元文化特点"、"探究多元文化成因"和"尊重文化多样性,树立文化自信"三大模块来设计教学,符合 What、Why、How "3W"的学习方法,符合大单元整体学习"整体感知、探究构建、应用迁移和重构拓展"的学习逻辑。

What 模块的设计是大单元整体学习的整体感知阶段。整体感知阶段是单元内容初步结构化学习阶段,即对于主题意义的整体感知与建构。通过学生自主预习,信息加工,内化学科概念,强化知识间的逻辑关联,实现知识的网络化、系统化,形成本单元整体性的知识框架。整体感知阶段学习过程实施包括:① 整体阅读教材,整体感知单元内容,梳理清楚主题描述的框架脉络。② 单元核心知识梳理,找出认知盲区和误区。③ 单元思维导图构建,说出知识间的初步逻辑关系。④ 联系生活经验,说出自己的理解。基于此,整体感知学习阶段主要基于学习能够自学掌握的 What 部分的内容。

例如,教材 Listening & Speaking 部分让学生通过听说活动探究美国食物的起源,让学生了解多元文化对美国饮食的影响,启发学生认识饮食文化的多样性;在 Listening & Talking 部分,通过听说活动让学生感受中国少数民族文化特有的风俗习惯,了解中国文化的多样性;在 Workbook 1 部分设计让学生进一步了解新西兰和毛利人的文化元素;在 Video Time 部分,学生能够感受纽约市皇后区,体会美国的"熔炉文化",以及思考文化和社会的关系。

Why 模块的设计是大单元整体学习的探究构建阶段。探究构建阶段是探究清楚知识与已有认知经验、知识、能力、生活的必然联系,建构单元内知识间的必然联系,建构思维路径,按照构建的单元结构图来开展学习活动,是主题意义建构生成的提升过程。换言之,探究构建的学习过程实施就是围绕大概念、相关知识,设计具有驱动性任务,指向学科核心素养和高阶思维,通过小组合作、探究等学习实践,展示学习成果并做出全程评价。

例如,通过 Listening & Speaking、Listening & Talking、Workbook 1 和 Video 部分的整合和整体感知学习,学生对主题语境 Diverse cultures 有了大概的了解,也感受到了多元文化的特点。在此基础上,设计了第二个大的活动来探究多元文化的成因。整合 Reading & Thinking 和 Workbook 2 的两篇文章让学生探究多元文化背后的成因。在 Reading & Thinking 中,学生通过梳理作者的旅游经历,理解旧金山的多元文化特征,探究背后的原因。而 Workbook 2 则让学生了解美国文化的象征性特点,探究每个代表性文化如何体现文化多样性。

How 模块的设计是大单元整体学习的应用迁移阶段。应用迁移学习阶段是结合探究建构成果,创新应用,解决问题,并迁移到新情境中,解决真实问题、生成新知的学习过程,也是单元学习综合性应用和输出阶段。应用迁移学习过程实施,情境设计由常见的简单情境到复杂的不太熟悉的新情境,活动设计需要学生从不同维度进行描述、分类、比较、验证、论证、批判、评价等不同思维层级的学习活动。

例如,在 Reading for writing 中,学生通过感受旧金山中国城的典型景象,描述自己家乡的代表性文化,从而增强文化自信,形成正确的文化观。通过做项目"制作一个体现中国文化的旅游小册子",学生感悟文化多样性,树立文化自信,从而进一步深化对主题意义的理解与建构。社会学家费孝通曾提出"各美其美,美人之美,美美与共,天下大同"的十六字箴言,意思是首先要尊重自己民族的文化,并以其鲜明的特色丰富世界文化,这是本民族生存和发展的根基;其次要认识到世界文化的多样性,尊重不同民族的文化,在文化交流中和睦相处,共同促进人类文明的发展和繁荣。

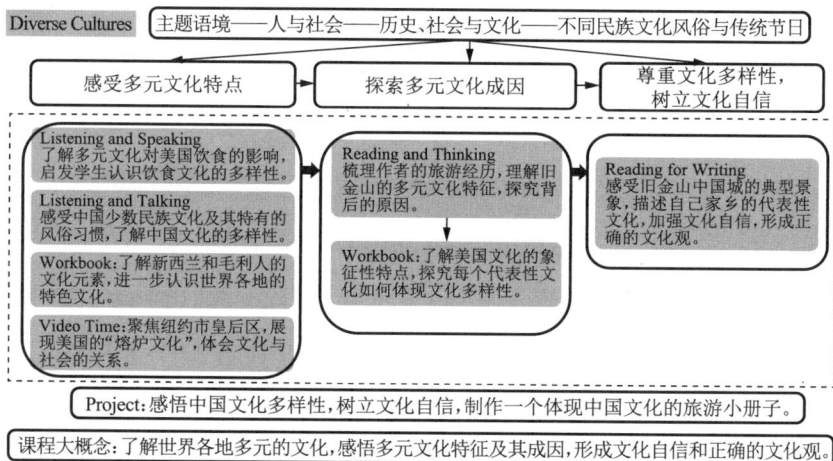

图 6-3　Green Living 单元结构图

在此基础上,通过对信息元素的梳理与整合,信息元素不再是零散的碎片,而形成了一个层次分明、相互关联的信息元素框架图。教师在对整个单元内容有了清晰逻辑把握后,能够在单元学习中,引领学生对各语篇在单元之中的位置以及对形成单元大概念的影响形成螺旋上升式的理解,帮助学生逐渐建立起大概念,加深对单元主题意义的建构与生成。同时,立足主题意义探究的逻辑,以学生为主体,以思维能力训练为主攻方向,以听、说、读、写为主要学习方式,制定单元目标,体现主题意义探究过程与方法,关注素养表现。

在制定单元学习目标时,需要以大概念和小概念的建构为核心,遵循可操作性、可检测性的原则,在语言能力、文化意识、思维品质、学习能力等方面,反映出学生在学习之后所形成的新的认知、新的态度、新的价值判断以及新的行为选择,全面提高学生听、说、读、写、看的能力,伴随形成可以影响学生一生的用英语思考的能力。

Diverse Cultures 单元目标

By the end of the unit, we will be able to:

1. construct and explain what cultural diversity is by giving examples and summarize the influence of multiculturalism on society;

2. describe cultural characteristics of diverse cultures and analyze the historical and realistic reasons behind it;

3. write a report to introduce a place with distinctive cultural identities and reflect how to respect and protect diverse cultures.

③ 立足单元学习,设计单元学习过程。

"单元学习活动是根据课程目标和教材内容所设计的以学生为主体的综合性整体的语言实践活动。"教师从课程实施的角度出发,以学生为中心,以具体的语篇为载体,以语篇主题意义的探究生成为主线,设计指向目标达成的整体的语言学习、能力提升、文化浸润、思维训练等融为一体的学习活动的过程和方法。将单元目标分解成阶段目标,基于阶段目标,设计阶段活动,实现阶段目标的达成,最终指向单元学习目标的达成。

以 Diverse Cultures 单元阅读语篇 A Travel Journal About San Francisco 为例阐述如何对主题意义进行提炼和整合,从而让学生能够在以主题意义的探究生成为主线的学习过程中,完成对语篇的整合性学习,在语言输出环节,自觉地按照交际目标和特定表达相结合,用逻辑、连贯的话语来表达观点、态度和价值取向,每名学生都能流利而逻辑地复述语篇的内容,表达自己的认知和观点。

A Travel Journal About San Francisco 是一篇旅行日记。在日记中,中国学生 Li Lan 记录了自己的加州之行,并主要介绍了旧金山一天的行程所见所闻,从最初对旧金山的城市建筑产生兴趣到逐渐体会到多元文化对这个城市方方面面的影响。语篇的育人价值在于理解旧金山文化的多样性,探究多元文化的成因,从而形成文化自信和正确的文化观。在此过程中,对文本的篇章结构、语言特点、主题意义等内容进行分析与概括。

本单元选择介绍加利福尼亚州,并聚焦旧金山,其原因是那里充分体现了多元文化的融合。旧金山中国城是北美地区最古老的华人聚集区,也是美洲大陆中国元素最集中的地区之一。学生可以通过 Li Lan 的日记充分体验多元文化。文章采用时间顺序对不同场景进行描述,多角度展现了旧金山的多元文化。

在对语篇的主要内容、文体结构和语言特征等进行研究的基础上,教师引导学生围绕主题意义探究生成的逻辑进行梳理、整合出如图 6-4 所示的语篇结构图,从而达到结构化理解语篇的目的。在这一过程中,教师通过设计一系列的学习活动,引领学生将已有的信息与经验和新知识之间建立联系,从而构建出一个以主题意义探究为主线的新的结构体系。在问题解决的过程中,加深个人对多元文化的认知与理解。

立足目标,教师将对语篇的研读转化为学生主动探究意义的自主学习活动,引导学生逐步形成基于单元主题的大概念。结合英语学习活动观的三个层次,确定阅读语篇学习目标如下:① 梳理并阐释旧金山的文化特点及成因。②总结并分享文化多样性的优势及挑战。③活用所学来描写一个有多元文化特征的地方。目标的设置遵循了英

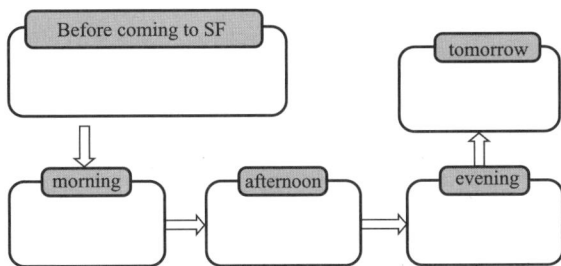

图 6-4　阅读语篇结构图

语学习活动观中的学习理解、应用实践、迁移创新三个层次,反映出学生基于语篇主题进行意义建构的全过程,体现语言、文化、思维的融合发展,具有可操作性和可检测性特点,有利于教学活动的实施与评价。

内容和目标确定之后,学习活动设计就是关键。课程标准指出,英语学习活动是落实英语学科核心素养的主要途径。基于具体语言教学,帮助学生建构语篇小概念,以服务于单元大概念的建构为目标,从学生已有的主题知识和经验出发,设计从学习理解到应用实践,再到迁移创新的主题意义探究活动,帮助学生自主梳理建构知识的结构,把握语言重点,将逐步生成的语篇小概念整合到单元大概念的体系当中,使学生从广度到深度上自主探究单元大概念成为可能。

(2)基于生活的 271 教育英语学科拓展课程实施。

基于生活的 271 教育英语学科拓展课程整合了教师和学生个人优势与特点,为满足学生个性发展需求、学校发展需求、社会发展需求而研发,促进了师生生命成长。

以 271 教育英文名著阅读课程为例:从集团层面我们对小初高十二年英文名著阅读课程进行体系化设计和实施,制定每个学段、每个年级、每个学期英文名著阅读实施方案,包括阅读目标、阅读书目、阅读课时、活动设计、效果评价等,全力推进英文名著分级阅读和 CRC 阅读圈活动。设计整本书阅读启读课、阅读指导课、展示交流课等,并通过组织英文阅读交流活动、话剧展演、演讲活动等进行阅读感悟交流和分享,在提升学生综合语言运用能力的同时培养学生英语思维,拓宽文化视野,发展学习能力。

## 2.基于生活的国家历史课程实施

为确保271教育历史课程的有效落地实施,全面促进学生生命成长,达成课程目标,历史课程结合国家课程、生活化课程内容的不同特点制定了不同的实施策略。

(1)国家课程实施。

国家课程实施的路径就是践行大单元整体学习,全方位突出整体建构与整体理解。教师通过研究课程、教材、高考要求等,确立核心课程大概念,以课程大概念为统领重新整合学习大单元及学习资源内容,创编大单元整体学习学程,将学科问题生活化设计,引领学生通过整体预习、探究建构、应用迁移及重构拓展四个阶段完成单元内容学习。学生在学习目标引领下,在情境任务驱动下,通过完成相关学习活动的自主研究、深度学习、合作学习,结合评价量规评价不断完善自己学习过程及结果等,最终在理解了学科本质的基础上结构化统整出一个大单元学习中的必备知识、关键能力、学科素养和核心价值。

(2)基于生活的271教育历史学科拓展课程实施。

生活化课程主要结构集团主题课程、半天活动课程的整体设计,结合学段、学期特点分步实施。

系列主题课程主要依据271教育课程体系及课程推进配档表组织开展课程活动。《民族复兴 我的责任》爱国主义教育课程主要利用重要的时间节点,以课题研究的方式,开展研究性学习,将爱国主义教育与乡土教育、优秀传统文化教育、人际关系教育有机融合在一起,将爱国、爱家乡、爱校、爱生活、爱班级与爱同学联系在一起。如每年的五四青年节,组织"青春心向党 建功新时代"主题教育活动;全国两会期间,校学生会牵头各年级组织开展"学习两会,我们做什么"主题活动;学生通过自己查询资料、活动组织等方式感受历史、关注两会时政,将历史学习融进现实生活中。《泰山曲阜文化寻根游》历史文化活动课程主要在山东地区的学校初中年级进行。通过研学活动,让学生感受齐鲁大地深厚的文化底蕴及悠久的历史传统,自觉传承并弘扬民族文化。

历史阅读课程的实施主要通过每学期读一本书、每周一节课的整本书阅读与创办历史阅读报等形式推进历史阅读课程,让历史阅读课程成为历史学习的重要一部分。通过阅读打开学生视野,开阔历史思维,逐步形成科学历史观念。

影视中的历史课程主要通过集团学校开设的半天活动课程来推进。在校本课程目标引领下,学生借助教师提供的影视课程资源,通过观看影片视频并就影视中的故事(背景)或片段进行探讨,了解历史并学会辨别影像史料的价值。

### 3. 基于生活的国家地理课程实施

基于生活的地理学科课程实施以学生为中心,以思维能力训练为主攻方向,以培育学生的核心素养为最终目标,以学生已有认知基础为起点,遵循学生认知规律,充分考虑学生的生活经验和差异性,将现代信息技术与地理教学充分融合,基于生活创设多样化的"真实"情境,设计多层次有思维含量和育人价值的学习任务,积极开展地理户外实践,引导学生深度参与地理学习活动,在活动的参与中不断体验、不断思考、不断提升学科核心素养。

(1) 基于生活的地理学科国家课程实施。

① 聚焦"核心素养"实施学科全过程育人。

针对国家课程内容目标统一但不同阶段研究重点不同的特点,

271教育地理学科国家课程采用十二年课程一体化的研究与实践策略,教师站在十二年课程一体化角度构建了地理学科的知识结构、能力结构、逻辑结构和价值意义结构,并积极探索尝试了初中、高中地理课程衔接的新路径,整体设计,分段实施落地,减少了无谓的重复和地理学习过程中人为的割裂,推动学生创新思维、减负增效。

②立足"真实情境"开展大单元整体学习。

为实现培养学生学科核心素养的目标,我们采用大单元整体学习的方式作为地理学科核心素养落地的实施路径。教师深入研究核心素养、课程标准、教材后,对国家课程的内容依据课程大概念进行重组,每个单元依据核心内容整体设计情境任务,提供配套学科学习资源,引领学生通过整体感知、探究建构、应用迁移、重构拓展四个学习阶段的研究最终实现一个大单元的学习目标。

大单元整体学习四个学习阶段的基本内容及其逻辑关系:

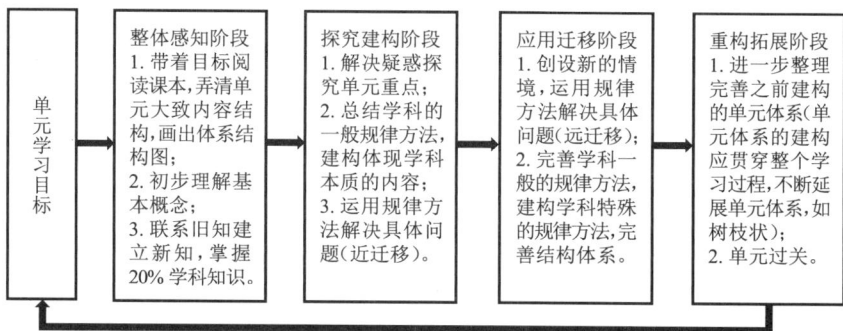

③地理思维培养的课堂实施基本路径:

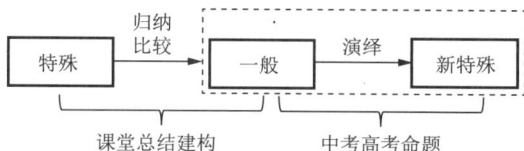

(2)基于生活的地理学科拓展课程实施。

地方课程主要延续大单元整体学习的研究方式,而地理实践课程主要采用主题探究的方式进行研究,这两类课程会与寒暑假实践课程和集团的半天活动课程进行结构。

乡土地理也是依托大单元整体学习的方式进行家乡区域地理环境的研究,教师根据在国家课程中帮助学生建构起来的区域分析思路,创设围绕学生生活环境的真实情境,设计情境问题,引导学生运用总结的区域研究方法来分析家乡的地理环境并寻找可持续发展的路径。

地理实践活动是让学生在昌乐火山口、峡山湖、昆明植物园等真实地理环境中进行地理实验、社会调查和野外考察等,在真实环境中经历体验式学习。实践活动会与多学科内容相关,跨学科的主题实践活动也是研究方式之一。例如,教师设计的《破解"春旱使人愁"》跨学科主题学习,是基于学生的基础、体验和兴趣,围绕我省春旱严重这一现实问题,以地理课程内容为主干,运用并整合生物、物理、信息等课程的相关知识和方法,从"春旱是什么""为什么会春旱""怎么缓解春旱"等方面开展综合学习。

## 二 基于生活的国家课程实施(理科)

理科课程学习对提高学生的科学素养、培养学生的创新精神和实践能力具有重要价值。学校理科课程能够为学生发展科学素养提供所需要的知识和技能,包括科学、技术、工程和数学等领域,这些知识和技能能够帮助学生在未来走向社会面临选择时做出明智的决策。同时,学生通过学习理科课程也能够建立起正确科学的情感、态度、精神和价值观念,这是学生日后从事科学研究和走向社会生活所必须的,是科学素养的重要组成部分。为了激发学生对理科课程的学习兴趣,271教育在理科课程的教学中,注重从三个维度对课程内容进行设

计与实施:

个人维度:指理科教育适用于个人,包括与学生的好奇心和兴趣相匹配,为学生提供必需和有用的技能,从而使他们能够成功地应对当前和未来的日常生活需要,并且有助于知识技能的开发。

社会维度:重点培养学生能够进行自我决策,在社会中有责任地生活,通过理解科学和技术的相互依赖和相互作用,培养学生的社会参与能力,为社会的可持续发展做出贡献。

职业维度:通过学科学术的研究和实践,首先是培养学生的学科学习兴趣,培育一种持久的学术情感,为未来的职业生涯提供一个相对固定的定位,为进一步学术研究和职业培训做好心理和思想准备,以及通过足够的课程和接触高等教育研究项目,为学生开放正式的职业体验学习机会。

## (一)基于生活的国家数学课程实施

荷兰数学教育家弗兰登塔尔的数学课程观认为:现实数学课程有如下五个基本特征:① 运用情境问题;② 采用一定模式;③ 学生自己得出的结论和创造是课程内容的一部分;④教学过程重在交流;⑤ 不同数学内容相互交织在一起。上述特征包括了数学教学和学习两个方面,弗兰登塔尔的数学课程观通过这五个方面得以具体体现,其中的两个核心概念是:情境问题,数学化。

数学知识的学习一般有两种类型:一是基于已有的认知经验,借助旧知识,类比、推导新知识;二是提出用旧知识解决不了的新问题,引入新概念。因此,从学生已有认知经验出发,基于真实性问题情境,设计学习目标,设计学习评价标准,创造活动化学习任务是数学课程实施的基本思路。

### 1.国家课程的实施

大单元整体学习是实施国家课程的有效学习方式。大单元整体学习根本解决了传统学习模式中存在的碎片化、低效、无动力、教师主观霸道地一味讲解,就知识而知识,就题目而题目,学生没有自己的思考、失去学习主体性等问题,数学大单元整体学习是在发展学生核心素养的情境下,通过系统化的课堂自主学习,实现有育人价值的,能够引领学生积极运用数学语言创新独立思维、主动自主建构、独立完成学习任务的一个大的概念认知建构过程。大单元整体学习实现了学生学习内容的结构化、整体化、逻辑化和价值化。

(1)大单元整体学习的基本原则。

一是数学课程内容实施的情境化原则。数学课程生活化的内容包括以下几个方面:现实情境的引入。在课程设计中,选取与学生生活经验相关的生活情境,通过实际情境的引入,激发学生的学习兴趣。

二是数学课程内容实施的活动化原则。把单一枯燥的数学问题与生活实际相结合,然后以做任务、做活动、做项目的方式呈现出来,是数学课程内容生活化的重要方式。

(2)大单元整体学习实施的流程。

① 提炼学科大概念、创新课程大概念。

学科大概念是一个学术问题,是相对完整而独立的一个概念体系,能够反映学科本质、学科核心观念。课程大概念是紧紧围绕学科大概念,针对学生数学核心素养的达成,整合其他学科和社会生活的相关经验,引领学生通过整体建构创新理解学科本质,形成自己的数学学科思想,反复训练学生运用数学语言思考数学问题的一个整体的数学学习内容,凸显数学学科育人价值。

② 基于大概念,重构学习大单元。

结合数学学科大概念、课程大概念,针对学生数学知识认知,数学语言习得和运用,数学学科核心素养的提升,对数学课程内容进行重整。以学生自主学习、独立思考、创新应用为中心,以学生自主学习、思维训练为主攻方向,全过程推动学生运用数学语言进行思考,对学习内容进行了一个大单元的整体重构。

③ 整体设计学生学习过程

271教育大单元整体学习分为整体感知、探究建构、应用迁移、重构拓展四个学习阶段,引导学生从整体上把握学科内容、构建学科体系、理解学科本质,形成学科思想。整体感知阶段主要是为单元学习研究做好铺垫。主要有两大任务,第一,梳理回顾与本单元学习相关的知识、思想、方法。第二,初步构建本单元的知识体系。探究建构阶段主要是围绕核心概念探究并理解学科的本质,训练学科思维,培养学习能力。探究建构阶段的设计要抓住重点,突出核心,重点和核心是构建体系、理解逻辑,而不是一个又一个的概念、公式和题目,每一个活动都要指向思维训练和学科本质。应用迁移阶段主要是用探究建构阶段形成的思想方法和学科思维解决问题,在解决问题过程中进一步构建。应用迁移分为三个层次,第一,解决与本单元内容相关的数学问题;第二,解决学科综合性问题;第三,解决与现实生活以及其他学科相关的创新性问题。重构拓展阶段主要是最后完成构建单元知识结构、能力结构、逻辑结构、价值意义结构,对单元内容形成深度理解,单元知识全面过关。大单元整体学习以学程为载体,设计的重点是学习活动,学习活动设计要遵循情境化、问题化,归纳式设计的要求。

**2.基于生活的271教育数学学科拓展课程的实施**

一是在小学、初中、高中分梯级开设系列化数学建模课程。义务教育阶段主要通过主题学习和项目式学习方式开展,并在平日数学学习过程中进行不断地反复渗透,持续螺旋提升;在高中阶段则以课题研究的形式开展,不断对数学建模思想进行强化。例如,小学一、二年级开设模拟购物物品分类等数学实践活动,旨在建立数学与生活的关系,激发兴趣。初中年级则开展数据抽样统计、黄金分割等数学建模课程,让学生经历数据的收集、整理、描述与分析的全过程,丰富统计活动的经验发展学生的数据分析观念。高中则开设周期现象描述的建模活动,通过建模活动让学生寻找生活中与周期有关的现象,借助合适的仪器,采集数据,并建立三角函数相关模型进行描述。让学生经历选题、开题、做题、结题的完整建模过程。

二是实施中华优秀传统文化数学拓展课程。把中华优秀传统文化中数学案例融入具体的学科内容,例如在学习几何证明时,既要介绍古希腊演绎推理的成就,还要说明中国的归纳推理的作用。在圆周率、球的体积公式、天象观测的学习中,对比中西方的研究路径、研究方法让学生了解中国古代数学的成就。三角函数的学习中,引入中国古代的水车模型,感受中国劳动人民的智慧,增强民族自信心。在导数的学习中,引入利用导数由圆的周长得到圆的面积的方法拓展学生的视野,培养学生熟练运用数学语言思考数学问题的能力。

## (二)基于生活的国家其他理科课程实施

### 1.基于生活的国家物理课程实施

(1)深化课堂学习方式改革,促进核心素养落地。

一是十二年一体化实施。对小学、初中、高中不同学段之间的课程衔接、学段衔接、课程设置进行系统化的研究,不断寻找丰富课程内涵、提高学习兴趣、减轻课业负担、引领学生创新思维的基本路径,建设适合学生发展的课程,以创新为指导与之相适应的、以学生为中心、以思维能力训练为主攻方向的、分组合作、自主探究的生活化课堂学习模式。

二是深化学科教育本质研究。针对国家新课程改革的要求,一方面加强教师学术能力提升,引领教师每学期研读一遍《物理学史》,深化对物理学科本质的认知,下大力气提升物理教师的学术水平,同时,认真学习国家新课标和新教材的要求,不断提升教师育人水平,创新落地以学生为中心的物理课堂学习要求,只有这样才能根本转变教师陈旧教学观念,创新课堂育人模式,大力提高教师课程领导力和学生学习领导力,彻底转变以往以教师讲授知识和训练题目为主的课堂教学行为,全面推进以学生为中心的课堂自主、合作、探究的学习方式的全面落地;另一方面,让生活化的课堂和学习过程全面激发学生学习情感,启动学生自我系统,真正让学生成为课堂的主体、学习的主人。

三是课程实施的生活化。教师以学生自主学习过程为出发点,以思维训练为主攻方向,站在学生自主建构学习的角度整体设计课程方案。以课程大概念为核心,以学科核心素养形成为最终追求,以单元整体学习目标为总统领,以清晰具体可测量的阶段学习目标为全过程强力引领,以学生已有认知经验和社会生活实际为基础设计学习情境,创新设计驱动性强的学习任务,以学生的全过程自主、合作、探究学习为学习方式设计学习过程,真正实现"任务驱动、情境体验、真实探究、迁移提升"的十六字课堂学习要求,指导学生自主学习、探究学习、合作学习,通过"认知内化、实践生成、迁移提升"的自主认知过程,学生的学习能力、合作能力、表达能力、思维能力得到全面提升。

(2)从课时教师讲授知识走向大单元学生自主整体学习。

普通高中新课程标准明确了学科核心素养是学习物理学科的最终目标。目标从原来的仅仅是知识点的了解、理解与记忆、训练做题目、考试拿分数,转变为学科核心素养的关键能力、必备品格与正确的价值观念养成,也就是由原来的仅关注知识到了关注人的生命成长,学科教育走向了高阶水平,这就要求教师必须认知学科本质、学科教育本质、人的发展本质,才能够真正从关注单一的知识点、传授式教学转变为大单元整体学习的学生自主学习,课堂教学真正由关注知识掌握到了关注学生的生命成长。大单元整体学习既是教师教学观念的转变,也是学生学习方式的转变,更是落实核心素养的有效学习方式,也是实现学校教育高质量发展的重要手段。

大单元整体学习学程是学生大单元整体学习范式落地的载体,让学生自主经历:整体感知、探究建构、应用迁移、重构拓展四个学习阶段的整体建构、合作探究、分享交流、创新应用的认知历程,经过每一个学习阶段学习目标引领、学习情境体验、学习任务驱动、学习评价督促,学生通过自主、合作、探究等小组合作学习过程,实现对每一个单元的知识结构、能力结构、逻辑结构、价值意义结构的体系化自主建构,最终实现对物理学科知识逻辑的理解,对学科本质在实践基础上的内化,创造形成自己的物理学科思想,最后形成自己的科学精神,像物理学家一样思考。

(3)加强物理实验学习,开发活动课程,助力学生个性化发展。

物理实验是距离基于生活的课程最近的研究基地。实验学习是物理学科学习的重要方式,能让学生通过亲自动手操作,体验实验过程,感知物理变化,现场生成内在感受,激发学习兴趣。我们体系化研究初中和高中物理实验课程标准,深刻理解其育人内涵,对实验学习的目标、计划等提出明确具体的要求。演示实验全部变为学生分组实验;教师人人自制教具、创新实验,鼓励学生创造教具、创造实验;每一节课都尽可能地创造实验学习体验,课堂教学实验开出率达到150%以上,也就是在教材要求实验100%开设的基础上,再自主创造50%的实验,充分让学生动手创造,放手让学生动手体验。

## 2.基于生活的国家化学课程实施

（1）化学学科大单元整体学习首先是创立课程大概念，课程大概念是以学科大概念为核心，充分结构学科内、学科间知识和信息，充分结构教师、学生已有认知经验，结构学生社会生活实际，针对学生化学学科核心素养培养，全过程推动学生动脑思考、自主建构的一个整体的学习内容。学习过程中，学生紧紧围绕课程大概念，通过自主合作探究的小组合作学习方式，通过整体感知、探究构建、应用迁移、重构拓展四个学习阶段，在反复对话、实践、生成的基础上，学生通过自主建构形成的，对学科本质逻辑和价值意义有一定理解的一个自主整体认知过程。其目的是凸显以学生的学习为中心，以培养学生思维能力为主攻方向，根本转变以教师教为中心的课堂为以学生自主学习探究为中心的课堂学习方式，让学生独立自主地完成任务，独立自主解决问题、拓展思维、生成新知，成长生命。初中化学整合为 9 个单元，高中化学整合为 17 个单元。

（2）设计大单元整体学习学程，学生全过程自主合作学习。大单元整体学习学程是学生自主整体学习的载体。学生在学习目标引领下，经历整体感知、探究建构、应用迁移、重构拓展的四个学习阶段，从整体上认知每一个大单元整体学习内容的知识体系、能力体系、逻辑体系、价值意义体系。课堂的基本要求为：

设计驱动性强的学习任务。"任务驱动"的核心是"驱动"——变"要我学"到"我要学"，学习内容与资源的选取要结合学生已有经验、结合学生学习特点，针对学生思维创新能力培养，创设生活化与学科化的学习任务，学习任务的驱动性和挑战性让学习过程富有意义。例如：第二单元"奇妙有趣的化学变化"，以海水提取盐为任务，让学生在解决化学问题中学习化学知识，理解丰富的生活，激发创造兴趣。

设计真实性问题情境。"情境体验"的核心是"体验"——变"关注知识"到"关注人",变关注知识学习的结果到关注知识形成的过程,知识的掌握已不再是我们的关注对象,而每一名学生独立自主的认知过程、学习需要的满足成为最重要的关注对象。通过任务驱动,在情境体验中激发引领学生独立思考、大胆假设、积极求证、自主动脑、自主合作解决问题,像科学家一样思考。学生在活动中获得赏识、体验成功、享受乐趣。例如,在学习新教材氮、硫元素及其化合物时,我们把该部分整合为一个单元"氮硫污染及治理",要求学生课前以查阅资料、自主、合作、探究等学习方式学习这部分内容,找全社会生活中这些污染给生活带来的危害,然后组织学生讨论。课堂上按预定的步骤,先让学生汇报查阅到的资料并相互补充。学生最终自己通过充分展示和讨论从"N、S的来源——何为酸雨——酸雨的形成——酸雨的危害——酸雨的防治"形成完整的知识体系和思维逻辑。

关注学生学习的过程。"真实探究"的核心是"真实"——变"关注学习结果"到"关注学习过程"。"学习的过程即学习的目的"。"只有被灵魂接受的东西才能成为学习的瑰宝"。任务的完成、大概念的建构、思维的训练、创造的尝试,只有教师相信学生,全过程放手让学生自主体验,并确保学习过程不被教师随便打断和干扰,才能保证学生全程自主参与,独立创作,生成好的学习结果。大单元整体学习关注的是对自主学习过程的引领,全过程针对学生创新思维的培育,推动学生动脑思考。

注重化学核心素养的形成。评价"迁移提升"的核心是"迁移"——变"关注实践应用"为"关注素养达成"。迁移是用探究建构的知识结构、能力结构、逻辑结构、价值意义结构去解决新情境中新问题,能够迁移是学习者真正学会的标志,是用专家思维解决真实问题是创新输出。迁移离不开情境、离不开社会生活,甚至需要进行跨学科融合,迁移的过程就是思维训练的过程、就是认知水平螺旋上升的过程、就是从一般——具体——抽象——具体的高阶思维过程。

（3）实施学校拓展课程,升级学习内容和学习品质。

实施学校拓展课程是落实国家课程方案的有力补充,是在全面实施国家课程要求的基础上加大力度向生活中的延伸和拓展,是对有个性需求的学生研究化学,提升学术能力,提供好的学习内容和学习服务。开设的课程包括《水资源的开发与利用》《生活中的化学》《趣味化学》《趣味实验》等拓展课程。

以"水"主题课程开发为例,通过课程深度研发与实施,引领学生了解化学之水、人文之水、生命之水,学习水的品质,养成上善若水、厚德载物、包容万物、纯洁无瑕的人格品质。本课程通过跨学科融合,联系语文学科,以水文化研究为切入点,提升人文品质;联系生物学科,从生命起源开始,探索水在人类生命成长史上的重大意义,梳理水的品质,促进生命成长。通过这个课程研发与实施,理解了水的本质,科学生活用水,培养环保意识、节水意识、社会责任感;培养了科学精神、人文精神和探究能力。

### 3. 基于生活的国家生物课程实施

（1）生物学科国家课程实施。

义务教育阶段和普通高中阶段的国家生物学课程的实施都围绕着几个大概念展开,生物学科大概念包括了对生物学原理、现象、思想方法和规律的理解和解释,是生物学科知识的主干部分。因此,生物学科国家课程实施采用大单元整体学习的方式,首先是基于学科大概念,重构学习大单元。以学科大概念为核心,整合创新形成有利于学科素养培育的课程大概念,按照学科的知识、逻辑概念,结合其他学科知识、社会生活知识,以训练学生思维为主攻方向设计学生完成一个大的学习任务的学习过程,从基本问题出发,设计一个大单元学习目标、情境、任务,从而形成整个大单元的宏观设计。

在此基础上,分四个学习阶段设计阶段学习目标、学习任务、过程评价。让学生经历整体感知、探究建构、应用迁移、重构拓展四个学习阶段的学习过程,自主建构体系,自主探究逻辑,自主创新应用,习得知识能力,树立学科观念,形成核心素养。整体感知阶段帮助学生理解、建立生物学概念,初步建构起单元概念体系;探究建构阶段开展探究性学习活动或完成工程学任务,加深对生物学概念的逻辑理解,培养批判性思维,概括总结生命现象或生命活动规律;应用迁移阶段提升学生应用知识分析解决新情境中实际问题的能力,培养创新思维;重构拓展阶段使学生能够运用科学的观点、知识、思路和方法,探讨或解决现实生活中的问题,基础知识全部过关。

(2)基于生活的 271 教育生物学科拓展课程实施。

① 创新实验课程。

实验设计多样化。创新生活化实验设计,鼓励学生人人参与实验设计。例如,可以采用比较规范的实验仪器设备设计实验,也可以利用生活中低成本、低消耗、低(无)污染的器材设计教学实验;可以采用生物材料设计和开展实验,也可以利用电子设备设计、完成模拟性实验;还可以充分利用多媒体、互联网及无线通信技术进行虚拟实验。

在重视定性实验的同时,也重视定量实验。通过开展数字化实验,让学生在量的变化中了解事物的本质。学生实事求是地记录、整理和分析实验数据,定量表述实验结果等,有利于培养学生严谨的科学精神。

注意实验安全教育。安全使用实验器具(如解剖器具、玻璃器皿、酒精灯等)和实验药品(如酒精、酸、碱等)是生物学实验的基本技能。教师要强化安全教育,增强学生自我保护意识。同时,要注意实验室废弃物的妥善处理。

② 动植物科普课程。

教学中教师根据本地的地理特点，充分利用动植物资源，拉近学生与真实自然环境之间的距离。教学通过各种不同形式的活动展开。例如，以小组为单位制定寻找、观察动植物的计划；交流认识动植物的学习经验；以科技为主导，以当地生态环境为依托，开发利用动植物资源；广泛收集教学需要的文字、声音、图片、动画等素材，建立动植物资源库，形成研究报告等，实现教学与动植物资源的有效整合。激发学生的学习兴趣，培养学生的自然观察能力，提升学生综合科学素养。动植物分类课程提高学生的实践能力和创新能力，培养学生的科学思维能力、探究能力、创新精神及自主学习能力。本课程不仅培养学生关注身边的动植物，更重要的是培养学生爱护环境，自觉维护环境的行为习惯，培养学生的合作精神和社会责任感。

## 三 基于生活的国家课程实施（体育、艺术、劳动、技术课程）

### （一）基于生活的国家体育课程实施

271教育体育课程帮助每个孩子健康快乐地自主成长，在孩子灵魂深处注入人性的力量、生命的活力，让每个孩子拥有强健的体魄、健康的心理、健全的人格和旺盛的斗志，用强健的身体支撑起一个伟大的灵魂。具体实施方案有以下两大方面。

1. 国家体育与健康课程实施

（1）落实国家课时的基础上增加体育课时。

以核心素养为导向，围绕"教会、勤练、常赛"，全面落实"每天两个小时体育锻炼"要求,在落实国家体育课时要求的基础上,增加体育活动时间。

(2)"普及-提高-专业"三级梯队培养模式,保证每个孩子个性化发展。

在落实好国家体育课程的基础上,建设好体育校本课程、体育社团课程和体育运动队课程,构建的"普及-提高-专业"三级梯队培养模式逐渐成熟。并提出"每个271教育学子在校期间至少参加一次区/县级以上正式比赛"的口号,鼓励学生积极参加体育锻炼和比赛。各个体育社团不仅在各级体育比赛中取得优异成绩,还要通过比赛培养学生的体育精神、体育品格和体育道德。这样,一部分具有运动天赋的孩子会通过三级梯队培养走向体育专业化发展,充分拓展自己的生命能量,提升自己的生命高度。

(3)"学练赛"大运动量体育课堂学习模式,确保学生体能发展。

271教育认为,体育课堂的核心是大运动量。因为,运动负荷是体育锻炼与一般休闲、娱乐的最大区别。一堂课只有35分钟以上的高运动负荷才会刺激肌肉、骨骼的生长和多巴胺、内啡肽等物质的分泌,才能持续不断地增进健康水平。也只有在高运动负荷的体育比赛、对抗中才能更好地运用、创造综合运动技能,激发孩子的"野性",培养其应有的体育精神。

(4)体育大单元教学与体育模块选项走班教学相结合,促进学生运动技能掌握。

根据体育与健康课程标准要求,271教育在义务教育阶段实行体育大单元整体学习,在高中阶段实行体育模块选项走班学习,体育大单元整体学习是通过18课时以上的连续学习,掌握所学运动技能,加深学生对所学运动项目的完整体验和理解。高中模块选项走班学习是为了发展学生运动专长,鼓励学生一年学习一个项目或者三年连续学习一个项目。

### 2.基于生活的271教育体育学科拓展课程实施

基于生活的271教育体育学科拓展课程实施主要根据各学校实际情况,充分挖掘校内外一切可利用资源,增加师资、增加课时、增加体育场地器材和投入,确保每个学生受益。具体实施方案包括以下4个方面。

(1) 271教育体育特色课程。

舞蹈与礼仪课程是针对初三学生的一门主题课程,初三所有师生全员参与。在初三上学期第一周,连续开课一周,学习结束组织汇报展演,颁发结业证书。远足拉练课程在每年4月中旬实施,由各年级统一组织实施,从早上七点出发,到晚上八点返校,整整一天的时间。中午野外就餐,每人两个苹果、两个鸡蛋、四瓶矿泉水、一袋咸菜、馒头若干。活动结束后,班级进行总结、交流。并对每个学生进行学分认定。

(2) 271教育体育节课程。

271教育体育节课程由学校学生会牵头,体育教师协助,各年级、班级以自主申报的形式参与每年10月中旬的全校体育节,体育节持续一个月。每人至少参加三个体育项目,至少担任一个项目的组织或裁判,体验不同角色,活动结束后对每个学生进行学分认定。

(3) 271教育课外锻炼课程。

阳光大课间课程,春夏季节以做韵律操为主,每天上下午连续做4遍,心率在150—170次/分钟。秋冬季节以跑步为主,上午课间操跑步不少于1600米,下午课间操跑步不少于1800米,心率在160—180次/分钟。上下午课间操每次有效锻炼时间不少于18分钟。文明家庭锻炼课程是每周周末和寒暑假期间实施,周末以家庭体育作业的方式进行,时间为每天一小时。假期主要以家庭亲子游戏、体能操、跳绳等简单易行的锻炼形式,每天锻炼一小时,过程由小组和班级自主管理团队进行管理,开学后集体达标验收,纳入学分管理。

(4) 271教育体育活动课程。

体育校本课程,每周周三下午三四节连堂上课。体育社团课程是利用每天上下午课间操和下午课外活动以及周末的一个下午为训练时间。按照比赛节点设计训练周期和训练计划进行科学训练和比赛。学期末组织结业考核,测评合格,颁发合格证书。

## (二) 基于生活的国家艺术课程实施

271教育艺术课程的实施始终遵循艺术学习规律,体现学生身心发展阶段性、连续性、体验性的特点。严格按照课标要求,开齐艺术课时,建立学会、勤练、常展、常赛机制,保障艺术课程落实到每位孩子身上。

### 1. 建立"学会"机制——高标准落实国家课程

课堂是艺术学段学习的主阵地,艺术学科严格落实教育部美育课程实施建议,开足课时,义务教育音乐、美术每周两个课时,开齐国家课程,打造"艺术基础知识基本技能+艺术审美体验+艺术专项特长"的教学模式,提升学生艺术素质,培养学生艺术技能,通过反复而有趣地"学会、勤练、常赛",实现学生艺术素养的不断提升。

(1) 研究国家课程标准,理解学科素养内涵,厘清各学段艺术课程的知识体系、能力体系、逻辑体系和价值意义体系,厘清与学生年龄特点、认知特点和技能特点之间的逻辑,整体逻辑建构更加清晰的全学段艺术学科育人目标体系和课程体系。

(2) 研究落实各学段国家统编教材,充分落实大单元整体学习要求,回归艺术本位、实践本位,以学生为中心,建立"学生素质与能力培养体系",严格落实学生素质与能力培养的标准,学校艺术课程核心研究团队一月一会商,每学期至少组织两次学生素质能力培养研究的论坛,艺术学习过程与素养测评标准的达标验收相结合,成绩计入学生个人成长档案,同时计入教师专业能力业绩档案。

### 2. 建立"勤练"机制——开发创造校本实践课程

艺术学科建立了一整套系统的、涵盖艺术必修课程与艺术选修课程领域的校本实践课程体系。既满足了普适性学生技能修习的要求,又满足了艺术个性化特长发展的需求,拓宽了学生艺术学习路径,提供了充足艺术学习平台。

(1)在乐器演奏课程方面,制定乐器课程《学生学习过程设计》文本,每周至少开设 1 课时乐器演奏课,学生利用课外活动及周末自主活动时间自主训练修习,学校层面组织"将生命奏响"每人选取一种乐器课程汇报演出,对学生乐器演奏能力进行评价,颁发结业证书。

(2)学校开设"五个一"精品社团,为艺术爱好者的提供个性化成长平台,每位艺术教师开设一门艺术社团,制定社团发展规划,形成涵盖课程目标、课程内容、课程实施、课程管理、课程评价的校本音乐、美术社团课程文本。每周集中半天进行课程实施,利用每天课外活动、周末自主活动进行自主社团训练,为活动提供充足的时间保障,为学生搭建了"勤练"的平台,为"常演"打下了坚实基础。

### 3. 建立"常演""常展"机制——组织校园文化活动课程

常演是学会、勤练的强大动力源泉,只有常演、常展,学校才有一种浓郁的艺术氛围,学生才能够保持一股强大的学习艺术的热情。

(1)构建"5 个 1"社团展演机制,每学期组织一次社团展演,以赛促学,以赛促练,为高水平艺术团队提供艺术实践平台,邀请专家指导,评选精品社团、选拔艺术特长人才和优秀指导教师,培养艺术专业人才。

(2)为学生提供了丰富的艺术实践活动,每年学校层面组织艺术节、文化节、中华优秀传统文化节等活动课程,开学典礼、元旦晚会等节庆课程,为大众学生普适性水平练习提供艺术实践平台。

4.建立"常赛"机制——打造学科比赛主题课程

组织学生参加教育部及各级各类教育行政部门组织的艺术展演、艺术类比赛活动。学校层面每年组织词曲创作大赛、班级合唱大赛、好声音大赛等比赛课程,采用"以赛促学,以赛促练"的形式,促进艺术素养形成。

## (三)基于生活的国家劳动课程实施

劳动是不可或缺的生命活动过程,劳动更是生命的成长过程。劳动教育要植根于生活,将生活作为劳动教育实施的载体。劳动课程实施就是让劳动回归自然与生活,将"教室"里抽象虚无的劳动说教引入充实、丰富而又具体的生活当中,引入到操作间、田野里和岗位上。

(1)落实课标要求,劳动课程作为必修课在全学段、全年级全面实施。

(2)成立劳动课程实施团队,创新劳动课程实施方案。

① 成立由教师发展中心、学生成长中心、餐厅、后勤服务中心、年级、首席导师组成的课程实施团队,整体规划各年级劳动课程的开展。从课程目标、课程内容、课程实施、课程管理、课程评价等方面制定了小初高三个学段一体化的课程实施方案。教师发展中心负责劳动认知课程、家政体验课程、手工艺术制作课程及木工、金工、电工等课程的研发与实施;学生成长中心负责日常生活、校园岗位体验、"今周我当家"、周末家务劳动、社区志愿者服务、现代企业岗位体验及新农村劳动体验课程的研发与实施;后勤服务中心负责校园美化创新、校内农场种植及校园卫生、洗手间和走廊楼梯的保洁课程的研发与实施;

餐厅则负责餐厅学生帮厨课程的研发与实施。

② 贯通小初高三个学段，创编系列劳动课程文本，整体设计劳动课程体系。

对劳动课程进行十二年一体化设计，贯通小学、初中、高中三个学段，其中又将小学分为一二三年级低学段和四到六年级高学段。针对学生认知特点和行为能力创编了内容深度层层螺旋递进的课程文本。文本内容小初高各有侧重。小学更加注重劳动意识启蒙、生活自理能力提升和劳动兴趣培养；初中则更加关注劳动知识、技能学习以及吃苦耐劳品质的塑造；高中则融入更多新型职业体验及服务生产劳动，与高中学生的人生职业规划相联系，提升学生的劳动服务意识和社会责任感。

③ 在其他学科中融入劳动课程的相关内容。如将物理与木工、金工、电工等技术课程相结合，美术与手工艺术制作课程相融合，生物与校园种植课程贯通，生涯规划和校园岗位体验相结合。

④ 探索不同课程内容的实施模式。根据不同劳动项目内容的性质、资源条件、制约条件和难易程度，创造劳动项目具体实施的流程、标准，形成并固化"体验式""项目式""契约式""探究式"四种劳动课堂实施模式有效的劳动。课程实施更加规范有趣，育人效果更加高效专业。

（3）构建专职、兼职相结合的劳动课程师资队伍，全员实施劳动课程。

① 营造劳动课程实施文化。要求每一个教育工作者对劳动教育认知都能够到位，每位教师都乐于支持劳动教育的开展，人人都是劳动教师，为劳动教育课程的顺利实施做好师资保障；每一名学生都应理解劳动教育课程对自身生命成长的重要意义，让学生从内心深处理解生活的意义、劳动的价值，自觉自愿地参与劳动课程的学习体验当中。

② 与当地高职院校及企业有效合作，邀请技能大师、劳动模范及

社会各界专业人士来校兼任劳动教师,创造一切机会打开学生对劳动教育的认知,启蒙一生的职业规划,为学生提供更广阔的劳动实践场所和更专业的劳动技术指导。

（3）建立专项资金,配备劳动功能教室、工具箱,拓展劳动实践基地。

① 建立劳动教育专项资金制度,严格专款专用,不断推进校内劳动教育功能教室和校外劳动教育实践基地建设。

② 271教育各校均已配备功能齐全的家政教室及木工、金工、电工、技术课程等功能教室。

③ 从小学三年级开始,每个班级配备一个工具箱,班级公物都由学生自己维修,学生不仅从中认知了使用工具的知识,习得了自己维修桌椅门窗的劳动技能,还养成了爱护公物的良好品质。

④ 三年级以上每个班级每学期在学校家政教室修习半天餐饮制作和卫生清洁技能学习课,每个班级每个学期到餐厅帮厨满满一整天,学生和食育教师并肩劳动,习得厨艺技能、感悟劳动精神、形成劳动能力。校园农场种植的全面覆盖,学生直接体验从播种、管理到收获的种植全过程,下地劳动,出力流汗,学会种植技能。

（5）课题引领带动,提升课程品质。

271教育学校积极参与教育部基础教育课程教材和校本课程的课题申报及当地教育教研机构的课题研究工作,申请立项、结题国家级、省级劳动教育课题十几项。充分吸纳专家意见和建议,为课程研发和创新实践提供理论支撑;充分发挥课题引领的带动作用,不断提高课程实施成效,放大劳动育人效果。

## （四）基于生活的国家信息科技课程实施

信息科技课程育人的本质是引领学生走向数字化思维。数字化思维是学生未来在第四次工业革命中面对 AI 智能社会能够融入创新生活的必需,信息课程学习不能仅仅是习得硬件和简单编程,处理信息这些简单技术性知识。

### 1.基于生活的国家信息科技课程实施

信息科技学科采用项目式学习,通过借鉴项目式学习的情境导入,明确任务;收集资料,制订方案;自主协作,具体实施;点拨引导,过程检查;展示成果,修正完善;评估检测,拓展升华六个步骤,参考大单元整体学习的思想,我们进行重新整合为情境体验、浏览作品、分析案例、自主创作、展示交流五部分。

项目式学习注重学生过程体验。项目式学习是通过成果生成的过程,让学生不断地观察、分析、动手和总结,深度认知核心知识,提升推理、实践、论证、建模等能力,培养严谨的科学思维,即数字思维。因此,我们把项目式学习过程分为上述五个部分。

互联网、信息技术、大数据、人工智能在生活中的广泛应用,为信息科技课程实施提供了大量依据,基于生活的"情境"拉近了学生,聚焦了思维,让学生在现实生活和虚拟世界中自由切换。"浏览作品"阶段主要是帮助学生开拓视野,为"自主创作"阶段提供范例,提供思路;"分析范例"阶段主要引导学生自主归纳总结方法,让学生独立思考,潜移默化地生成科学的思维方式,为"自主创作"提供可以借鉴的路径;"自主创作"阶段是学生深刻学习,内化核心知识、创新综合应用核心知识、自主独立解决实际问题的关键环节,其实就是学习迁移,学以致用。在问题解决后,学生对成果进行"展示交流",逻辑表述成果形成的过程、思路和关键点,是对自我的达标与评价,也是对自己创造思维过程的反思复盘,也是创造生成的又一次机会,也是思维能力的又一次升级,整个学习过程能够激发学生的元认知,学生在全过程独立、自主、创新的思维过程中习得知识,解决问题,形成能力。通过一个完整的学习路径,学生不仅习得了专家结论,更领悟了专家思维,从而打通信息技术学科教育和现实生活的联系,最后慢慢形成自己的数字思维能力。

图 6-7　信息科技教育项目化学习路径

（2）基于生活的 271 教育信息科技学科拓展课程实施。

一是设计系列比赛活动。通过各种信息科技学习平台的使用,让学生在生活中更加深刻地理解信息科技,引领学生深刻领悟学习源于生活,也能创造更好的生活。

二是学校每年组织一次科技节。历时一个月,设计一系列丰富多彩的小活动,包括邀请院士到校讲座,讲授科技前沿知识和科学原理,让学生感受科技的奥秘,理解科技原理。也会积极联系当地科技馆,提供一整套的科技设备进行展览,供学生体验,激发学生兴趣,组织各种比赛,如航模、机器人、无人机、编程等比赛。

三是开展丰富多彩的技术社团。主要包括机器人、无人机、编程、航模、物联网、人工智能等等,利用每周三一下午的时间,全部放给学生,让学生们自主选择,在社团中自由、自主探究,社团成员间相互碰撞、交流,人人设计出有创新思想的作品,也积极带领学生参加教育部竞赛白名单的赛事,打开学生的视野格局。

**2. 基于生活的国家通用技术课程实施**

整合后的通用技术课程实施以技术实践活动为主要内容开展。通过项目形式呈现给学生一系列实践学习内容,按照"情境—任务—

学习活动—问题"的路径设计学生的学习过程。所有学生经历设计制作全过程,亲历发现问题、构思方案、表达交流、制作、试验、评价以及相应的比较、权衡、优化等一系列技术过程,在动手、动脑的过程中,习得技术知识和操作技能,生成技术方法和技术思想,全面提升技术素养。

通用技术课程实施以个人自学和小组合作为主要学习方式。学生独立自主体验、独立探索实践、小组合作共创的全过程,让学生习得工具思维,形成工程思维,提升创造生活的能力,提高综合素养。各学校初中学段编织,手工制作相结合,而高中则直接设立金工教室和木工教室,让学生独立使用工具、独立创造作品,通用技术功能室中工具和材料一应俱全,这些通用技术教室成为了学生最乐意去的地方。

以"孔明锁的制作"课程的实施为例(见表6-9)。

表6-9　孔明锁的制作——木工工艺及其实践

| 单元情境 | 学习任务与课时 | 学习活动 | 预期表现 |
|---|---|---|---|
| 孔明锁,又叫鲁班锁,是一种中国传统木艺玩具。制作精良、用料考究的孔明锁,从质感、结构等方面都有很强的玩赏性。张伟的学校有意征集学生作品作为校际交流的礼品。张伟和他的社团伙伴想设计制作一款特色鲜明的孔明锁作品,参加学校的评选。 | 任务一:认识孔明锁(1课时) | 学习活动1:拆装孔明锁 | 能准确说出常用木工工具的名称及用途,并能说出常用木工工具的使用方法,说出其加工安全注意事项。 |
| | | 学习活动2:为孔明锁选择制作材料 | 能了解常见木材的特性及加工方法,并能为孔明锁的制作选择合适的材料。 |
| | 任务二:探究木工工艺(2课时) | 学习活动1:认识木工工具与工艺 | 能根据工具实物或者图片说出不同工具的名称和用途。 |
| | | 学习活动2:木方构件制作 | 能根据确定的流程,正确使用角尺、手锯、锉刀、凿子等工具,加工出符合要求的木质工件,主动规避安全事故。 |

续表 6-9

| 单元情境 | 学习任务与课时 | 学习活动 | 预期表现 |
|---|---|---|---|
| 孔明锁,又叫鲁班锁,是一种中国传统木艺玩具。制作精良、用料考究的孔明锁,从质感、结构等方面都有很强的玩赏性。张伟的学校有意征集学生作品作为校际交流的礼品。张伟和他的社团伙伴想设计制作一款特色鲜明的孔明锁作品,参加学校的评选。 | 任务三:制作孔明锁(3课时) | 学习活动 1:分析孔明锁的制作尺寸 | 能根据孔明锁的技术图样,确定孔明锁的结构特征和形体尺寸。 |
| | | 学习活动 2:制作孔明锁 | 根据设计方案,确定孔明锁的加工流程,选择合适的工具和工艺安全规范地完成孔明锁构件的制作和组装,主动规避安全事故。 |
| | 任务四:优化孔明锁(1课时) | 学习活动 1:改进孔明锁 | 能根据不同人群的需求,从环保、材料、功能等方面进行孔明锁改进。 |
| | | 学习活动 2:编制产品说明书 | 能根据撰写提示,撰写完成孔明锁的使用说明书。 |
| | | 学习活动 3:设计孔明锁外包装 | 能根据不同人群的需求,从环保、材料、功能等方面进行改进,并设计出符合要求、精致美观的外包装。 |

# 第三节　基于生活的地方、校本课程实施

　　学校校本课程发展有着与国家课程发展相同的教育理念,它在课程观、知识观、课程开发主体观、学生观、教师观以及教学观、教育资源观、课程管理观、课程评价观等方面都是相似的,都指向同一个目标:一个人的整体发展。校本课程与国家课程一道都有利于一所学校创新生活课程的发展,都有利于促进学生核心素养的养成,但学校的校本课程又有着自己独特的学术思想,学校的实际情况,因校制宜是校本课程的最大特征。国家大力倡导学校校本课程的创新实施,极大促进了学校教育观念的变化(见表6-10)。

表 6-10　校本课程发展的特点

| 项　目 | 国家课程开发 | 校本课程开发 |
|---|---|---|
| 课程目标 | 以发展全国统一的课程方案为目标,以学科课程学习培养学生综合素质。 | 以发展符合学生、学校或地方特殊需要的课程方案为目标,以实践性和拓展性课程学习培养学生综合素质。 |
| 参与人员 | 课程开发是专家学者的权责,课程开发体现了国家意志。 | 所有与课程有关系的人士均有参与课程开发的权利。校本课程开发既体现了学校特色,又体现了国家意志。 |
| 课程观 | 课程即书面的课程文件,是计划好的课程方案,学习既定的方案。 | 生活即课程的内容,课程即教育情境与师生互动的过程与结果,是个不断螺旋提升的学习方案。 |
| 学生观 | 学生无个别差异,为他们安排的课程可以在事前做好详细、完善的计划,重统一性和必须性。 | 学生不但有个体差异,也有主动建构知识的能力,课程应当根据学生的需要而不断地进行调整,事先的计划越详细就越不能适应学生特有的学习需要,尊重个性选择和学生自主学习要求,这是校本课程的最大特点。 |
| 教师观 | 教师仅是课程的实施者,职责就是依照计划好的课程方案加以忠实地呈现。 | 教师和学生都是课程的研究者、开发者和实施者,教师有主动解释、开发课程的能力。 |

271教育校本课程的实施极大丰富了学生学校生活,极大整合了学校可利用的课程资源,既重视课程发展的结果又突出课程发展的过程,最大限度地把生活当中有教育价值的内容进行课程化再造提升,让学生在喜闻乐见的生活活动当中动手体验,动脑思考,接受教育,成长生命。学校及教师在以学校自身的办学理念、学校特点和学生需要为基础进行课程研发时,不再只是单一地考虑学科知识的选择与组织,除了课程文件、课程方案、教材和教科书之外,也特别重视学校地域特点、历史文化特点、学校组织特点、师资现状,学校周围环境及校内各种条件,师生互动的过程及其结果、学生的身心特点及其家庭背景等等,所涉及的课程涵盖了正式学科、非正式活动以及潜在课程,换言之,校本课程包括了学生在学校所获得的所有的有关物质生活、精

神生活的经验。于是,从空间结构看,课程发展走向了立体化和动态化。从时间结构上看,学生的学习已不再单单局限于有限的几门学科的课堂学习,而是扩展到课堂外学校的整个生活世界之中,呈现出"全天候"的育人状态,一个丰富而有实效的生命成长的"生态"。

天地间万事万物、一切一切与学生生命成长有关的认知和活动经验的总和都是课程。

以"一带一路"课程的实施为例,在前期课程目标、课程内容研发完毕的基础上,以"一带一路"倡议为大的学习情境,结合课程文本结构,针对不同学习内容,设计不同的探究性、实践性、挑战性、驱动性学习任务。分别从文本材料阅读、课题研究、活动体验等方面,组织引领学生主动认知、主动实践、大胆参与,增强学生体验感,打开学生的国际视野,让学生身边有生活,胸中有国家,眼中有世界,未来有格局,用一种未来的、开放的心态研究中国的发展和世界的发展。以世界为格局,以未来为坐标,真正理解世界命运共同体的内涵和外延,以及在世界命运共同体的建设当中,逐步找准自己的事业和生活定位,与自己的生命成长挂钩,深刻理解中华民族伟大复兴的具体内涵,做个能够自如沟通世界的现代中国人。这也是271教育的国际化发展方向和培养目标:"卓越品质、家国情怀、全球视野"的具体创新实践。

课程实施:

1.组建核心研究团队

成立以语文、政治、历史、地理、艺术等骨干教师为主体的核心研究团队,结合学生参与,整体规划设计和实施"一带一路"主题课程,研发课程文本,制定课程实施方案。

2.整体规划课程实施

(1)师资。学校各年级以语文、政治、历史、地理、艺术等相关学科骨干教师组成课程实施团队,保证师资。

(2)课时。一是结合相关学科国家课程内容,对"一带一路"课程内容进行融合拓展。二是利用每周集中半天活动课程实施,各学科围绕主题组织课程学习。三是结合体育美食节、国际文化周等主题活动,组织课程学习。四是利用节假日组织学生对一个问题进行专题研究。

(3)机制。建立课程研究团队、课程实施团队,定期会商机制、学生成长中心和各年级每周调研反馈机制、过程评价与结果评价相结合的评价机制。

### 3.明确课程实施路径

结合整个课程结构和单元课程内容具体特点,明确各部分课程实施路径:

(1)"一带一路"课程认知内化部分重点是通过研读文本资料、观看影像资料、查阅文献等,以小组为单位自主学习、合作研究、展示交流,系统梳理"一带一路"基本内涵、历史背景、价值意义。

(2)"一带一路"课程课题研究部分以"一带一路"与世界、"一带一路"与中国、"一带一路"与自己创设八个研究课题,学生自主选择成立课题研究小组,在老师的指导下,从不同的视角分工合作,进行课题研究,形成研究报告、论文等研究成果,通过演讲、主题论坛进行展示。

(3)"一带一路"活动体验部分重点是设计走、展、学、品、赢五大系列综合实践活动,通过项目式、参与式、体验式、探究式等学习方式,完成课程体验,提交自己的学习成果。

例:

### 展"一带一路"——"一带一路"之加拿大文化周

"驼铃古道丝绸路,胡马犹闻唐汉风。"当世界遥看东方之时,复兴的中国则正向西看去,跨大漠沧海,越山丘丛林,寻世界通达之路,见中国复兴之途。中国开放的大门永远不会关上,共商共建共享,是一个成熟稳健的大国应尽的责任与使命。现在,我们是"一带一路"的见证者;未来,我们将是"一带一路"的参与者。作为271教育学子,应以世界为舞台,以天下为格局,以未来为坐标,关注国际时政,了解异国文化,欣赏异域风情,用最宽广的胸怀、最昂扬的姿态一起游览其他国家,感受他乡之美。

## 一　学习目标

（1）搜集资料,从经济发展、政治体制、风土人情、地理环境、教育发展、军事外交等多个维度整体认知加拿大,拓宽国际视野。

（2）全体师生共同打造文化长廊,让加拿大文化大放异彩,与自身中华民族文化相碰撞、融合,深刻理解"一带一路"共建文化交流、文明互通的文化共同体这一宗旨。

（3）通过"巡游"加拿大,了解其产业发展、政治概况、特色运动、建筑之美、异国珍宝、名人事迹、文化习俗等,培养"共享,共融,共通,我们与世界同行"的价值追求。

（4）研究白求恩来华援助抗战体现了什么国际主义的意蕴。

## 二　课程实践

课程实践(见表6-11)。

表 6-11　课程内容与实施

| 序号 | 主　题 | 实施建议 |
|---|---|---|
| 1 | 加拿大宣传周 | 由伊利堡国际学校提供展板内容,行政中心制作并展示,各年级学生进行观看和学习。(加拿大地理、加拿大政治经济文化、加拿大与中国的外交历史、加拿大教育) |
| 2 | 专家报告 | 加拿大教育专家,从加拿大的地理、政治、经济、文化、历史、高等教育等方面进行全方位介绍与解读,专家报告会在活动周期间每晚一场,学校组织高二高三年级学生参会,首席导师全程参与。 |
| 3 | 课题研究 | 课题:①《加拿大文化—加拿大节日研究》;②《加拿大与一带一路》;③从垃圾分类看加拿大环境保护;④中国"世界命运共同体"建设;⑤美国股市一月四次熔断与世界经济发展预测;⑥国际油价暴跌原因及对中国经济的影响。学生课题研究由政治学科负责,利用课上时间以小组为单位进行选择,每个小组选择其中一个课题进行研究并撰写报告。 |
| 4 | 辩论赛 | 辩题:"中国教育体制对学生成长更有利 & 加拿大教育体制对学生成长更有利"。学生辩论赛建议由英语学科和信息技术学科共同负责。由教师发布任务,学生自主选择辩论方,利用信息技术课进行信息的获取、搜集、整理,由英语教师负责辩论赛的具体实施。 |
| 5 | "加拿大印象"绘画课程 | 本课程由美术学科负责。通过一节课的时间进行自由绘画创作,画出学生自己心目中的加拿大。 |
| 6 | 班级外墙文化成果展示 | 各班级通过班级文化墙展示学生作品、感悟、心得,进一步提升加拿大周的育人效果,进一步营造浓浓的国际化文化氛围。 |

## 三　课程评价

（1）学生成长中心负责调研国际文化周活动课程各项目的开展情况,根据各班的表现评选优秀班级。

（2）对优秀项目作品制作"合集"进行公众号推送。

（3）所有活动学分都计入综合素质评价。

从学校教育的发展历史来看,学科是教育的基本组织形式,承担着传递人类科学和文化遗产的基本任务,它是科学知识的表现形式,是从生活世界中提炼和抽取出来的精华,具有极高概括性、抽象性的理论化、系统化和形式化结果。因此,学科化的知识既有利于学生高效、系统地学习,也便于教师有效、科学地教育。而生活是教育的终极目的。人的一切活动的终极目的均是使人在生存延续的基础上过上更好的生活。

基于生活的课程实施要求课程教学在目标确立上以课程生态论为出发点,注重学科功能和生活意义的结合;在内容选择上注重学科性和生活化的统一;在教学方式上注重学科与生活的沟通与共识;在评价范式上注重学习评价的生活取向。

# 参考文献

[1] 靳玉乐.现代课程论[M].重庆:西南师范大学出版社,1995.

[2] 简·卢文格.自我的发展[M].杭州:浙江教育出版社,1998.

[3] 阿诺德·格塞尔,格塞尔,桑标,等.儿童生活的最初五年:学前儿童生活指南[M].上海:上海人民出版社,2014.

[4] 王振宇.儿童心理发展理论[M].上海:华东师范大学出版社,2000.

[5] 雅斯贝尔斯.什么是教育[M].北京:生活·读书·新知三联书店,1991.

[6] 劳伦斯·A.克雷明.公共教育:Public education[M].北京:中国人民大学出版社,2016.

[7] 吴鼎福.教育生态学[M].南京:江苏教育出版社,1995.

[8] 靳玉乐.潜在课程论[M].南昌:江西教育出版社,1996.

[9] 罗森塔尔 R,雅各布森 L.课堂中的皮格马利翁:教师期望与学生智力发展[M].北京:人民教育出版社,1998.

[10] 戴·冯塔纳,王新超.教师心理学[M].北京:北京大学出版社,2000.

[11] 王攀峰.走向生活世界的课堂教学[M].北京:教育科学出版社,2007.

[12] 马克思等.马克思恩格斯选集[M].北京:人民出版社,1972.

[13] 崔允漷,郭华,吕立杰等.义务教育课程改革的目标、标准与实践向度(笔谈)——《义务教育课程方案和课程标准(2022年版)》解读[J].现代教育管理,2022,(09):6-19.

[14] 中华人民共和国教育部.普通高中课程方案:2017年版[M].北京:人民教育出版社,2018.

[15] 温·哈伦.科学教育的原则和大概念[M].北京:科学普及出版社,2011.

[16] 郝赫.迈向一体化的核心素养美术教学——《义务教育艺术课程标准(2022年版)》与《普通高中美术课程标准(2017年版2020年修订)》的对比与衔接[J].美育学刊,2022,13(05):113-120.

# 第七章 ▶

# 基于生活的课程评价

　　课程评价是课程建设、课程实施中不可或缺的要素。课程评价的课题既古老又年轻。其古老在于比较正规的课程评价可追溯到隋朝的科举考试，年轻则在于着眼于教育自身发展的系统评价研究始于十九世纪末美国莱斯的拼字测验，这也是评价界比较公认的评价研究的开端。1950 年，拉尔夫·泰勒在著作《课程与教学的基本原理》中首次系统阐述了课程评价的意蕴及其操作模式，[1]引起了强烈反响。由此，掀起了世界各国学者对课程评价的研究热潮，课程评价已然成了一门独立的学术研究领域。

　　此后的百余年里，课程评价的理念和思想不断变化与更新，无论是在课程评价的价值、功能方面，还是在课程评价的主体、内容方面，抑或在课程评价的方法、原则方面，都得到了众多学者的探究和研讨。

例如,英国课程专家凯利认为,课程评价是评估任何一种特定的教育活动的价值和效果的过程。[2]桑德斯在《国际教育百科全书》中将课程评价定义为研究一门课程某些方面或者全部的价值的过程[3]。还有一些教育学家从课程评价的内涵出发来解释课程评价。美国学者麦克唐纳认为,课程评价有其目标追求,在于确定课程设计的效果,要阐明和周围环境的关系,并以有利于教育决策者的方式提供情况,以便估计采取这种方案的可能结果。[4]美国教育专家比彻姆则认为,课程评价包含判断课程系统的效果和所规划的课程效果的那些必要的过程。[5]

# 第一节　基于生活的课程评价概述

课程评价是课程建设的内容之一。没有结构化设计的课程评价创新和实施,课程目标就会像断了线的风筝成为一种虚无。同时,基于生活的课程实施应该与基于生活的课程评价相辅佐。生活化的课程评价应始终指向生活的主体——人的发展,并且是始终指向人的发展的过程性评价,并非仅仅局限于可量化的考试的结果类的结果性评价。要厘清这些思路,首先要清晰课程评价的基本理论,与各位同仁洞察评价理论的来龙去脉,进而洞察其评价的实质,最后才能创新出有效的评价方法。

## 一　课程评价的基本理念

课程评价包含三方面的核心内涵:一是评价目标的达成度;二是

评价课程的价值性；三是诊断、改进课程的实施过程。具体到关键点上即目标、价值和过程。人们对课程评价的理解和认识是随着对课程的理解和认识而变化的。从不同角度认知课程，就会对课程评价的概念有不同的理解。正如英国课程论专家尼斯·劳顿所说，在整个课程研究中，"评价"一词是最难理解的概念之一。之所以难理解，是由于它有各种各样的用法，其中有些用法相互重叠，不好区分。况且，人们对课程本身的界定也多种多样，因此，人们对课程评价具有不同的理解，就是很自然的事了。但总的来说，中外学者较一致的观点是评价是"决定某一事物的价值"[6]，都把评价与价值判断结合起来，认为评价其价值是课程评价的基本功能。

学者们从价值角度界定课程评价时，侧重点也是各不相同的。有的侧重于价值；有的侧重于过程；有的侧重于目的和功能；还有的则侧重于构成[7]。学者施良方这样定义"课程评价"：课程评价是指研究课程价值的过程，是由判断课程在改进学生学习方面价值的那些活动构成的。[8]该定义既着眼于价值、过程、构成，但又不忽视评价的目的和功能。

课程评价深受课程评价观的影响，而课程评价观又是教育价值观在课程领域的具体体现。因此，课程评价观的价值导向就尤为重要，不同课程评价观下会产生不同的课程评价模式，注重目标与结果的达成度可选择结果性评价，注重学习过程的有效性和价值就会选择过程性评价。现在的教育价值追求是关注人的全面发展，而人的全面发展结果是不容易测量的，所以注重过程性评价就成为我国教育评价的重点研究领域。

学科知识是对生活经验的提炼和浓缩，生活经验是学科知识的原型和质料。生活作为课程的根基，是课程人文取向的价值旨归。基于生活的课程以学生终身发展为导向，强调学生对生活的感受、体验、探索,以及对生活意义的建构,强调人对生活、人对学习和生命成长的主体意识和主体能力,认为基于生活的课程评价引领学生发展是学生在自然、社会、自我中主动建构对生活的认识、理解与创造的一种持续的发展性评价。

基于生活的课程评价贯穿课程实施的全过程,并在这个过程中运用建构主义、人本主义、马克思的人学理论等心理学理论以及社会学的结构功能主义、冲突理论、解释学等理论来解释师生在基于生活的课程实施全过程中的地位、作用和效果,强调学生自主体验、创造生成及师生互动在课程建设中的价值。

基于生活的课程评价主体具有多元性,既包含教师对学生发展、课程建设的评价,又包括管理者对课程的评价、家长对课程的评价、学生对自身发展的评价等,这是一个主体间双向选择、沟通、协调的评价机制;基于生活的课程评价内容多样化,注重对学生发展的全方位考察,评价学生对自然、社会、自我的情感态度、思考批判、知识理解、技能表现等方面(见表7-1);基于生活的课程评价过程动态化,注重将终结性评价与过程性评价相结合,质的评价与量的评价相结合。特别注重对学生自主学习过程和学习方法的评价。

表7-1 基于生活的课程评价内容

| 情感态度 | 指情意领域与活动中学生呈现出来的对活动的兴趣、努力、进步、意愿、态度与清晰的学习目标追求。 |
|---|---|
| 思考批判 | 指认知领域中的应用、分析、综合、评量等四个层次,评价学生思考问题、解决问题,判断、作决策、完成预定学习任务的能力。 |
| 知识理解 | 指认知领域中的知识、理解层次,是否在理解的基础上内化并尝试应用,评价在基于生活的课程中所获得的知识与理解。 |
| 技能表现 | 指技能领域与生活世界、社会行为的行为表现,评价在基于生活的课程中学生所获得的各项技能、自我实现能力、人际互动、社会互动、自然互动等方面的行为表现。 |

## （一）西方课程评价发展历程

根据古巴和林肯对课程评价研究发展内蕴的理解和把握,课程评价已经历经了四个发展阶段[9]：

### 1.评价的"测量时代"（1900—1930 年）

主要代表人物是桑代克(E. L. Thorndike),他被称为"教育测量之父"。此时期的评价在本质上是通过测验或测量来测定学生的知识记忆或某项特质,评价者类似于测量技术员,主要进行选择测量工具、组织测量、提供测量数据等工作。

### 2.评价的"描述时代"（1931—1950 年）

主要代表人物是美国的拉尔夫·泰勒(Ralph Tyler),他被称为"教育评价之父"。这一时期教育评价的基本特点是：评价过程是将教育结果与预定教育目标相对照的过程,是根据预定教育目标对教育结果进行客观描述的过程；评价的关键是确定清晰的、可操作的行为目标；评价不等于考试和测验,尽管考试、测验可以成为评价的一部分。与第一代评价相比,第二时期的努力使评价走上了科学化的道路。

### 3.评价的"判断时代"（1951—1970 年）

主要代表人物是斯塔弗尔比姆(D. L. Stufflebeam)、斯克瑞文(M. Scriven)、斯塔克(P. Stark)等。第三代评价的基本特点是：把评价视为价值判断的过程,评价不只是根据预定目标对结果的描述,预定目标本身也需要进行价值判断；既然目标并非评价的固定不变的铁的标准,那么评价就应当超出预定目标的限制,过程本身的价值也应当是评价的有机构成。此时期走出了第二代评价"价值中立"误区,确认了评价的价值判断属性和过程性。

### 4.评价的"建构时代"(1970 年以来)

主要代表人物是美国印第安纳大学教育学院的古巴和维德比尔大学高等教育学院的林肯。此时期强调评价是评价者与被评价者间相互协商并形成共同心理建构的过程,评价不是测量和判断预期的教育结果,而是深入细致地研究整个课程方案,包括前提假设、理论推演、方案设计、实施效果、困难问题等。

学术界将 20 世纪 70 年代以前的课程评价理论统称为传统课程评价理论,而将之后的课程评价理论称之为当代课程评价理论。传统课程评价理论主要是结合学校的教育实践、运用科学方法所归纳出的一套法则和程序,具有较强的可操作性。但缺陷是太过注重目标达成度,追求客观性和科学化,局限于经验,忽视了人的情感、主体性、创造性和不可预测性,对于人的认知过程及人的情感、价值观、创造性等的评价无能为力。因此,自 20 世纪 80 年代以来逐渐形成的当代课程评价理论,倡导通过"绝对回归实践"的途径建立一种体现实践理性的新模式,强调课程所具有的情境性和具体性,强调课程理论应该与实践保持一种理智的和文化的距离。

## (二)中国课程评价发展历程

国内的课程评价研究缘起于 80 年代初期,晚于西方,并且大多为国外课程评价理论的引介和推演。其研究的发展脉络大致历经了四个阶段[10]:

### 1.1978—1998 年:国外理论借鉴、经验解析

该阶段为国内课程评价研究对国外经典理论借鉴、经验解析的初步探索时期。学术成果大多属于国外课程评价研究的译作,主要涵盖四个方面的内容。

（1）对课程评价概念的引入。

对课程评价概念的明晰是理解和研究课程评价的前提和基石。国外大致从目标取向、决策取向、建构取向三个维度来阐释课程评价的内涵。目标取向认为课程评价是检验和判断课程目标是否实现以及实现程度的环节；决策取向将课程评价视作收集有用的课程信息以促进课程决策和判断的手段；建构取向则指出课程评价是课程相关者共同建构的过程。由此可见，学者们对课程评价的理解虽无定论，却促使我们明白课程目标、课程决策以及课程主体与课程评价之间拥有错综交织的应然逻辑关系。

（2）对课程评价模式的梳理。

学者们系统介绍了目标模式、CIPP 模式、应答评价模式、阐明性评价模式等，对每类课程评价模式进行了清晰的梳理，提升了人们对课程评价意蕴的理解程度。

（3）对课程评价经验的借鉴。

在吸收国外理论研究的同时，国内学者也着力思考并努力了解国外课程评价的实施情况。如加州大学课程评价表的设置、美国中小学数学教学的评价标准、国外第三方评价委员会的组建等。基础教育和高等教育的实践经验均有所涉及，为国内课程评价提供良好的研究思路。

### 2.1999—2000 年：研究思路拓展、视角多维

《面向 21 世纪教育振兴行动计划》对课程管理进行了专门规范，明确提出"改革课程体系和评价制度，2000 年初步形成现代化基础教育课程框架和课程标准，改革教育内容和教学方法，推行新的评价制度，开展教师培训，启动新课程的实验"等相关战略方针。该时期的主要特征是运用多维度、多层次的开放式研究思维来探讨课程评价。

（1）以不同视角分析课程评价。

学者们从社会学、艺术性、科学化、人文化、批判性等多维视角对课程评价展开合理剖析，从意识形态和政治经济的社会特性、课程评价的艺术效果，到课程编制的科学化、过程与结果并重的人文化、最后至课程评价溯源与发展的批判性，这些独具匠心的分析为课程评价研究拓展了思路并获得新的契机。

（2）从不同学段设置课程评价。

课程评价的客体包括各级各类课程本身以及课程情境作用下产生的其他衍生物，故课程评价需综合考虑课程、环境、主体等因素方能得出较客观的结论。如小学活动课程评价研究、初中课程评价方法探索、高中综合课程评价等，不同学段评价侧重不同，研究呈现显著的阶段性特征。

（3）以不同学科切入课程评价。

该阶段涉足了多门学科、交叉学科的课程评价讨论，如基础教育的化学、英语等学科评价，高等教育的体育教育、职业技术教育、师范教育等专业评价。面对不同学段、不同学科的学生、课程以及环境，国内学者试图灵活把握和捕捉相应学段、不同学科的评价诉求与核心价值的关系是该时期课程评价研究呈现的可喜景象。

### 3.2001—2007年：研究范式转向、主题细化

该时期既是国内课程转型发展的关键时期，又是课程评价观重塑的重要阶段，同时亦是国内课程评价研究范式转向的节点。课程评价研究开始从单一量化评价范式的运用，逐步过渡到对质性评价范式的关注并且有融合交叉的趋势。"质性课程评价研究""发展性课程评价研究""过程性评价与过程性评价研究"等质性研究主题的出现，亦进一步细化了相应评价方法的多元探索和学科评价体系的建设研究。

一方面,量化评价方式从学科成绩评价拓展至 AHP 评价、Fuzzy 综合评价的探索,档案袋评定、CAPD 循环评价法、自评与互评等质性评价方法也陆续出现;另一方面,因课程类别的不同,在评价内容、评价方法、实施步骤的选择上也会有所差异,国内学者开始探讨如何依据某一门学科特点,结合多种方式来建构其独特的评价体系。值得一提的是,课程评价研究专著在该时期涌现,如《课程改革与课程评价》《走向发展性课程评价:谈新课程的评价改革》《课程评价论》《走向理解的课程评价》等著作相继问世,为国内课程评价研究发展奠定了坚实的理论基础。另外,三级课程评价研究在该阶段也展开了初步探索。

4. 2008 年至今:研究内容深化、热点观照

该阶段是国内第八次基础教育课程改革纵深发展的攻坚时期,课程问题研究进入了崭新的推进阶段,而课程评价研究也相继呈现出一系列新的时代特征。

(1) 研究内容深化。

以往课程评价研究多以广而泛的视域展开,局限于对课程评价本身的讨论。随着评价实践的深入和思考的成熟,与国内课程评价有关的研究问题开始逐步聚焦,尝试围绕课程方案、课程实施程度、课程规划、学科课程实施、校本课程实施等较具体的问题来透视并深化课程评价的研究。

(2) 反思评价活动。

新课程改革已至深化阶段,对于课程改革实施效果的检测则是该时期需要完成的重要工作,对该项工作的开展也间接促进了人们对课程评价活动的反思。文献资料显示,现有课程评价存在以下问题:课程评价理解存在误区;课程评价人员专业性不够;评价过程行政性过

强;课程评价内容研制的维度、评价标准厘清有难度;考试文化制约了课程评价功能的实现,导致课程评价指向与初衷相背离等。以上问题在一定程度上也指明了今后课程评价的努力方向。

（3）关注课程热点。

随着信息化社会的进一步发展,国内教育领域也产生了许多创新性课程形态和热议点,包括云课程、微课程、生涯规划、创客、MOOC、选课走班、核心素养、大单元整体学习等话题,虽然对于新型课程的开发实施应如何设置评价内容、怎么评价等问题能清晰阐释的文献并不多,但从观照时代进步、洞悉课程发展的角度看,无疑课程评价研究确实前进了一大步。

### （三）课程评价的理论基础及其影响因素

#### 1. 课程的价值观

课程价值观与课程评价的本质密切相关,是课程评价的理论基础。关于课程价值观研究的文献是比较多的,学界主要分为四类:"社会本位"的课程价值观、"个人本位"的课程价值观、"人本位"的课程价值观和多元课程价值观。

"社会本位"的课程价值观强调社会需要是学校课程设计的依据,认为知识学习、儿童发展本身也是一种社会需要。[11]"个人本位"的课程价值观强调课程设计应以育人为根本的指导思想,个人价值是直接的,社会价值是间接的,课程的价值最重要的是看它能否在经济条件许可的范围内积极促进人的发展,最终实现科学育人的根本目的。[12]"人本位"的课程价值观将"人"(人类社会和受教育者)作为课程价值的主体,将社会、受教育者统一于"人"之中,摆脱了将二者割裂、对立的"本位观"的影响。持这一观点的其他研究者在分析了前两种价值观合理因素的基础上指出,社会本位课程价值观将导致社会对教育的短视现象和行为,个人本位课程价值观不能把握人的真正本性以及个人与社会的关系,因此,课程价值观将是社会需要与个人需要的结合、个人价值与社会价值的统一。[13]多元课程价值观则认为,课程评价的价值取向应该是文化价值、社会价值与学生价值的整合。[14]

总体说来,有关研究对课程的价值取向问题进行了一些探讨,但对其中问题的争论依旧存在,尽管个体差异日渐受到重视,且学生主体地位及发展愈发凸显,但实质上"社会本位"观一直占主导地位。

### 2.课程评价的理论基础及影响因素

有学者认为,知识观是人们关于知识本质、来源、范围、标准、价值等的种种假设、见解与信念。它是伴随着知识的积累,人们对知识所做的一种认识和反思。我们怎样思考知识、对待知识,在很大程度上决定着我们的课程理想和教学行为,知识观比课程观、教学观更为根本。[15]知识观既是课程改革的基本内容,又是构成课程改革的重要前提,不同的知识观最终会导致不同的课程观和教育观,从而影响人们对课程的评价。

董晓琳认为,加德纳的多元智能理论对新一轮课程评价的改革具有积极的影响和作用。因此,研究加德纳多元智能理论并将其运用于新课程改革评价体系的构建中,这对于完善国内新课程改革的评价标准、评价对象、评价原则和评价方法具有现实意义。[16]高天明认为,课程哲学对新课程改革在课程科目设置、知识课程化、教师课堂设计和实践、课程评价等方面都有具体和可操作性的指导意义[17]。杨启亮分析了课程评价改革的制约因素,把它概括为以下几点:社会发展实际水平是选择适切性课程评价的客观条件;制度化课程管理是选择适切性课程评价改革的中介性障碍;教师素质状况是选择适切性课程评价的主观条件；课程与教学传统则是课程评价改革无法逾越的精神文化事实[18]。

综上所述，课程哲学、课程认识论、课程价值观和知识观等是影响课程评价理论进步的主要因素；而社会和经济发展的原因、历史的原因、课程管理机制等问题，则是影响课程评价实践进步，即课程评价理论向实践转化的主要因素。

## 二　课程评价的类型

课程评价具有学习目标引领学习过程的功能、反馈调节学习过程功能、热情饱满、激励学生实现目标的功能、反思导向功能、研究功能，而不同的评价类型所起的作用各不相同，评价类型可从多角度加以认识。[19]不同类型的评价方法有不同的关注侧重点，能够对该侧重点做出比较科学合理的评价。

### （一）量化评价与质性评价

根据不同的方法，课程评价可分为量化评价和质性评价。

#### 1. 量化评价

量化评价是通过搜集评价对象的相关数据资料，并运用数学模型或方法进行定量分析，从而得出一定的定量结论的评价方法。量化评价强调评价的数字化、度量化和客观化。一方面，客观的评价标准和控制手段保证了获取信息的可操作性和精确性；另一方面，采用量化分析使得评价结果具备更强的客观性和可信度。然而，在追求这样一种"客观性"和"科学性"的同时，容易导致教育活动领域内不可量化的因素被忽视和遗漏,评价结果的"客观性"产生了导向性偏差。

2.质性评价

质性评价是在自然情境中评价者通过观察和分析评价对象的现实表现、状态,或查阅相关文献资料等搜集评价对象的各方面信息,对评价对象做出整体性描述和分析的价值判断方法。相比于量化评价,质性评价更加关注对于评价对象不可量化的方面的评估,更加专注于人,关注人的发展,专注于人的发展学习过程、学生学习方法的研究与评价,如判断学生的学习状态,分析环境、教师等对学生的影响。由此也可以看出,质性评价不仅有利于教师更全面、深入地了解和掌握学生的整体学习状况,还能为制定或改进施教方案提供有力依据,进而提高教学效果。同时,由于质性评价的工具在某种意义上可以说就是评价者自己,因而评价过程更具操作性和灵活性。但也正因为此,质性评价的客观科学性遭到质疑,被认为主观性过强、衡量标准不客观、评价结果无可比性。

量化评价和质性评价各有优势和局限。在对生活化课程进行评价的过程中,应将两者创新结合应用,趋利避害,寻求更加全面科学的评价方式。如了解和判断学生学业的发展、学生对课程的满意度、教师专业的提升、教师对课程的满意度,以及课程实施的家长评价和社会评价等可以以问卷调查等量化评价方法为主,辅以访谈法、表现评估等质性评价方法;评价学校对生活教育课程的定位、学校生活教育课程的管理队伍和质量监控、生活教育课程的课时安排、实施途径等可以以访谈法等质性评价方法为主;判断生活教育课程实施过程中教师施教的情况和学生学习的情况则可以以质性的观察法为主,辅以访谈法等。

## （二）过程性评价与结果性评价

根据不同的作用和功能,课程评价可分为过程性评价和结果性评价。

### 1.过程性评价

过程性评价就是在课程实施过程中,在学习目标引领下,为实现目标、激发教师的创新教和学生的创新学,提高效率而搜集各方面的优缺点资料做出的价值判断,为进一步改善学习过程、提高学习效率提供依据,为实现学习目标而不断创新努力的活动。作为过程性评价,在教育教学活动过程中是动态展开和进行的,从而针对着学习目标不断获取各方面信息,了解活动进行的状况,同时也为学生在实现目标过程中存在的问题给予及时的纠正和指导,为课程活动的进一步调整和改进提供及时的信息支持。因此,过程性评价强调的是改进和完善也是对学习过程中目标的管理,而不是区别和评定,既可以帮助学生了解自己的学习情况,发现自己在学习过程中存在的困难和问题,又可以使教师了解学生学习活动展开的现状以调整和改进教学,积累教学经验。

### 2.结果性评价

结果性评价是在课程活动告一段落或者是目标达成后对课程实施追求目标达成度做出全面的整体性的价值判断的活动。主要目的是在判断课程活动完成效果与预设目标的达成度的基础上,对课程涉及的各方面做出整体性和综合性的判断,以便做出优胜劣汰的课程决策和教学方法决策。结果性评价在结果上较为客观,但作为一种学习任务结束后评价,它只强调最终结果,不关注活动过程,只关注对目标达成的评价,而不关注学习过程中的目标管理,对于课程实施过程的改进和完善无能为力,即评价结果与改进工作相脱节。当然,可以根据结果性评价进行矫正和补救,但毕竟具有延迟性。同时,结果性评价的客观标准是预先设定的目标,若设定的目标难以评测或者不切实际,那么评价结果的可靠性将受到较大影响。

在实际评价活动中,过程性评价和结果性评价是相互联系和渗透的。第一,这两种评价的使用都是为更加全面地了解课程活动的相关情况;第二,过程性评价的开展为结果性评价的分析和判断提供一定的资料证据;第三,结果性评价在发挥自身的甄别作用时,同样在于促进发展,因而带有形成性的性质。学校生活化课程在实施过程中离不开过程性评价的需求评估、过程有效控制、问题及时诊断以及课程及时改进等重要功能,以保证课程的发展和学生的成长,确保了目标的导向性、过程的有效性。同时也需要结果性评价对过程后的结果进行综合性判断,以更加全面地了解课程的效果和学生的学习效果。

## (三) 多主体评价与元评价

### 1. 多主体评价

多主体评价即多元评价主体参与课程评价,是课程评价理论和实践发展的需要和必然。第一,价值多元化要求评价主体多元化。不同的评价主体有不同的价值观、价值标准和不同的评价方法和过程,能够对同一评价对象在不同维度、不同层次做出不同的价值判断,有利于全方位搜集课程实施过程的资料信息。第二,多主体评价有利于充分调动相关利益者的积极性和主动性,尽管对同一评价对象的相同方面会得出有差异的评价结果,但正是多主体在对这些不同评价结果的协商、磨合与合作中,更加公正和客观的评价结果得以产生。第三,评价主体多元化是促进学生多元智能发展的应有之义。

## 2.元评价

"元"即"关于某物的某物""元评价"就是"关于评价的评价"。在教育领域,元评价作为一种特殊的教育评价活动,是一种通过搜集和分析原有教育评价活动相关资料并做出事实判断和价值判断的活动过程。目的在于对原有教育评价活动的优缺点做出判断,以保障教育评价活动维持一定的高品质。课程评价归根到底是评价主体所进行的一种价值判断活动,不可避免地带有一定程度的主观性。为削弱这种可能的评价结果偏差,除了多主体参与课程评价,还需要在原课程评价活动进行过程中和完成后做出反思,以不断优化原课程评价活动,提高原课程评价活动的有效性和评价结果的有用性。

由此可以看出,在学校生活化课程评价活动中实行多主体参与评价和元评价都不可或缺。一方面,教师、学生、家长、专家和社区人士等与课程实施有关的人都应该参与到课程评价活动中来,这些不同的评价主体将根据自己的需求和搜集到的信息资料判断课程活动与满足自己需要的程度。评价主体不同,价值判断结果将不同。另一方面,为保障评价活动的有效展开和评价结果的合理有用,需要多元评价主体不断地对评价活动的设计、实施和结果进行判断和反思,即进行元评价。

## (四)横向评价与纵向评价

根据不同的方向性,可将课程评价分为横向评价和纵向评价。

## 1.横向评价

横向评价是对当前评价的对象、内容、方法及指标进行解析和价值判断的过程。横向评价强调当下,即以当前时间点为切面,搜集、分析和判断现阶段课程展开的各方面的资料信息并做出一定的结论,体现出一种共时性特征。横向评价是全面系统地了解、分析和把握当前课程活动情况的重要视角,这种即时性对于为改进和完善课程活动的实践提供相关信息具有重要意义。然而,只对事物进行现状判断是不够的。事物的发生发展具有历史性,我们不仅应关注其当下的情况,还要对其发生的基础和发展的未来进行关怀。

2.纵向评价

纵向评价是基于一定时间范围内课程的纵向发展情况,对课程的理念和政策以及课程实施过程和课程评价的内容、方法和指标的变化进行分析和比较的活动过程。纵向评价强调评价对象的变化和发展过程,即以一段时间为考察范围,搜集评价对象各方面的相关资料,并在此基础上分析和判断评价对象的变化发展情况,突出历史性特点、发展性特点。

在课程评价活动中,横向评价与纵向评价应有机结合起来,在了解和掌握课程活动现状的同时,知晓其历史发展变化情况,形成一个更加多维立体的课程评价结果,有利于更加有效地促进课程的发展完善和人的学习进步。在学校生活化课程评价过程中,运用横向评价致力于分析和衡量比较当前课程开展不同主体的各方面情况,做出临时性的面上的整体性判断;运用纵向评价掌握学校生活化课程发展脉络以及针对课程目标变化的过程和变化的程度。两者从两个评价维度形成合力,为课程的进一步发展提供有力的、立体的、过程的支持,有利课程目标的实现。

## 三 课程评价的主要模式

经过100余年的探索和发展,课程评价模式逐渐多元,越来越有针对性,目前主流的课程评价模式有:目标评价模式、CIPP 评价模式、回应性评价模式、目标游离评价模式、差距评价模式、ESC 评价模式以及发展性评价模式。

## (一) 目标评价模式[20]

目标评价模式是最早被提出、论证并获得广泛认可的,由课程评价之父泰勒提出。泰勒将课程评价过程分为四个阶段,即确定教育目标,选择学习经验,组织学习经验,评价学习效果,强调程序的循环往复,并以此形成连续环。前三个阶段可对学习经验作初步的评价,但这只能大致上预计可能产生的效果。在实际实施过程中,所涉及的变量很多,可能发生各种各样的变化。"要保证实际提供的学习经验恰好是学习单元所勾画的经验是不可能的。因此,重要的是较全面地检验提供这些学习经验的方案实际上是否起作用,以引导教师去追求那种所期望的结果。这既是评价的目的,也是在制订计划以后,为什么需要有一个评价过程的理由","评价过程实质上是一个确定课程内容与教学计划实际达到教育目标程度的过程。然而,由于教育目标实质上是指人的行为变化,即所确定的目标是指向于使学生行为方式产生所期望的某种变化,因此,评价是确定实际发生的行为变化程度的过程"。

泰勒认为,教育目标的建立是课程设计最重要的工作,因为它引导整个课程设计过程。评价则需按照目标,设计搜集资料的方法,确定目标达成与否。如果目标已达成,整个课程方案便算成功,否则即为失败。泰勒在"八年研究"中运用的评价程序分为七个步骤:

(1) 建立广泛的目的或目标。

(2) 将目标加以分类。

(3) 用行为术语界定目标。

（4）寻找能显示目标达成程度的情境。

（5）选择和发展测量目标的技术。

（6）搜集学生表现的资料。

（7）将搜集到的资料与设定的行为目标比较。

泰勒的目标评价模式重视目标达成情况，针对目标结果开展评价，所以多使用客观的、实用的工具和办法。目标评价有其价值导向和优点，与此同时也存在一定短板，譬如目标评价模式过于强调结果达成度，造成评价必须参考最终结果与目标的一致性评价，这就造成了该模式显而易见的短板：过程忽略、学生中心忽略。因其过度重视结果，造成过程忽略，因其评价焦点由学生中心的注重过程转为注重评价主体所要求的注重结果，这导致了学生中心的主体地位被忽略，造成了学习过程的忽略。如上两个短板，也成为制约目标评价模式价值提升的关键要素。

## （二）CIPP 评价模式[21]

1966 年，丹尼尔·斯塔弗比姆提出 CIPP 评价模式，CIPP 模式是用四种评价方式的第一个英文字母命名的，即背景评价（context evaluation）、输入评价（input evaluation）、过程评价（process evaluation）和结果评价（product evaluation）。其中，背景评价是一个反复的过程，其他三个评价是在背景评价提出需要的基础上逐一进行的。与四种评价方式相对应的，CIPP 模式又分为四种评价决策类型：确定目标的计划决策；设计教学程序的建构决策；运用、管理和改善程序的实施决策；对结果进行判断和反映的再循环决策。具体描述见表 7-2。

表 7-2　四种评价方式的主要内容

|  | 背景评价 | 输入评价 | 过程评价 | 结果评价 |
|---|---|---|---|---|
| 目　标 | 明确现实背景、确定教育对象并评估其需要,确定提供这些需要的机会,判定满足这些需要的内容,确定提出的目标是否满足这些需要。 | 确定和评估系统的能力,可选择的策略,执行这些策略的程序,经费和日程表。 | 确定或预测程序设计或执行中的缺陷,提供先前决策的信息,记录和判断执行过程中的事件和活动。 | 对结果进行描述和判断,将结果与目标、背景、输入和过程阶段提供的信息建立联系,解释它们的价值和优点。 |
| 方　法 | 运用系统分析、调查、文献分析、倾听、访谈、诊断测验和 Delphi 技术等。 | 开列和分析可利用的资源,解决问题的策略,相关的程序设计方法,设备和经费等。运用学术探究、范例考察、预试等方法。 | 检查教育活动中潜在的程序性障碍,关注非预期的事件,获得与决策有关的信息,描述实际的程序,连续观察教育者的活动。 | 对结果的标准做出操作性定义和测量,从实际中搜集与结果判断有关的资料,做质与量的分析。 |
| 与改革过程中决策的关系 | 有利于做出以下决策:确立与需要相适应或运用现有条件的目的,以及解决问题的目标。(计划决策) | 有助于决策者选择有用的资源、解决问题的策略和设计程序等。(建构决策) | 有助于执行和提炼课程计划的设计和程序,如有效的过程控制,为实际运用提供具体路径和方法等。(实施决策) | 有助于做出继续执行、修改或重新审视某项改革活动的决定,并提供一个清楚的实施效果的记录。(再循环决策) |

　　CIPP 评价模式强调的是为决策者提供改进教学计划的依据,使具体的课程方案更加符合实际,而不是简单地评价一个课程方案的好与不好。"评价最重要的目的不是证明,而是改善。""评价是作为一种工具,用它来帮助人们把教学计划做得更好。"这是 CIPP 模式为何尤为重视实践过程的关键所在。与此同时,CIPP 也存在一点短板,即过于重视过程属性,从而弱化了评价导向的控制性格,过于迎合过程实践,而缺少对实践的反思与批判,这使得 CIPP 走上了另一个偏颇的情境。

## （三）回应性评价模式

1967 年，罗伯特·斯泰克发表了《教育评价的外貌》，在这篇论文里，斯泰克坚持泰勒原理，充实和发展了以目标为评价依据的泰勒模型，但同时也批判了 20 世纪 60 年代占主流地位的目标模式的缺陷，由此建立了教育评价的外貌模式。[22] 外貌评价模式的建立对斯泰克进一步提出回应性评价模式奠定了基础。

1973 年，斯泰克发表了《计划评价：特别是回应性评价》。在这篇论文中，斯泰克提出了"回应性评价"概念，并较为系统地论述了回应性评价模式的价值、特点与步骤，回应性评价模式的提出标志着斯泰克超越了目标预定评价。[23]

斯泰克认为，传统的预定式评价过于僵化地把既定目标作为评价标准，对课程计划与目标合理性关注不够，不能反映目标的生成与变化，也不能反映目标之外的课程教育价值。在斯泰克看来，部分课程的教育价值是隐性的，有些教育价值是具有延时性的，这样的一些价值单凭既定的目标评价模式无从反映。另外，对于诸如音乐、美术等课程的评价，很难实现以其工具性价值为既定标准，更难以用可测量的结果变量来评判其价值。

基于此，回应性评价模式必须以委托人的有用性为导向；必须更注意方案的活动内容而不是意图；必须关注评价的最多利益相关者的意志而不是某一部分人的意志。因此，回应性评价模式的评价内容相对宽泛，评价契约相对弹性，评价设计相对开放，评价技术相对多元，评价报告相对叙事，评价沟通相对自然，评价取舍相对侧重有用性，对待评价误差相对宽容。回应性评价模式 评价内容和次序相对灵活，可以在评价时钟的基础上跳跃发展。由此看来，回应性评价模式关注和尊重所有利益相关者的诉求，认为评价是对各种事件的客观描述与判断。进而,回应性评价模式更加注重实践旨趣导向,更加注重利益相关者诉求,更加注重评价灵活性,更加注重对多元价值的尊重。不足的地方在于,回应性评价模式周期长、过程复杂、照顾的利益相关者较多,适应性和时效性相对较弱。

## (四)目标游离评价模式

目标游离评价模式[24]是由美国评价专家斯克里文针对目标评价模式所存在的弊端提出的。他认为,目标评价模式只注意到预期效应,忽视了非预期的效应。他观察到,有些课程计划以典型的方式来实现其目标,同时也带来了某些极为有害的负效应;有些课程计划在达到预期结果方面效果不佳,但也带来了重要的非预期结果。因此斯克里文断言,根据预定的目标来评价,不仅没有必要,而且很可能是有害的。因为这会使评价者受课程目标的限制,大大缩小评价的范围,从而削弱评价的意义。

斯克里文的目标游离评价模式强调,应把评价的落脚点从"课程计划预期的结果"转向"课程计划实际的结果"上来,其基本命题就是"真正重要的结果可能是,也可能不是预期的结果",这也是此评价模式的重点所在。同时,他还认为,评价者不应受到预期课程目标的影响,而应该注意收集有关课程计划实际结果的各种信息,无论这些结果是否在预期的目标之中,也不管这些结果是积极的还是消极的,只有这样才能对课程计划做出准确而全面的判断。

目标游离评价模式强调评价除了要关注课程计划预期的结果之外,还应关注非预期的结果。评价的指向不应该只是课程计划满足目标的程度,而且更应该考虑课程计划满足实际需要的程度。这是目标游离评价模式的创新和成功之处。然而,评价完全游离于既定目标之外,评价将是不可想象的,其价值也将是无法保证的。如果在评价中把目标搁置起来去寻找实际结果,结果极有可能会顾此失彼,背离评价的主要目的。

## (五)差距评价模式[25]

1969 年,美国课程理论专家普罗沃斯发表《公立学校体制中正在进行的方案评价》,文中提出了课程的差距评价模式,并确定了"方案评价"的基本理念。普罗沃斯认为,方案评价是一种过程,借以界定方案的标准、确定方案各层面与有关标准之间是否存在差距,使用获得的差距资料来改变表现或改变方案标准。因此,他研究得出课程评价的本质就是课程方案的标准与表现相对照的过程,通过对照找到标准与表现之间的差距,即由此产生了课程评价理论的差距模式。

差距评价模式的基本取向在于揭示计划的标准与实际的表现之间的差距,并以此作为改进课程计划或方案的依据,再决定是否继续、修正或终止课程计划或方案。差距评价模式由四个部分组成:

(1)确定课程标准。

(2)确定课程表现。

(3)对标准和表现加以比较。

(4)确定是否存在差距。

但在具体的评价过程中,必须经过五道程序:

(1)设计阶段。

(2)装置阶段。

(3)过程阶段。

(4)结果评价。

(5)成本效益分析阶段。

差距评价模式考察到课程计划应该达到的标准,与各个阶段的实际达到的程度之间的差距,并探索造成这种差距的原因,以便及时做出修订,这是其优点所在。然而,差距评价模式强调预定目标和确定的评价标准在根本上并没有摆脱目标模式的范畴,这就使得课程实践的能动性和创造性在一定程度上受到了限制,课程实践的有效过程性控制也同样没有受到重视。

## （六）CSE 评价模式

CSE 评价模式[26]是美国加利福尼亚大学洛杉矶分校评价研究中心的简称。该评价模式是自目标评价模式之后,在 20 世纪 60 年代后期出现的一种评价观。

评价模式具体包含了四个步骤。

（1）需要评定。

调查人们对教育的需求,即教育所要完成哪些任务,以确定教育的使命。同时,找出预期得到的东西与预期不想得到的东西之间的差异,以确定教育目标,这是其核心所在。对课程评价来说,就是要确定明确而又科学的课程目标。

（2）计划选择。

其重点在于对各种可供选择的计划在达到目标方面成功的可能性做出评价。包括对课程计划的内容与课程目标的适配性程度,以及为达成课程目标所需的资金、设备和人员配置情况的分析研究。

（3）过程性评价。

这一时期的重点是要发现课程计划在实施过程中的成功与缺陷之处。过程性评价就是在课程的开发过程中收集相关证据,为课程开发者提供经常性的、详实而具体的资料,以对如何修订课程计划提供依据,从而保证课程目标的顺利达成。

（4）总结性评价。

此阶段的目的在于对开发出的课程质量做出全面的价值判断,它关注的是课程的整体效果。进行总结性评价时要确定课程计划的继续、修订或终止。因此对这一阶段的评价活动必须进行严格的控制，从而提高评价的准确性和科学性。

CES 评价模式是 CIPP 模式基础上进一步发展而形成的一种综合性评价模式，旨在为课程计划改革提供服务，使评价的形成性职能和总结性职能实现了有机的统一，使在评价过程所收集到的各种信息在评价主体和客体之间实现更顺利地互换交流。CES 评价模式是一种动态的评价模式，能够加强和保证信息在整个课程评价过程中的畅通以及在课程决策管理者、教师、学生等各个方面之间的沟通，从而可以使课程决策者及时了解各个方面需要的变化，快速调整课程计划，有助于提高课程改革的效率。

## （七）发展性评价模式[27]

国内的课程评价研究学者在大量深入研究和借鉴国外诸多课程评价模式和理论的基础上，创造性地提出了具有中国特色的发展性课程评价理论。发展性课程评价模式是指从课程评价的目的、主体、内容、过程以及结果的解释与运用等方面以发展的理念和方式来展开的课程评价制度，形成了由课程设计评价、课程实施评价、课程结果评价相互交融的开放的三螺旋结构，形成发展性课程评价体系的基本框架。发展性课程评价理念强调课程的发展、学生的发展、教师的发展；目的强调课程系统的整体发展，尤其是课程的目标、内容结构、管理等方面是否相协调；主体强调多元，包括教育内部的主体及多方面的社会主体；内容强调对课程活动的全程进行全面评价，包括课程设计评价、课程实施评价、课程效果评价等，这三个部分既有交集又相互对立，呈螺旋状，重视目标、过程和效果的达成。

由此可见，发展性评价模式集合了目标评价模式、回应评价模式等的优点,既注重结果与成效,又注重设计与过程,还呼应利益相关者诉求,因此发展性评价越来越受到课程评价领域的重视。

## 四 课程评价的具体内容

课程评价具有诊断课程方案、教材和教学、修正课程改革、比较各种课程方案、教学材料的相对价值、预测教育需求和确定课程目标达到的程度这五方面的功能[28]。张廷凯等将课程评价作为课程改革的重要组成部分,认为课程改革评价的目的在于鉴定课程改革的成果,对其理论价值和应用价值做出正确判断,引导课程改革的方向,诊断课程和实验的问题,促进改革的自我完善和提高,为课程决策提供依据和参考。[29]李有发提出,课程应起到什么作用,能起到什么作用,既取决于一个国家的课程建设与课程管理的水平,又取决于一个国家的课程评价理论水平与实践的正确性,认为国内的课程评价应发挥诊断课程问题、调控课程设计、监督课程实施和推动课程建设的作用。[30]安珑山在其综述中指出,这一观点正确地将课程评价理论的实际水平、课程实施的实际状况联系了起来,暗含了课程评价"应有功能""实际功能"的思想。[31]李有发论述了课程评价对课程改革与创新的五点作用:分析评价课程资源,为课程决策提供依据;发现课程研制中存在的问题,根据教育目的和课程计划的要求指导课程研制,为课程研制的改进提供依据;对课程实施过程和效果进行分析和评价,确定课程目标的达成程度;增强对话和交流,为教育行政人员、教育实践者、社会公众参与课程改革提供必要的途径;为课程理论的研究和创新提供依据,增强课程理论研究的针对性和创新性。[32]从以上理论可以看出,研究者们对有关课程评价功能的见解,基本上是以国外学者的思想为基础的。

## （一）课程评价的主体

对课程评价主体问题的探讨，几乎所有分析课程评价类型的研究者均有所涉及，此外，一些相关研究对此也进行了探讨。有学者对评价主体的含义作了界定，认为评价主体是指根据评价结果，为达到改善教育活动及其成果的目的而采取相应措施的人与组织。[33]有人指出，课程评价的主体通常表现为课程编制者、课程管理者、课程实施者、课程接受者四个方面。[34]1996年1月召开的全国中小学课程教材评价研讨会提出，课程教材评价人员的构成因评价的目的、价值取向及其性质不同而有所不同。在课程教材的设计阶段，评价的目的是对各种设计和设想的合理性进行比较和反思，应该由课程专家、学科专家、心理学家、社会学家以及教师组成评价群体；试验阶段是通过考察真实的使用结果来加以评价的，评价者侧重于教师和学生；评审阶段是为分类分等或选择服务的，评价人员除教育行政人员外，还应包括高等院校的学科专家、课程教材教法专家、中小学优秀教师、教育科研人员以及学生家长代表等；推广阶段主要是为了检验所设计的课程教材付诸实施的必要条件是否充分，在实施过程中有无困难、有无走样。使用者根据统一的基本要求和自身的具体情况和需要，在多种各具特色的课程教材中进行选择，评价人员主要来自地方教育行政部门和学校。[35]这些观点，使我们充分认识到评价主体多元化的特点。这样的课程评价主体构成，有利于保证评价自身的民主性、真实性，使课程评价发挥其应有的功能。

作为271教育生活化课程的评价主体，国家课程专家、上级教育主管部门、学校课程研发实施团队核心人员、教师、学生、家长委员会成员，这些都从不同的维度对学校的课程创新和实施进行客观评价。

## （二）课程评价的对象

课程评价的对象可理解为课程评价的范围、评价的客体。学者们认为，课程评价的范围十分广泛，既包括纵向的环节，又包括横向的方面。[36] 如有研究者认为，课程评价的环节包括对课程目标、课程制定、课程实施、教学过程、学生学习课程后的结果等方面的评价和分析。有学者认为，课程评价应"面面俱到"，既包括对课程标准、课程方案、教科书等的评价，也应重视对教师教学的评价、学生学习过程的评价、师生相互作用形态的评价和学生素质的评价。还有人认为，课程评价至少由对课程使用的评价、课程活动的评价、学生成绩的评价、课程系统的评价四个方面组成，对编制人员的选择和组织、编制工作的程序、课程实施的安排、领导人员所起的作用、教师水平和教学条件对课程的影响等，都需要进行评价。[37] 评价贯穿于整个课程编制过程，包括确定教育目标、选择学习经验、组织学习经验和评价教学效果。钟启泉教授指出，课程评价的对象为课程及任何与课程相关联的实体，这些实体包括学生、教师、教育管理人员、课程大纲、教材、教学计划、教学过程及有关机构，并将它们归结为"课程参与者"和"课程的要素"两类。[38] 上述观点表明，课程评价范围具有广泛性，它涉及教材编写的方式、教学方式、学习方式、学校管理方式、教研方式、教师角色的转变、学生角色的转变、校长角色的转变等问题，而国内的课程评价在具体的操作过程中，却局限于对某些方面的评价，缺乏整体性。

基于生活的课程评价内容的确定要以课程目标为依据，而基于生活的课程以学生的自由、全面、充分、和谐发展为价值追求，因此，课程评价应该围绕基于生活的课程，学生的生命成长全过程的发展状况与课程目标的符合程度的了解与判断，同时也要判断教师对学生发展所创设的物质与精神环境等方面效果。

## （三）基于生活的课程的评价内容

基于生活的课程关注学生在自然、社会、生活、学习、自我等方面的情感、态度、价值观以及过程方法、知识、经验、能力等方面的发展。因而，可以从以下几个方面对学生的发展状况做出评价。

### 1.情感态度与价值观的评价

个人在自然认知、社会认知、自我管理及学习目标实现等方面的情感态度与价值观均应成为评价的重点。

团体生活适应能力的评价（包括小组、班级、学习团队、家庭、学校及社会）。

（1）自我观念的评价。

在生活和社会中的自我定位是怎样的？

学生以什么方式来表达自己的情感？

学生对自己行为的控制方式合适吗？

学生独立和依赖的表现方式是什么？

学生对新的经验如何反应？

学生对成功与失败有何反应？

学生对学习和生活的主动性体现如何？

（2）人际关系的评价。

包括社交能力、对他人的情感、尊重他人、参与团体活动的程度、服从命令、与成人的关系等。

### 2.身体及动作

从身体的发展及动作之能力来评价，如心肺功能、走、跑、跳、单脚跳、双脚跳、平衡感、耐力、眼手协调、手脑反应的敏捷等。

### 3.认知能力

从学生的认知发展状况及教师对活动的设计等方面来评价。

### 4.环境的评价

（1）物质环境方面。

活动区的规划是否合理？活动空间是否合适？学生自己的作品是否有地方自由展示？

开放架上是否有各种材料以便学生随时使用？

是否有学生个人可用的材料，而不必强迫他与其他学生共享？

材料的放置是否井然有序，有助于学生自由选择？

活动区的布置是否将噪音减至最低程度？

材料的布置与收拾整理是否容易进行？是否提供机会使学生参与收拾整理？

（2）师生交互作用的环境。

师生之间、学生之间是否相互尊重？

教师是否有足够的时间观察学生或参与学生的活动？

学生从事活动时，是否能免除干扰或分心？

教师是否能观察到每一名学生的需要，并给予适时指导？

教师是否根据每位学生的需要而拟订个性化的成长计划，并设计相应课程以实现课程目标？

师生互动中，学生是否有安全感？

是否有活动的常规（例如：活动人数的限制、轮流的时间表等），避免学生不当的竞争？

教师是否鼓励学生相互学习？

是否有提供个别、小组和全班活动的机会，以及在提供机会的基础上，如何引领学生走向合作、走向创新？

教师对学生活动做限制时是否说明理由，并能坚持原则？

活动室是否洋溢着温馨和谐、积极向上的学习氛围？

### 5.课程实施的评价

活动能否完成既定任务？学生的活动是否有明确目标的引领？

活动开展的方式是否适宜？各个小组长是否全程组织好学生积极参与活动？

活动是否配合学生身心状况、季节时令、偶发事件、学校的设备及社区的需要？

活动时间是否安排得当？完不成任务的学生怎么样在之后继续参加活动？

各种课程领域的活动之间有无统整的组织？

活动的方式是否有变化？

是否均衡重视各领域课程的活动？

是否有充分的活动材料和活动空间？

学生是否有参与计划和评价活动的机会？

## 五　课程评价的方式

基于生活的课程创新旨在打破学科界限，评价学生学习的过程性评价，激励学生学习的自主性、独立性和创造性，在具体清晰学习目标的引领下，激发每名学生自主学习、创新学习的热情，促进学生的全面发展。因此，基于生活的课程评价在方式上强调多元化、弹性化，采用多种评价方式，其中较常用的有以下两种方式：以游戏为中介的评价方式和以语言为中介的评价方式。

## （一）以游戏为中介的评价方式

以游戏为中介的评价方式旨在通过游戏的方式，在游戏过程中评价有利于引领学生朝着既定学习目标主动进取、创造学习，基于生活的课程注重将知识学习和应用结合起来，通过应用培养学生的创新精神和实践能力。以游戏为中介的评价方式，是追求人性化、生动化、适宜化、过程化的课程评价方式，其优点表现在以下七个方面：① 清晰具体目标引领评价和活动的全过程；② 提高学生的参与兴趣；③ 提高真实情境的评价；④ 兼顾认知、技能、情意的评价过程；⑤ 对团队的评价引导学生合作学习；⑥ 增进学生之间的思想碰撞、相互学习、创新提高；⑦ 引导学生技能和思考同时不断实现超越，螺旋走向成熟。

以游戏为中介的评价方式在具体运用过程中要遵循一定的原则：

游戏评价不能与课程目标脱节。教师设计以游戏为中介的评价方式时，应指出评价内容、目的与课程目标的关系，以避免与教学目标分离，让评价走向盲目。

以安全为最重要原则。以游戏为中介的评价方式易出现因活动场地、器材设备、学生玩耍、活动本身而产生的危险状况，教师应以游戏的安全为最重要原则，必须在无安全顾虑的情境下进行游戏，并针对可能出现的危险状况进行模拟与预防，若仍有危险必须更换活动内容或方式。

拟订严谨的实施计划，并切实加以执行。实施计划内容包括实施目的、评价范围、评价日期与时间、评价方法、工作分配、活动位置图、危机处理以及经费等。游戏进行时，应尽量按照计划和流程实施，并预留 1～2 人处理突发事件。评价后，及时反思，针对缺失提出改善意见。

活动应适合学生的年龄特征。根据学生年龄的不同选用合适的活动,并向学生说明游戏规则、程序、流程与注意事项,以保证游戏活动的正常进行。

学校、家庭、学生之间应加强沟通与合作。以游戏为中介的评价方式因活动内容、形态的不同,涉及的学校、家庭、学生各异,教师设计评价方案时,应考虑活动牵涉人员,并做好沟通与分工工作。具体工作内容包括:发给家长"评价通知单",让家长了解评价的内容、方式、活动时间与地点,并征求家长意见,取得家长的支持与协助。教师之间应进行分工,如活动设计、器材、场地、联络等等。

循序渐进、累积经验、自我完善。教师设计游戏活动时必须循序渐进,由小活动到大活动,由小强度到大强度,由小规模游戏到大规模游戏,并不断积累经验,从问题中追求完美。

## (二) 以语言为中介的评价方式

基于生活的课程引导学生将所学知识用于日常生活,而日常生活的人际沟通以口语表达最为直接便利,用语言表达是输出,是整个学习思维过程的结果。因此,基于生活的课程评价宜纳入以语言为中介的评价方式,常用的评价方式有口语表达法、问题解决法。

### 1.口语表达法

常用于终结性评价,如表演、讲故事、口头报告等方式。其优点在于:可以评估学生概念的完整性;更能评量学生的认知与情意;能立即诊断学生的学习问题;能提升学生的语言表达能力与组织能力;能改善学生的学习方法与态度。

### 2.问题解决法

常用于过程性评价,教师在教育过程中以提问的方式,来评价课程的效果与学生的发展。其优点表现为:有助于提高学生参与的兴趣,激发学生学习责任感;能增强同伴互动学习;学习目标可进行及时强化;有利于掌握课程进度;可提供诊断性资料作为参考。

口语表达法与问题解决法也有不足之处;难以建立完全客观的评分标准,影响测验的信度;难以区分语言表达能力与真正学习结果,对语言表达能力差的学生不利;评分者的主观意识易造成评分结果的偏差;所需时间较长,且需要较多人员。基于此,以语言为中介的评价方式应注意以下问题:口语表达须与基于生活的课程目标相呼应;避免广泛、模糊的题目;使用直接、简单的问题;允许学生有充足的时间回答;教师的态度应和蔼、热情;抓住时机进行评价;事前建立公正客观的口语评价标准,并让学生了解评价的程序与标准;同时聘请受过训练的优秀人员参与评价。

综上所述,基于生活的课程将学生与其所处的生活环境加以联系,注重活动和育人性、科学性相统一,重视学生的主体性,注重学习的过程性,强调让学生自己获得经验和知识,并为学生创设有利的学习环境和氛围,促进学生体、智、德、美、劳各方面的全面发展。

# 第二节　基于生活的国家课程评价

基础教育的学校国家课程实施目的是提升教师的课程能力和教育水平,提升学生的学习能力,确保学生生命健康成长。学校里课程实施的评价主要是围绕着教师的教和学生的学的质量而进行一种实践层面课程实施效果的评价,所以各学科的课程评价在义务教育阶段就主要落在了效果的评价上。

评价是课程最敏感的要素。基于生活的课程评价认为,一堂好课必须具备以下几个特点:第一,学习目标要以学生的学习为中心,全过程指向全体学生的以思维能力提升为标志的全面综合发展;第二,学习内容要科学合理,基于生活的情境设计吸引人的学习内容,思维量大,有较强的育人性;第三,学习方法的选择和运用要贴合学生的认知特点和需要;第四,课堂学习组织要有序,自主、合作、探究整体性强;第五,学习效果好,所有学生全过程积极参与,学生在解决问题、完成任务的过程中,不怕困难,主动思考,创造性解决问题,完成任务,实现目标。

## 一 基于生活的国家课程评价(文科)

基于生活的国家文科课程评价秉持以学生发展为中心,以培养学生创新思维能力为主攻方向,坚持体现人文性、综合性、开放性、实践性和过程性相统一的原则,以自主的程度、合作的效度和思考的深度为主要评价依据,充分发挥评价的引领、诊断、反馈、激励等多种功能,采取多种评价方式,将过程性评价与终结性评价相结合,真实反映学生认知过程的发展轨迹,助力学生自主、全面、健康成长。

### (一) 基于生活的国家语文课程评价

以语文课程的评价为例。基于生活的语文课程评价方式主要表现为以下几种方式:

1.表现性评价:用真实的活动表现作为主要依据

表现性评价是注重学习过程的评价,是学生通过在完成设计的表现性任务的过程中表现出来的学习行为、思维过程、学习结果,来展示综合学习结果的表现,通过客观测验以外的行动、表演、展示、操作、演讲、写作等更真实的表现评价学生的表达能力、思维能力、创造能力、实践能力。评价时,教师让学生在真实情境中运用所学知识自主创新解决某个新问题或创造某种新东西,以考查学生知识与技能的掌握程度,引领学生走向自主建构、创造运用。

表现性评价最突出特点是使用有意义的学习活动作为评价任务。学习活动对评价的任务、目标有明确要求,而且对被评价者完成评价任务的材料、方法、结果进行一定的限制要求,要求学生按要求进行自主演示、创造、制作或动手做某事,激发学生高水准的思维能力和解决问题的能力。

以展示性评价为例:展示性评价是指向学习成果落地的评价方式。展示性评价的方式是多样的,小组合作学习是课堂主要学习方式之一,它以组内异质、组间同质的分组原则建立的学习小组为基本结构,通过系统利用学习动态因素之间的互动,促进学生自主创新、合作学习。小组合作学习效果如何,每个小组成员的努力都是小组成功所需要的和不可取代的,他们对最终的成果呈现都有自己个人的责任和不能代替的贡献,小组的成功是建立在每个人成功的基础之上的,有一个人不成功,小组就不可能成功,这便激发了小组内各成员之间和小组之间你追我赶、不甘落后的良好的学习状态。展示性评价强调互动,注重面对面的交流、帮助、支持;展示性评价强调预设,注重展示最终成果的呈现形式;展示性评价注重生成,注重成果形成的全过程。在预设中有生成,在生成中有预设,这正是展示性评价的独特魅力所在。

2.情境性评价:课程实施和评价过程的有机统一

情境性评价是基于加德纳的多元智能理论而提出的针对学生成长的多元评价形式,将学生多元智力的成长放置于具体的学习、生活情境当中,重视学生在成长过程中的实践动手能力、思维能力、创新能力和情感体验等方面的考核评价。情境性评价依据学生自身特点及热点问题,合理、科学地设计相关情境,开展系列活动,在情境活动中开展对学生学习能力、思维能力、动手能力等进行综合评价,注重学生在学习活动中的情感体验。

情境性评价包括两方面内容,一是结合学习内容创设情境开展综合评价。教师在课程实施过程中结合具体的学科内容创设与学习内容紧密联系的模拟情境,引导学生在指向学习目标的模拟情境中开展自主探索和深度学习,教师对学生的学习情况开展综合评价;二是走进生活开展生活情境评价。在日常生活情境中对学生开展评价,主要考评学生灵活应用知识的能力,看学生能不能将自己所学知识灵活地与生活实际结合起来,并最终解决生活中的难题。

### 3.过程性评价:学习是最好的报酬

学习的过程即学习的目的。

过程性评价是一个对学生学习过程价值建构的过程的诊断和督促,是在学习整个过程中完成的,不能通过一次评价就能完成的,而是一个在学习过程中不断发生、学习者参与、渐近学习目标的促进价值建构过程。过程性评价对学生形成自主学习能力、独立思考解决问题的能力,逐渐形成结构化思维,形成批判性思维有着重要的现实意义和未来的生命价值。

依据评价主体,在具体学习目标引领下,可以将过程性评价划分为学生自评、小组内同学互评、小组间相互评价和教师点评;依据评价层次,可以划分为教师对小组的评价和小组对个人的评价;依据评价的规范程度,可以划分为程序式评价和随机式评价;依据评价方式,可以划分为课堂观察、成长记录、态度调查、辩论演讲、模型制作、自主管理、目标达成,依据学习过程的时间范围,可以划分为一节课的评价,一个星期的评价,一个单元学习过程的评价,一个月的过程评价。

过程性评价有两个重要特征。其一,全面关注学习过程,全面关注每一名学生。过程性评价用不同的评价方式关注每一名学生学习过程中具体学习目标引领下的学习方式和思维方式,关注每一名学生的目标实现过程,通过对学习方式及学习过程的评价将学生的学习引向具体目标,将思考引向深层次。其二,重视非预期结果。过程性评价将评价的视野投向学生的整个学习经验领域,既包括已有预设,又包括未来预设,既包括思维层次高的学生学习预设,又包括思维层次低的学生学习预设,凡是有价值的学习过程、学习结果不管是对谁都应得到及时的肯定。学生自己的一些非正式学习活动,如与人谈话、浏览网络、看电视等,都可能引发新思考,这些新思考往往就是新发现的来源。

### 4.差异性评价:让每一个孩子都闪光

差异性评价是基于对每一名学生发展差异性理解的评价,是教师在利用多种途径认识学生发展差异的基础上,在评价目标、评价方式、评价内容以及评价主体等方面采取的一种差异性评价模式。差异性评价有三个特征:一是有差异的评价主体共同参与的评价,二是对学生发展中的差异进行的评价,三是借助各种不同的手段对学生进行的评价。这种评价方式的优势在于,当学生的短板无法改变时,我们可以让其长板弥补短板的缺憾,甚至让长板更长。按照271教育小组学习的划分,A、B、C不同成员的学习目标追求是一致的,但在评价的时候,尊重每一个孩子的个性化认知差异,尊重每个孩子的不同发展基础和不同发展阶段,ABC达到各自应该达到的高一级水平即达标,超越了应该达到的水平即为优秀。这就是每一个孩子的优秀都是不一样的在评价中的具体体现。

### 5.评选性评价:营造一种积极向上的生活氛围

评选性评价推动课程品质提升。通过对精品课程的评选不断激发课程开发和实施者的聪明才智和创造力量,推进课程实施走向精致和高端。学校中常常有各种各样的评选活动,如特色学科评选、优秀教研组评选、精品校本课程评选、"小达人"评选、"小明星"评选、"校园好声音"评选等,这些就是评选性评价。一般说来,评选性评价可以比较好地活跃校园文化生活,展示学校育人特色,激发学生兴趣爱好,通过这种有趣的、生活化的评价活动,培养学生对自然美、社会美、艺术美、创造美的认识和鉴赏能力,充分体验和观摩评价活动的全过程,激发兴趣,鼓励创造,为学生搭建一个展示才华的舞台。

### 6.审议性评价:集探究、决策、行动、反思于一体

审议性评价是基于课程实践的复杂性,对课程设计、实施、管理等环节进行必要的审视、会商和调整的过程,是对课程问题进行识别与感知、分析与推理并形成最优课程决策的过程。在一定程度上,审议性评价即课程审议的过程,是集探究、决策、行动与反思于一体的课程创新实践过程、课堂实践反思和调整提升过程。对课程进行审议性评价的目的是更好地提升课程品质,优化提高课堂学习效率,让课程更贴近学生的学习需求。

科学、规范的审议性评价已成为推进课程改革的内在需要。一般认为课程审议过程有 3 个阶段:一是课程问题的识别阶段,二是课程决策的形成阶段,三是课程行动的建构阶段。课程要求的课堂落地也是三个阶段。一是课堂学习以学生为中心,以思维能力训练为主攻方向的组织模式、学习模式的确立阶段;二是这种学习模式反复打磨,持续改进的优化阶段;三是不断打破原有模式,螺旋上升,不断升级的阶

段。课程审议是一个自上而下和自下而上的双向互动过程,是一个以解决不同情境下的实践问题为取向、以保障课程行动的实效性为目标的动态过程。通过不断审视、自省、分析、研讨,寻求课程群体的视野融合。在对课程进行审议性评价的过程中,需要多次对同一问题进行反复的、不同范围的审议和评估,如此才能引领课程开发与设计、实施与创新走向理性和科学。

### (二)基于生活的国家其他文科课程评价

271教育基于生活的国家其他文科课程评价设计。

#### 1.基于生活的国家英语课程评价设计

课程评价旨在测评学生核心素养的发展水平,促进学生全面、健康而个性化的发展。完整的教学活动包括教、学、评三个方面。评价应以学生核心素养的全面发展为出发点和落脚点,充分发挥学生的主体作用,采用多种评价方式和手段,体现多渠道、多视角、多层次、多方式的特点,充分关注学生的持续发展和个体差异。课程实施中的评价活动有多种,如课堂评价、作业评价、单元评价、期末评价等。

(1)基于生活的英语学科国家课程评价。

英语课程评价的基本理念是为了促进学生的综合素养的发展和提高,以培养学生的语言交际能力、文化理解能力、思维品质和学习策略为目标。基于生活的英语课程评价注重学生的实际应用能力和文化理解能力,评价类型多样、全面。展开来说,英语课程评价的类型共有七种:知识与理解评价、口语表达评价、听力理解评价、阅读理解评价、写作能力评价、文化理解评价和学习策略评价。这些评价类型可以帮助教师了解学生在不同方面的英语应用的能力水平,从而为更好地帮助学生自主学习、创新应用提供个性化的辅导。

① 知识理解的评价。

对学生应该掌握的语音、词汇、语法、语篇等语言知识,在实践应用的基础上自主理解记忆,这种考查强调会用,会用了自然就理解了,也就记住了,反对为知识而知识,只是一味孤零零地强化记忆枯燥的单词和语法条款。

② 听力理解及口语表达能力评价。

口语表达能力是英语课程标准中的重要指标,评价学生口语表达能力可以通过课堂演讲、小组讨论、角色扮演等方式进行。评价时应关注学生的发音、语调、语速、流利程度和语言准确性等方面。这个部分隐性包含听力理解评价,评估学生对听力材料的理解能力。可以通过听力理解测试题目,如听力填空、听力选择和听力问答等形式来测试学生对听力材料的听懂程度和理解能力。

③ 阅读理解能力评价。

阅读理解能力是英语课程标准中的一项基本能力,评价学生阅读理解能力可以通过课堂阅读、整本书阅读、阅读理解测试、写作等方式进行。评价时应关注学生对文本思想和结构的整体理解程度、自主建构创新的能力、词汇量、语法使用和表达能力等方面。

④ 写作能力评价。

写作能力是英语课程标准中的重要指标,写作是一种输出,评价学生写作能力可以通过课堂写作、作文测试等方式进行。评价时应关注学生写作的主题表达和紧扣主题的篇章结构、语法使用、词汇量和表达能力等方面。

⑤ 跨文化交流能力评价。

跨文化交流能力是英语课程标准中的重要价值追求,评价学生跨文化交流能力可以通过课堂讨论、文化交流活动等方式。评价时应关注学生的文化意识、表达方式、东西文化差异的理解能力、沟通能力、结构思辨能力和尊重他人文化差异的能力等方面。

⑥ 学习策略评价。

评估在学生英语学习过程中的学习策略运用情况。首先是学习目标的有效管理能力,学习过程的有效控制能力,其次是自主学习和团队学习相结合的承担一个学习者学习责任的能力,也可以通过学习策略题目,如学习方法选择、学习计划编制等形式来测试学生对学习策略的理解和应用能力。

以 Diverse Cultures 单元为例,在教学评价中,教师应关注学生是否形成了有关 Diverse Cultures 的结构化知识,并整合性地运用新的知识结构,逻辑连贯地表达对多元文化的新认知,形成文化自信,创造性地号召他人尊重文化多样性。教师通过思维导图、问题回答、小组展示等评价工具,引领学生的学习方向,关注学生行为表现,评价学生学习状况,从多维度开展综合性评价,及时指导和反馈,确保核心素养目标落地。

(2) 基于生活的 271 教育英语学科拓展课程评价。

结合课程标准具体要求和 271 教育英语学科拓展课程特点,构建形成性评价与终结性评价相结合的多元评价方式,科学、合理地评价学生英语学科综合能力发展水平,更好地把握学情,及时调整教学和学习策略。以英文名著阅读课程为例,我们可以从以下几个维度进行评价:

① 过程评价:关注学生在阅读过程中的参与度、合作能力及阅读习惯。通过课堂观察、小组讨论记录及阅读笔记检查,评估学生是否积极参与阅读活动,能否与同伴有效交流,并形成良好的阅读习惯。

② 能力提升评价:通过前后测对比,检测学生在词汇量、阅读理解、阅读速度、批判性思维等方面的进步。设置阶段性测试,包括阅读理解题、写作分析及口头报告,全面衡量学生英语能力的提升。

③ 作品理解评价:通过撰写读后感、书评、论文或参与课堂讨论,评估学生对所读名著的深入理解和独特见解。鼓励学生从多个角度分析作品,展现其文学鉴赏能力。

④ 教师反馈评价:教师根据学生的课堂表现、作业完成情况及学习态度给予及时反馈,帮助学生明确自身优点与不足,并据此调整学习策略。

⑤ 自我评价与同伴评价:鼓励学生进行自我评价,反思学习过程中的收获与不足。同时,实施同伴评价,促进学生之间的相互学习和激励。

综上所述,基于英语学科核心素养的教学评价应以形成性评价为主,并辅以终结性评价,定量评价与定性评价相结合,注重评价主体的多元化、评价形式的多样化、评价内容的全面性和评价目标的多维化。评价结果应能全面反映学生英语学科核心素养发展的状况和达到的水平,发挥评价的激励作用和促学功能,促进英语课程的不断发展和完善。通过评价使学生在英语学习过程中不断体验进步与成功,认识自我,建立自信,调整学习策略,以此促进学生英语学科核心素养的全面发展。通过评价使教师获得英语教学的反馈信息,对自己的教学行为进行反思和调整,不断提高教育教学水平。

## 2.基于生活的国家政治课程评价设计

思想政治学科课程评价要将过程性评价和结果性评价相结合,着重评估学生解决情境化问题的过程和结果,反映学生所表现出来的思想政治学科核心素养发展水平。

(1)国家课程的评价。

思政学科国家课程的评价要以课程标准为依据,利用多种途径搜集学生学习及参加社会实践活动的信息,实事求是地评价学生思想政治学科核心素养的发展情况,评价结果要能够激发学生学习的主体意识并有助于改进自身学习的过程。

271教育思政学科课程评价摒弃了传统的以考试分数或知识的累积为主要评价标准,而是更加关注学生学习的主动性和创造性;更加关注学生辩证思维、批判思维、发散思维、想象力等高级思维的形成过程;更加关注学生面对复杂的、不确定的、结构不良的现实问题(或情境)解决问题的能力;更加关注学生相互之间的沟通、交流、团队合作能力;更加关注学生是否树立终身学习的理念以及学生在解决问题过程中是否做到言行一致、表里如一。

(2)基于生活的271教育思想政治学科拓展课程评价。

拓展课程的评价同样应该突出反映学生的学科核心素养,着重证实学生在拓展活动型课程学习过程中是否具备了学科核心素养的行为表现。

基于生活的271教育思想政治学科一般采用"求同"与"求异"取向相结合的评价思路。"求同"即评价必须有统一要求(或维度),这些要求(或维度)必须有助于提升学生学科核心素养的达成。"求异"的过程就是要引导学生多角度思考问题,展现思维独特性的过程。这同样是衡量学生学科素养是否得到提升的重要标志。

(3)基于生活的国家地理课程评价。

基于生活的地理课程评价以考查学生核心素养的发展成就为目标,综合运用过程性评价、素养性评价、单元过关考试等方式,评定学生在面对不同的新情境时,在完成相应学习任务过程中,所展现出的价值观、学习态度和学习能力,反映出核心素养的发展水平和课程目标实现的程度。注重评价主体多元化,不能只关注教师对学生的评价,同时还要让学生在自评、互评的过程中学会反思和自我改进,使评价真正成为教育过程的有机组成部分。

### 1.过程性评价

大单元整体学习的学习任务是基于问题解决的生活中的真实的探究性任务,是基于学科又超越学科的表现性任务。学习任务的完成就是学生的学习过程,完成学习过程本身就是评价的一种。过程性评价侧重评价在大单元整体学习过程中学生所表现出来的学习认知过程、学习任务的完成情况和思维的进步情况,过程性评价贯穿地理教学过程中的各个环节,如学生的自学、作答、展示、点评、质疑。

### 2.增值性评价

增值性评价是在做中评,设计基于学生体验的探究性问题、学习任务和实践活动,将课堂学习与社会调查、野外考察、设计制作等实践过程相联系,以促进学生开展自主学习,引导学生在真实情境下,综合运用地理学科的知识和方法解决实际问题,促进核心素养发展。在进行地理实践课程评价时,通常会对学生设计的研学旅行线路、撰写的研究性报告等进行评价。例如,创作、表演"一方水土养一方人"情景剧的活动,就会以小组合作创作的地理情景剧是否完整、合理,表演是否流畅、有趣为评价依据;也会采用家长、教师、学生等观众投票的方式,评选优胜小组和单项奖获得者。

### 3.单元过关考试

单元过关考试是依据课标,对学生某单元学习目标的达成度进行的学习结果的评价考试。用单元过关考试的方式能比较直接地对学生应掌握的学科基本概念、原理、技能和思维方法进行评价。能够反映学科知识、能力的整合及其综合运用能力。我们在制定某一试题的评分标准时,会以学业质量标准的某等级为参照点,制定等级化、描述性的评分标准,以帮助学生更好地评估一个单元学习目标达成情况。

# 二 基于生活的国家课程评价（理科）

## （一）基于生活的国家数学课程评价

以核心素养为导向的多元化评价方式是推动和实施数学教育课程要求的重要保障。对于一个大单元的整体学习，评价方式必须从追求单一的考试成绩向多元化评价转变。由单纯的结果性评价向全面注重过程性评价转化，由以教师为中心的讲练结合向以学生为中心的数学语言理解、运用、创造转化。学生学习活动的所有评价都应该在学习目标的统领下展开。一个大单元整体学习结束后综合过关评价应该包括基础知识和基本技能的评价、创新思维水平评价、数学语言理解应用及创新的评价。

（1）基础知识和基本技能的评价通过逻辑思维导图展示对知识概念的逻辑理解和数学思维方法的创新应用，表现为学生对知识体系的建构结果以及与其他知识的逻辑联系，自主完成单元结构化思维导图和向同学们介绍自己的结构化思维导图就是最重要的评价方式：① 知识结构；② 能力结构；③ 逻辑结构；④ 价值意义结构。基本描绘出本单元对数学语言的理解应用，基本建构出本单元的整体结构和体系，确保所有知识均达到掌握标准；基本技能的评价则通过对不同情境的问题的信息提取能力，联系相关内容进行问题解决的思考、建立模型、解决问题并能归纳概括地说出自己解决问题的方法和逻辑。

（2）创新思维水平评价可以从数学探究活动和数学建模活动层面进行评价，通过参加数学建模比赛、数学论文文献的学习以及意见的提出等方面进行评价，通过对实际问题的分析，能够发现并提出问题、分析问题并建立合适的数学模型并解决创设的数学情境问题,在问题解决时可以对学生的思维策略、数学语言的理解及应用等数学思维品质进行评价。

(3)数学语言理解及创新应用的评价通过学生将所学到的知识和方法,自主创新应用于解决新情境下的同类生活问题当中,能够找到问题的本质,抽象归纳并提出解决问题的方法,进而自主建构解决问题的思维模型,建构出学和用之间的联系,用评价引导学生主动自觉用数学知识创新解决现实问题。一方面让学生在生活实际的情境中体验数学问题,结合自身的生活经验和已有的认知水平,围绕生活中数学问题的解决,逐步把生活常识进行数学化的理解和解释;另一方面让学生自觉地把数学知识运用到各种具体的生活情景当中,实现数学知识生活化的应用,创新解决生活当中的数学问题,从而达到提高学生数学核心素养的目的,使学生切实体验到"数学来源于生活,生活离不开数学",提高学生学习数学的兴趣,增强学习数学的自信心。

需要注意的是,评价应该注重学生的学习过程,注重完成任务后数学语言的运用,尤其是数学思维能力的提升,注重人的认知过程和认知结果的全面发展,如学生学习领导力、合作能力、对待学习困难的态度等,以及对创新应用习得的数学语言解决实际生活问题的能力。数学生活化课程的评价也应该是持续进行的,不仅要注重每节课、每周、每个单元学生学习过程和结果的评价,也要注重每个阶段后、学期末的综合评价,以便综合分析建立数学学习常模,针对发现的问题,调整学程设计和教学策略,不断提高数学课程的实施效果。

## (二)基于生活的国家其他理科课程评价

### 1.基于生活的国家物理课程评价

明确评价的目的和意义是对物理课程评价有效的根本前提。物理课程标准是物理课程评价的依据,物理学科核心素养的实现是物理评价的目的。物理课程的评价应帮助管理者、教师、学生、家长等了解物理学习的过程和结果。评价的目的是促进学生在知识与技能、过程与方法、情感态度与价值观方面的全面发展;激发学生潜能,满足学生需求,帮助学生洞察到自己在发展中的长处和不足、学习目标实现的程度和存在的问题,增强学习物理课程的自主意识、自信心和责任感;激励、引导学生独立自主创新发展。评价还应该鼓励学生发展自己的特长和爱好。

(1)创新大单元整体学习学生自我评价标准。突出三点:一是根据学科特点,基于学生核心素养的达成,设计嵌入式评价内容,将学生的学习过程和评价融为一体,整个学习过程通过一个又一个分目标实现的自我达标,引领学生全过程盯准单元总学习目标,激发思维,提高效率;二是借助数据平台,重视学习过程数据的应用,对学生初中三年、高中三年的学习行为及成果进行大数据分析,对学生的思维能力培养提升,用雷达图的方式及时呈现,为教师的课程研究、课堂创新和学生个人的学习过程及学习效果的研究都提供数据支撑,助力学生的生命成长;三是注重小组评价和个人评价相结合,培养和提高学生的主体意识、合作精神、团队意识、主动交流意识和学习责任感。

(2)评价内容多元化。物理课程评价内容要以学生的独立自主学习为中心,为学生的个性、特色发展提供空间。物理课程的评价应从物理观念、科学精神、实验探究和科学态度与学习责任等学科核心素养在学生学习过程中的表现进行。注重适应时代发展需要的基础知识的逻辑建构和基本技能的应用形成,强调知识和技能在生活、生产中的独立创新应用。评价中,应该关注学生对概念、原理、规律的独立自主理解、内化生成表达、全面系统建构,通过内化应用、自主建构,打开学生思维,引领学生走向创造。测验和考试命题应该注重学生自己独立的理解和创新应用水平的评价,要研究并设计有利于学生思维发展、联系生活实际的开放性试题;不宜过多考查记忆性内容,不应该在枝节问题上纠缠,从整体建构上用评价引领学生的逻辑思维和结构化思维。

重视评价学生的科学探究能力、实验能力,以及在科学探究与实验过程中,创新应用物理学研究方法、创新应用物理工具的能力。提倡客观记录学生提出的问题以及在理论学习、物理实验、小论文、小制作和科学探究等活动中的表现,关注学生的观察能力和实验能力、提出问题的能力、做出猜想和假设的能力、收集信息和处理信息的能力、合作交流的能力等。学生和教师一样都是重要的评价主体,全过程参与评价活动,通过记录学习过程,记录有代表性的事实,展示自己学习的进步。

(3) 评价形式多样化。

物理课程评价应该围绕核心素养的达成和学业质量标准的落实为具体要求,创设每一项学习任务的学习目标要求,创设真实且有价值的问题情境,采用主体多元、形式多样的评价方式,全面客观地评价学习目标管理的过程、实现的过程,并找出目标实现过程存在的问题,明确发展方向,及时有效地反馈评价结果,充分发挥评价的诊断性、鼓励性和引领性功能,促进学生创新思维的发展、科学精神的形成。倡导评价方式的多样化,并重视过程性评价的作用,让学生学习过程成为评价的重要内容。教师要在教育、教学的全过程中采用多样化且开放式的评价方法,如采用口述见解、笔试、实验操作、课题研究、行为观察、成长记录档案、创新方法、解决问题、活动表现评价等方式评价学生的学习过程。

要注意过程性评价与结果性评价的结合,即不仅要关注学生学习结束后获得了什么,而且更重要的是记录学生参加了哪些活动,精神和意志投入的程度如何,在活动中思考了什么问题,解决了哪些问题,比较以前学习有什么表现和进步等情况。动态观察学生在学习过程中的表现,细心了解其内心活动的变化,记录学生的每一点进步和学习任务完成后的目标达成度,并与过去相关的记录进行比较。

### 2.基于生活的国家化学课程评价设计

《普通高中化学课程方案》新增"学业质量"部分,明确提出"学业质量标准依据学习内容的不同层次,综合评定学生面对真实的情境,在完成相应的学习任务过程中所表现出的解决问题的正确价值观、必备品格和关键能力,由此体现核心素养的发展水平和课程目标的实现程度"。271教育化学学科课程评价主要采取以下方式:

(1)基于学业质量标准,研发评价量规。依据学业质量标准,研发评价量规,每个学习任务分为三个层级分别为:水平1、2、3,能够准确判断学习内容的完成过程和完成任务过程中思维能力的水平;同时充分发挥大单元整体学习总目标和每一个学习阶段学习分总目标在学习过程中的整体引领作用。充分发挥评价的诊断、导向、提醒、促进改进功能。

(2)设计表现性任务,过程性评价驱动。过程性评价:学习的过程即学习的目的。过程性评价主要考查学生的实践活动过程中的思维、方法、技能和学习领导力提升等方面,而不仅仅是最终的学习结果的评价。与传统的结果性评价相比,过程性评价更注重学生的实践技能、创新思维和实验思维的建立,强化了过程性评价,大幅提升了目标达成的可能性。

(3)分层设计评价任务和结果性评价相结合。结果性评价:指在一个单元学习任务完成后,为判断学生学习效果而进行的形成性测评。每个单元结束后,分层设计评价任务对学习效果进行评价,根据目标达成率进行表彰,激发学生的学习兴趣。

## 三 基于生活的国家课程评价设计(体育、艺术、劳动、技术课程)

### (一)基于生活的国家体育课程评价

271 教育学子体育素养达标考核机制是依据课标学业质量要求和《国家体质健康测试标准》进行的校本化再创造,系统收集学生一学期的课内、外体育学习态度与表现、体能技能达标成绩和参加比赛情况等信息,对学生的学习过程和结果进行综合判断和评估。评价是不断完善课程建设的重要环节和途径。通过多样化的学习评价,促进学生达成课程目标,发展核心素养。

#### 1.评价目的

评价的目的是对学生学习的全过程强化目标引领,并对学习行为进行观察、诊断、反馈、纠正和激励,结合课程目标达成度,给教师和学生提供即时、多元的有效反馈,创造更适合学生生命健康成长的课程内容和课堂学习模式,促使学生更加积极地学习与教师更加有效地施教。

#### 2.评价内容与标准

271 教育体育与健康课程评价主要依据国家课程标准的学业质量要求和学习评价建议,结合学校开设的具体体育与健康课程内容,围绕体育与健康学科核心素养从运动能力、健康行为、体育品德三个维度展开评价,具体评价内容有以下 4 个方面。

（1）学生体质健康。

根据《国家学生健康体质测试标准》（以下简称《标准》），测试内容与《标准》测试内容保持一致，测试标准高于国家标准的 30％。例如《标准》中初一男生的肺活量合格标准是 1700，我们的合格标准就是 1700 * 130％＝2210，以此类推。

（2）学生专项运动技能。

根据课标学业质量标准规定的各水平段学生应达到的运动技能水平，细化每项运动项目的测试内容与标准，并主要通过学生的实战运用情况综合评价，评价等级为优秀、良好、合格与努力。每个大单元/模块学习结束后进行专项运动技能测评，测评合格后颁发运动技能合格证书。

（3）学生运动参与。

学生运动参与主要是运动过程的参与度及表现，包括每节体育课的出勤情况，运动过程的参与态度及运动表现，评价等级为 A/B/C。

（4）体育拓展课程测评。

体育拓展课程测评内容主要根据不同活动、比赛的内容、形式而定，主要包括比赛成绩、运动参与、运动表现、班级贡献等方面，评价标准为参与即合格，评价等级为 A/B/C。

## 3.评价方式

（1）过程性评价。

过程性评价主要是通过记录每节课出勤情况、运动参与和运动表现，一学期结束后由体育教师汇总给出等级性评价，评价等级为 A/B/C。

（2）阶段性测评。

阶段性测评主要是期中、期末进行的学生体育素养（体能、技能）

综合测评,关注学生的运动增值性评价,按照《标准》换算分数后以等级 A/B/C 呈现。

（3）活动、比赛参与。

活动、比赛参与主要是指体育拓展课程和体育比赛,每学期综合每个人的活动参与数量、名次、成绩给予综合认定,评价等级为 A/B/C。

（4）单元/模块达标。

单元/模块达标主要是指学生专项运动技能测评,即每个大单元/模块学习结束后进行专项运动技能测评,测评合格后颁发运动技能合格证书。

（5）整体性团队评价。

体育与健康课程标准落实水平的团队评价有两项。一是教师团队的评价即导师团的评价,二是班级学生团队的评价。学生的体育技能达标和比赛成绩及健康水平都纳入导师团的综合育人成绩中,体现体育是第一课程的育人理念。班级学生团队的评价,有不达标的学生小组不能评为优秀小组,班级不能评为优秀班级。用团队评价和团队文化强化学生自觉锻炼身体,掌握三至四项终身锻炼身体的项目技能。每天锻炼两小时,健康工作五十年,幸福生活一辈子成为可能。

## （二）基于生活的国家艺术课程评价

正如德国教育家第斯多惠所说:"教学的艺术不在于传授本领,而在于激励、唤醒、鼓舞。"基于生活的国家艺术课程评价坚持素养导向、以评促学的基本原则,围绕艺术学科核心素养,以国家课程标准为基本依据,结合艺术课程实施过程,从普适性学生艺术素养测评、艺术实践展演活动、艺术创作大赛等维度,进行科学、全方位评价。

### 1.普适性学生艺术素养测评

依据国家艺术课程学业质量标准,制定全学段学生艺术素养测评方案,采用面试(演唱、绘画)、笔试(创作、赏析)等形式,每学期组织 2 次学生艺术素养测评,对学生在完成课程阶段性学习之后的学业表现进行达标考核,成绩计入学生成长档案。

### 2.艺术实践展演活动

依据艺术课程实施方案,每学年组织一次将生命奏响、交响乐团演奏会、每人一样乐器展演会、书画展、校园文化艺术节等艺术实践展演活动,对学生乐器演奏、书法绘画技能、艺术社团参与、展演情况对年级、班级、个人进行评价,对验收达标者颁发课程证书,结果计入年级、班级综合评价,学生个人成长档案。

### 3.艺术创作大赛

对标全国中小学生艺术展演活动,每学期组织一次学校艺术素养大赛,组织校级合唱、戏剧、舞蹈、器乐、书法、绘画、设计等高水平艺术团进行展示评价,同时结合国家、省、市获奖证书等级,对各社团指导教师、学生进行综合评价,结果分别计入教师校内绩效成绩、学生综合素质评价。

## (三)基于生活的国家劳动课程评价

### 1.评价的基本原则

(1)导向性原则:以核心素养为导向,关注核心素养四个方面的发展情况,以及在劳动过程中的体现。

(2)发展性原则:发挥评价的反馈改进功能,促进学生认真参与劳动学习与实践,改进教师的教学安排。着眼于学生劳动过程的动态发展,充分肯定学生进步,正确对待劳动过程中出现的问题,鼓励学生不断改进提高。

（3）系统性原则:整体系统地进行评价,并贯穿学习始终。发挥教师、家长和学生等多元主体评价作用。注重过程性评价与结果性评价相结合,兼顾家庭劳动实践评价与社会劳动实践评价。采用自我评价、小组评价、导师评价、家长评价、项目实践、相互交流、技能测试、日常观察等多样化评价方式。

### 2.过程性评价与结果性评价相结合

（1）过程性评价占评价比重的70%。

凡是参与学习、完成或基本完成课程内容并有明显劳动素养体现的都应予以肯定,表现突出的给予特别鼓励。每学习完一个劳动项目,根据参与劳动表现情况发放"劳动教育技能证书"。如家政课程会颁发"初级家政师""中级家政师";职业体验课程会颁发"职业体验小达人"证书等。

（2）结果性评价:占评价比重的30%。

学生每参与一个劳动项目,班级评价团队与首席导师均进行综合评价,形成结果认定;学期或学年课程内容结束,根据学生在劳动课程参与过程中的出勤、任务完成、劳动素养表现等情况给予学分认定,并纳入综合素质评价。

### 3.评价机制保障

从集团、学校、年级、教师到学生建立劳动教育课程专项评价制度,整体保障课程实施。

（1）督导评价机制:将劳动教育纳入对学校督导评价的重点项目,从课时落实、课程实施、育人效果等维度对学校进行评价引领。

（2）会商机制:建立课程研究和实施团队会商机制,每两周对课程实施情况进行一次会商反馈。

（3）调研机制：学生成长中心每周对劳动课程日常实施进行调研，每周进行达标验收、公布结果，并纳入学科、年级评价。

（4）协同机制：成立家长委员会，协同家庭开展劳动教育的引导，把劳动教育有机融入家庭日常生活，指导家长做好榜样示范；必要时协同社区参与，构建"学校—家庭—社区"一体化劳动育人环境。

## （四）基于生活的国家技术课程评价

### 1.基于生活的国家信息科技课程评价

科学有效的评价是扎实学习过程、完成学习任务、达成学习目标的重要保障。信息科技学科课程目标是引领学生形成信息意识、计算思维、数字化学习与创新、信息社会责任四个核心素养，课程评价也都指向课程目标达成。

信息科技课程评价主要是对学生学习过程性评价，最关键的是对学生学习过程中展现的信息素养能力的评价，用过程性评价保障学生学习过程，螺旋提升学生的素养能力。每堂课学习目标的制定就是学生学习过程与方法的设计，通过上机实操、纸笔作答、演讲答辩和课堂展示等方式，实时测评学生的参与程度、贡献程度和学生作品的完成情况。期末之前，结合本学期学习的内容和应该达到的素养标准，老师们会组织一次上机考试，对学生的学习成果进行整体检测和评价，纳入学生这一学期的综合素质评价。

信息科技课程的实施采用的是项目式学习。对于项目式学习的评价，我们全过程评价项目设计方案、过程实施、成果、反思。对方案设计规范和质量，实施过程参与、合作与表达，项目成果质量和规范，反思的表述和内容设计系列的评价标准，通过学生互评、自评、教师评等方式确定等级,发放项目合格证书,计入学业质量评价。

学生科技社团的评价。一方面评价学生日常社团的出勤、过程参与情况,另外还要求每个学生完成一件高质量的学科作品创作,每个学生的作品要有独到的、新颖的设计理念,用信息科技手段创新解决生活中的问题,最后通过个人自评、小组互评和教师评价等方式,对学科作品进行综合审定,纳入学生社团成绩。同时,还遴选优秀的社团成员、评选优秀的学科作品,组织参与教育部规定的白名单赛事,根据学生获得不同级别的证书,按照学校综合素质评价方案要求,折算分数,纳入综评。

### 2.基于生活的国家通用技术课程评价

通用技术课程标准指出:通用技术学科以设计学习、操作学习为主要特征。271教育通用技术课程以项目式学习为主要学习方式。因此,基于生活的通用技术课程应坚持素养导向,注重学生创新设计能力和动手实践能力的评价,围绕通用技术学科核心素养,以国家课程标准为基本依据,结合项目学习过程,从项目方案设计、项目学习过程、项目实施成果、实践能力等方面进行评价,从而全面客观地评估学生在技术学习过程中的表现,促进技术素养和综合能力的发展。

(1)项目方案设计评价。

对学生在项目式学习中完成的设计方案开展定性评价,评价指标从设计规划、设计创意、图样规范、功能实现、方案合理性、文化内涵等方面设计量规,进行自评、互评、师评。

(2)项目学习过程评价。

以项目实施小组为单位组织项目实施,针对个体和团队的表现进行组织评价。如从参与度、团队协作、文献成果、工具思维、过程性表现等方面进行评价。

（3）项目作品评价。

对学生在项目学习过程中的作品进行评价，包括作品创意、加工工艺、结构稳固性、使用价值、作品美观性等方面。

（4）实践能力评价。

每学年组织一次实践能力测评活动，选取与学生生活密切相关的技术项目，设计相应的实践操作任务，对学生的实践操作技能进行考核。如工具选择、工具使用规范、操作熟练程度、作品加工精度、操作安全意识、产品质量意识等方面。

# 第三节　基于生活的地方、校本课程评价

地方课程、校本课程不同于国家课程，地方课程和校本课程更加注重基于地方特色、学生需求和已有的教育资源，更好的与生活相结合，更具趣味性和教育性，课程由专家、教师和学生自主开发。这种课程旨在培养学生的实践能力、创新精神和社会责任感，使学生能够更好地融入社会，服务于地方发展。

传统的课程评价往往侧重于学生的学业成绩，忽略了学生的个性化发展和综合能力培养，传统的课程评价是不适用于地方课程、校本课程评价的。基于生活的地方课程、校本课程目标不仅仅是知识的传授，更重要的是学生过程的体验、能力的提升和个性的发展。因此，创新评价体系，使课程的设计和实施更加全面、科学、合理、有效，学生真正获得生命的成长。

271教育地方课程、校本课程是每周半天集中开设，紧紧围绕学生成长这一核心目标，创新课程评价体系，关注多元评价，注重过程性评

价,积极探索项目式评价。

关注多元化评价。突破单一的知识掌握维度的评价,引入多元化的评价指标。这些指标包括学生的思维能力、动手操作能力、团队合作精神、创新能力等。通过多角度的评价,更全面地反映学生的学习成果和发展水平。

注重过程性评价。除了成果类结果评价之外,过程性评价尤为重要。它注重了学生在学习过程中的表现,如学习态度、学习方法、合作精神、问题解决过程、参与度等。通过记录学生的成长轨迹、学分档案、课程结业证书等,可以更好地指导学生,帮助学生形成有效的学习策略。

探索项目式评价。结合校本课程项目式学习的特点,鼓励学生积极参与校本课程中的有关项目研究,对学生自主、合作的项目方案设计、项目文献整理、项目报告、项目过程评估、项目反思与写作等设计量规进行专门评价,同时对项目实施过程中的参与度、合作精神、资源获取、承担责任、子项目落实等进行过程性评价。从过程到结果的展示晾晒,都纳入对学生的评价。

自评、他评、师评相结合。271 教育地方课程、校本课程的学习以学习小组为单位进行。课程评价中一般结合学生自评、小组评价、教师评价三部分进行,避免单一评价主体的片面性。

以“一带一路”课程评价为例:

基于生活的“一带一路”课程评价。以过程性评价与结果性评价相结合,可采用自我评价、小组评价、导师评价、家长评价、课堂展示、相互交流、作品评定、日常观察等多种形式。

过程性评价比重占 70%,从课程参与、积极主动、团队合作、完成规定任务、创新思维等维度进行评价。结果性评价比重占 30%,根据每个项目的团队学习成果和个人学习成果进行综合评价。

　　针对每一部分内容和学习方式的不同,确定不同的评价重点。"一带一路"课程认知内化部分侧重对"一带一路"内容、课程结构、课程价值意义的理解和掌握。"一带一路"课程课题研究部分侧重课题参与、问题解决、成果展示的评价。"一带一路"课程活动体验部分侧重活动体验、沟通与理解、分享与表达、自主与合作、创新与实践等方面的评价。

　　综合过程评价和结果评价,推出"一带一路"形象大使、某某国家代言人、最美外交官等进行表彰。(见表 7-3 和表 7-4)

表 7-3　"'一带一路'国家历史文化研究"项目式评价表(对学习小组的评价)

团队自评和教师评价均为等级评价,分优秀、良好、合格、不合格四个等级

| 评价指标 | 指标要求 | 研究过程记录 | 团队自评 | 教师评价 |
|---|---|---|---|---|
| 项目目标 | 能够制定清晰具体可描述的项目目标,目标尽可能量化,不能量化的要细化、流程化。 | | | |
| 项目计划 | 能够根据项目目标制定研究计划,组建团队,分工明确,研究方法具体,对研究过程中需要的资源设计到位,对研究过程中可能遇到的困难做好预设,并有针对性地解决办法。 | | | |
| 项目执行情况 | 按照项目计划分工,团队经历自主研究,合作研究的过程,反复修改,形成项目研究成果,团队要记录研究过程,特别是合作研究过程中每一个团队成员的观点和贡献。 | | | |
| 成果展示 | 项目成果可以以多种方式呈现,在项目计划中需要阐释,可以是思维导图、研究报告、论文等多种方式。 | | | |

表 7-4　"'一带一路'国家历史文化研究"学习过程评价表（对组员个体的评价）
学习过程评价均采用等级评价,分为优秀、良好、合格、不合格四个等级

| 评价要素 | 评价标准描述 | 个人自评 | 组内互评 | 教师评价 |
|---|---|---|---|---|
| 自主研究（信息获取与加工能力） | 紧紧围绕项目研究的目标,完成相关资源的自主研究。 | | | |
| | 在自主研究的基础上根据项目计划分工,形成个人研究成果。 | | | |
| 合作学习（团队合作能力） | 小组讨论全过程参与,有自己独特的见解,能够很好地完成项目计划当中个人的任务。 | | | |
| 问题质疑（提出问题的能力） | 在自主研究、合作研究的过程中提出疑问的次数以及提出问题的价值,特别是对项目目标实现和目标放大具有重要价值的问题。 | | | |
| 问题解决（团队合作能力、抽象概括能力） | 解答同伴提出的问题的次数和对于问题解决的贡献。 | | | |

　　一直以来,教育与生活的关系都是教育哲学的永恒主题。从斯宾塞的"科学生活教育"观和卢梭的"自然主义教育"观,到杜威的"民主生活教育"观和陶行知的"民众生活教育"观,再到当代学界对教育与生活关系命题的热点讨论,尽管存在有些不同的观点和争论,但我们认为:教育和生活是密不可分的,生命本身便是教育与生活交织的纽带。教育是生活的需要,生活是教育的内容,生活是教育的目的,通过生活的教育才是生动具体的、充满活力的;教育与生活的关系问题实质上是人的发展问题,是生命的问题。教育学视野中的生活内涵,实质上强调的是教育与生活的结合,它是以现实为对象的生活,是大众眼中实实在在的生活,是自然主义视野下的生活。从教育的角度去审视生活,其最终归宿依旧在于对人性深刻的探索与理解。人和动物是不一样的,人不是死板的、抽象的。人是一种追寻生活意义和生命价值的特殊存在。人之所以存在的一个重要原因就在于人有其主体性,

人在不断追寻、创造着生活的意义。人就是在不断探寻生活意义与追求生命价值的过程中达到不断充实自我、发展自我的目的,这一过程也就构成了人的全部"生活"。因此,生活可理解为是人的生命有意义地存在、更新、延续的经历过程。从这一点说,生活在教育领域中具有重要的价值意义。生活也是理解人的主要场域。离开生活是无法理解人的,离开生活人也是无法存在的,只有在生活的宏大场域中,才能正确理解人的存在意义和人的本质内涵。人的完整性只有植根于生活的完整性才能得以彰显。人的存在是以生活世界为根基的,同时与外在世界保持一定的关联。教育的价值就是在人的生活世界基础上建构起人与外在世界(自然与社会)之间的富有意义的、生动的、活泼的联系,从而不断充实人的生活并改善人的生活品质。

让人成为人是教育的根本价值。教育是让人成为人的最有效的方式。课程(三级课程)是教育的核心要素,课程是帮助人成为人的具体学习内容。生活化课程引领学生在体验生活、创造生活、成长自己的过程中理解、应用、创造知识。学生只有独立自主地在生活化课程中提高思维水平,提升生命高度,用生活理解知识,用生活创造知识,用生活提升生命品质,教育的价值才能够彰显,教育的意义才能实现。课程在本质上就是一种生活,但不完全等同于生活。课程既来源于生活,也服务于生活,又高于生活,引领创造了生活,所以具有教育性。

课程是生活的有机组成部分,课程不能脱离学生的实际生活。课程面向生活,就是既要关注学生的现实生活,也要为他们的未来生活做准备,但并不是与生活融为一体。作为一门课程来说,既要有自身学科的属性去支撑,也要有生活的元素去滋养,这样才能保证一门课程的科学性和人文性的统一。脱离了生活的课程如果无根之木,而缺少课程滋养的生活显得苍白无力。也正因为如此,跨越21世纪新课程改革的课程理念强调突破学科本位的樊篱,提倡课程和生活的融合,改变课程内容过于偏重学科结构、注重学习已有固化知识、脱离生活实际的现状,摆脱学科教学就是传授给学生学科固化知识的片面教育观、错误知识观和浅薄的人才观,加强课程内容与现代社会和学生生活实际的联系,关注学生的生活经验、学习兴趣和情感体验。学生的学科学习与生活实践只有通过科学而合理的联动,才能使封闭的、乏味的学科学术研究过程转化为开放的、有趣的与社会生活紧密相连的自我发展过程,这是实现完整育人和全面发展学生的必然要求。

深刻的教育来自学生自己内心深处有自己深刻的生活体验。

# 参考文献

[1][20]　拉尔夫·泰勒.课程与教学的基本原理:英汉对照版[M].北京:中国轻工业出版社,2014.

[2]　丹尼斯·劳顿.课程研究的理论与实践[M].北京:人民教育出版社,1985.

[3]　丁廷森.国际教育百科全书[M].贵阳:贵州教育出版社,1990.

[4]　麦克唐纳,赫什曼.如何打造高效能课堂[M].北京:中国青年出版社,2011.

[5]　比彻姆.课程理论[M].北京:人民教育出版社,1989.

[6][8]　施良方.课程理论:课程的基础、原理与问题[M].北京:教育科学出版社,1996.

[7][31][35]　安珑山.课程评价研究:反思与展望[J].常州师专学报,2002,(2).

[9][10]　李雁冰.课程评价论[M].上海:上海教育出版社,2002:49-58.

[11]　江山野.课程理论中的一个基本问题[J].课程·教材·教法,1993,(11).

[12] 刘启迪.试论课程设计的客观要求[J].课程·教材·教法,1998,(5).

[13] 陈功江.课程价值观分析[J].信阳师范学院学报(哲社版),1994,(3).

[14] 黄甫全.课程理想与课程评价:世纪之交对课程评价指标体系构建的文化思考[J].华南师范大学学报(社科版),1996,(6).

[15] 潘洪建.当代知识观及其对基础教育课程改革的启示[J].课程·教材·教法,2003,(8).

[16] 董晓琳.多元智能理论对新课程评价改革的启示[J].湖北广播电视大学学报,2003,(3).

[17] 高天明.新课程改革的理论基础究竟是什么[N].中国教育报,2005-08-13.

[18] 杨启亮.制约课程评价改革的几个因素[J].课程.教材.教法,2004(12):6-11.DOI:10.19877/j.cnki.kcjcjf.2004.12.003.

[19] 陈玉琨.课程改革与课程评价[M].教育科学出版社,2001.

[21] STUFFLEBEAM D L,ZHANG G.The CIPP evaluation model:How to evaluate for improvement and accountability[M].Guilford Publications,2017.

[22] STAKE R E.The countenance of educational evaluation[J].Teachers college record,1967,68(7):1-15.

[23] MADAUS G F,SCRIVEN M S,STUFFLEBEAM D L,et al.Program evaluation, particularly responsive evaluation [M].Springer Netherlands,1983.

[24] SCRIVEN M.Prose and cons about goal-free evaluation[J].Evaluation practice,1991,12(1):55-62.

[25] PROVUS M M.The Discrepancy Evaluation Model:An Approach to

Local Program Improvement and Development[J]. 1969.

[26] ALKIN M C. Evaluation theory development[J]. Evaluation of short-term training in rehabilitation,1970:9-16.

[27] 董奇,赵德成.发展性教育评价的理论与实践[J].中国教育学刊,2003,(08):22-25+49.

[28] 汪霞.课程评价的几个问题[J].外国教育资料,1995,(3).

[29][37] 张廷凯.课程研究要推进课程改革:论当前课程研究的几个重要问题[J].课程·教材·教法,1993,(6).

[30][32][36] 李有发.课程评价与课程的改革和创新[J].兰州学刊,2003,(6).

[33] 严权.新课程评价主体应体现多元性[J].上海教育,2004,(17).

[34] 陆志远.课程的价值与评价[J].海南大学学报,1994,(1).

[35] 柯严.要重视对课程教材评价的研究:全国中小学课程教材评价研讨会综述[J].课程.教材.教法,1996,(03):10-12. DOI:10.19877/j.cnki.kcjcjf.1996.03.004.

[36] 和学新.课程评价若干理论问题探讨[J].天津市教科院学报,2005,(3).

[37] 张俊列.中国课程评价研究40年:历程、主题与展望[J].课程.教材.教法,2018,38(10):59-66.

[38] 钟启泉.现代教育学基础[M].上海:上海教育出版社,1986.

# 后　记

深刻的教育来自学生内心深处深刻的生活体验。

生活课程的开发和研究是一项工程庞大的教育事务，只有当我们亲历这一切时，才发现这是一条布满荆棘的路。"课程与生活"不是一个简单的命题，它有着深刻的内涵。有关"课程与生活"的研究文献看上去比比皆是，但真正查找起来，却又如沧海一粟，一度让我们无所适从。

然而，正如亚里士多德所说："凡是思辨所及之处都有幸福。"因此，尽管充满困难，但我们仍坚定不移地在这条道路上前行。给《课程生活论》画上最后一个句号的那一刻，这些年来的点点滴滴不断在眼前浮现，感动与幸福、刻苦与辛酸、失败与成功，凝聚在心头，实在是让人百感交集。

《课程生活论》是271教育体系——教育生态论的一种较科学、较实际的课程理论和实践落地。如今，手抚文稿，感慨万千。本书见证了我们271教育人日日夜夜的孜孜以求，凝结了我们披肝沥胆的苦苦追寻。现在，我们毫无保留地将271的课程体系呈现在世人面前，以期为中国基础教育课程改革提供样本。

21世纪以来，中外教育改革如火如荼。在追求高效率和高水平教育体系的同时，教育回归生活的呼声愈发高涨，越来越多的人主张将教育与日常生活相结合,通过实践和体验来培养学生的综合素质和实践能力。从国内来看,教育部颁布的一系列教育改革文件以及其他相关政策都在关注教育回归生活这一话题;放眼国际,联合国教科文组织发布的《一起重新构想我们的未来:为教育打造新的社会契约》报告则成为全球关注的焦点,其中不乏对教育回归生活的呼吁与倡导。可见,按照生活来安排课程,既是学生发展的必然要求,又是教育发展的必然选择;既是党和政府的意志所向,又是国际教育的发展趋势。

此书适用于广大基础教育工作者、基础教育研究者,以及广大中小学校的学生、家长。我们也希望借此书与全国的课程专家、教育工作者交流、讨论,使课程更加完善,使学生发展得更加充分全面。

在本书的写作过程中,得到了很多先辈、同人、同伴和家人的帮助与支持。首先,感谢 271 教育学校的全体学生、教师及其他教职人员,他们直接或间接地参与了 271 学校生活课程的凝练,是 271 教育最鲜活的构成要素;感谢许多国内外研究同行,他们的研究为本书的成型提供了坚实的理论支撑;感谢教育专业研究人员,尤其感谢江苏第二师范学院周龙军教授、南京师范大学程晓樵教授,感谢二位教授的精心指导;感谢我的爱人刘老师,她的默默关心和支持是我坚强的后盾;最后,感谢中国石油大学出版社路庆良及相关人员的大力支持,正是他们的辛勤付出,才使本书得以和读者见面。

参与编写的人员还有:孟维杰、魏传国、冯建会、任培田、齐树林、李修梅、李鹏飞、孔瑞、李和奎、郭邦华、韩守青、刘海霞、王赛、马继业、刘志华、徐安勇、董策、玄振兴。

在写作过程中,我们参考了许多研究成果,但受篇幅所限,仅列出了部分论著的名字,挂一漏万,敬请包涵!

关于生活课程的研究,虽然我们做了很多积极有效的尝试,但这毕竟是一个崭新的命题。在探索过程中，我们只是做了些尝试，尝试中也存在着诸多问题。同时，由于写作水平和时间有限，书中部分观点的论述未能鞭辟入里，存在诸多不足之处，还有许多未尽之意。在此，恳请社会各界，尤其是教育理论专家给予批评、指正，使 271 课程更加完善、合理。

赵丰平

2024 年 8 月